강원도 명찰기행

| 지은이 | **신대현**

동국대학교 사학과를 졸업하고, 동 대학원 미술사학과에서 석사와 박사를 받았다. 1992년부터 2005년까지 전국 900여 전통사찰 및 절터를 답사하며 《전통사찰총서》(사찰문화연구원) 전 21권을 기획 공동집필했다.
저서로《한국의 사리장엄》,《한국의 사찰 현판》(전 3권),《옥기(玉器) 공예》,《진영(眞影)과 찬문(讚文)》,《적멸의 궁전 사리장엄》,《우리 절을 찾아서》,《경산제찰을 찾아서》,《닫집》,《테마로 읽는 우리 미술》등 불교미술 관련서,《전등사》,《화엄사》,《송광사》,《불영사》,《성주사》,《대흥사》,《낙가산 보문사》,《봉은사》,《은해사》,《갓바위 부처님 : 선본사 사지》,《낙산사》,《대한불교보문종 보문사 사지》등 사찰 역사문화서들이 있다. 그 밖에 한시(漢詩)에 보이는 사찰의 문화와 역사를 해설한《명찰명시》를 지었으며, 조선시대 최대의 사찰답사기인《산중일기》를 번역했다.
1985~1986년 호림박물관 학예사, 2000년 동국대학교 박물관 선임연구원, 1999~2000년 대구효성가톨릭대학교 예술학과 겸임교수, 2006~2007년 뉴욕주립대(스토니브룩) 방문학자(Visiting Scholar)였으며, 현재 능인대학원대학교 교수이다.

강원도 **명찰기행**
신대현 지음

2017년 7월 27일 초판 1쇄 발행

펴낸이 오일주
펴낸곳 도서출판 혜안

등록번호 제22-471호
등록일자 1993년 7월 30일

주소 [04052] 서울시 마포구 와우산로 35길3(서교동) 102호
전화 3141-3711~2 **팩스** 3141-3710
E-Mail hyeanpub@hanmail.net

ISBN 978-89-8494-586-9 03220

값 18,000 원

한국출판문화산업진흥원의 출판콘텐츠 창작자금을 지원받아 제작되었습니다.

강원도 명찰기행

신대현 지음

혜안

절로 떠나는 여행 그리고 문화 답사

인류의 역사는 곧 여행의 역사이고, 그에 따라 여행도 진화를 거듭해 왔다. 내가 보기에 근현대 여행은 크게 세 가지 단계를 밟으며 변화해 온 것 같다. 우선 미지의 세계에 대한 호기심과 동경으로 먼 길을 떠난 여행이 있었다. 수천 년 이어진 정주(定住)의 안락에서 벗어나 신세계를 찾으러 험한 여정을 마다치 않고 떠나던 19세기 영국 빅토리아 왕조 풍의 여행이 그것이다. 이때 숱한 모험가와 탐험가들이 나타났으니 예컨대 29개 국어 구사 능력을 바탕으로 세계를 누볐던 리처드 버튼(Richard F. Burton)이 대표 격이라 할 만하다. 그는 중동 지방을 여행할 때 들었던 이야기를 《아라비안나이트(The Book of the Thousand Nights and a Night)》라는 이름으로 번역해 소개했다. 이국의 매혹적 정취가 가득 담긴 이 책이 나온 후 미지 세계로 향한 발걸음은 위대한 도전으로 여겨져 사람들 마음 속에 잠자던 여행 본능을 일깨워 주었다.

20세기에 들어와 여행에 대한 시각이 일변했다. 얼마나 멀리 혹은 자주 가느냐를 여행의 목적으로 삼지 않고 여행 자체가 주는 의미와 가치를 더 중요하게 여기기 시작했다. 말하자면 '어디로'보다는 '어떻게'를 여행의 화두로 삼은 것인데, 우리나라에도 널리 알려진 알랭 드 보통(Alain de Botton)이 말하는 여행이 이런 부류에 속한다.

여행의 세 번째 질적 변화는 최근 일어나고 있다. 여행에 거창한 이유를 달아 괜스레 머리 아프고 복잡하게 하지 말고, 여행이 주는 재미 그 자체를 잘 즐겨보자는 것이다. 가식을 싫어하고 실용을 중시하는 현대 젊은이들 사이에서 누가 먼저랄 것도 없이 나타난 변화다. 여행을 너무 가벼이 여기는 게 아닌가 싶기도 하지만, 이런저런 이유로 출발도 하기 전부터 발걸음이 무거워지지 않는다는 장점이 있다. 떠남 자체가 중요한 여행의 본질에 충실한 진화라고도 할 수 있다.

나는 여행이란 이 세 가지가 다 버무려져야 한다고 본다. 일상의 고단함을 잊고 새로운 기운을 얻기 위해 떠나는 시간은 꼭 필요하다. 다만 형식에 너무 얽매이거나, 사유나 비움의 시선이 갖춰지지 않은 여행은 공허하여 그저 장소만 옮기는 놀이나 이동에 지나지 않을 수 있다. 그래서 현대의 여행은 휴식과 더불어 삶에 대한 의미도 되돌아보게 되는 기회와 여지를 두어야 한다고 생각한다.

앞에서 서양의 여행가들을 먼저 소개했지만, 사실 우리야말로 일찍부터 여행의 의미를 체득한 나라였다. 《삼국유사》, 《삼국사기》 등을 보면 신라의 화랑(花郞)들은 여행을 수련의 필수로 삼은 게 아닌가 싶을 정도로 관련 일화가 적잖게 전한다. 고려시대도 마찬가지였고, 조선시대에는 교통과 지리의 발달에 힘입어 수양과 예술을 위해 더욱 더 여행의 발걸음을 멈추지 않았으니, 여행문학이라는 장르가 확고히 자리잡았을 정도로 삶에 있어서 여행이 갖는 가치를 잘 이해하고 있었다.

일상의 고단함을 비워주는 걸음이자 우리 문화의 깊이도 느낄 수 있는 문화 답사로서 사찰 여행은 제격이다. 사찰은 종교를 넘어서서 삼국시대 이래 면면히 내려온 우리 역사와 문화 그리고 예술을 한데 아우르는 공간이기 때문이다. 우리나라에서 이렇게 여행과 문화 답사를 함께 누릴 수 있는 여행지가 적지 않은데 그 중에서도 산과 바다의 정취를 함께 누려 볼 수 있는 곳으로 강원도의 사찰을 빼놓을 수 없다.

강원도는 최근 2018년 평창 동계올림픽 개최 등을 계기로 여러 가지

면에서 변화를 향한 역동성도 더해졌다. 발전의 바탕 중 하나가 변화고 또 변화는 곧 여행의 가장 큰 동기이자 결과이기도 하다. 다만 변화가 빠르다는 것은 역사와 문화를 현재 시제로 표현해야 하는 입장에서 쉽지만은 않은 일이다. 그래도 사찰들의 최근 모습을 충실히 담아낼 수 있었음은 한곳 한곳 직접 찾아가 카메라 앵글에 담고 달라진 분위기도 함께 전해준 도서출판 혜안 편집진의 도움 덕분이었다. 이로써 자칫 현재의 변화를 못 따라갈 수도 있었던 나의 기억과 경험을 확인할 수 있었다.

  역사와 미술을 겹쳐 놓고 봄으로써 우리 문화의 흐름과 모습을 입체화하려는 시선은 오랜 시간 다듬어온 내 공부의 중심이었고 그 대상이 사찰이었다. 이 책에 나의 그런 생각을 담아내 보려 했지만, 강원도와 거기에 자리한 사찰들의 문화가 얼마만큼 잘 표현되었는지는 모르겠다. 그래도 이 책이 지친 일상의 고단함을 달래려 강원도의 사찰을 찾은 여행객들에게 길잡이가 되고, 아울러 우리 역사와 문화가 주는 푸근함과 깊이도 함께 느끼고 오는 데 작은 도움이 되기를 바란다.

목 차

004　절로 떠나는 여행 그리고 문화 답사

009　강릉 등명낙가사
025　강릉 보현사
041　동해 삼화사
054　양양 낙산사
074　양양 명주사
086　양양 영혈사
095　양양 선림원지
111　양양 진전사지
120　속초 신흥사
150　고성 건봉사
171　고성 화암사
183　영월 법흥사

201	정선 정암사
213	철원 도피안사
222	철원 심원사
235	춘천 청평사
255	홍천 수타사
263	원주 구룡사
272	원주 상원사
281	평창 월정사
300	평창 상원사
322	인제 백담사
336	인제 오세암
347	인제 봉정암

강릉 등명낙가사

바다에서 느끼는 아련한 향수, 그리고 바닷가의 삶이라는 것

국토의 삼면이 바다를 마주한 우리나라에서 바다란 특별한 의미를 갖는다. 도시의 팍팍한 삶에 파묻혀 사는 사람들 대부분은, 가끔씩 바다를 떠올리며 왠지 내 꿈은 저 바다 너머에 있는 게 아닐까 하는 노스텔지어에 잠길지 모른다. 우리는 반도라는 지형 덕으로 동·서·남쪽으로 바다가 활짝 열려 있으니, 맘만 먹으면 언제든 태평양과 대서양을 통해 드넓은 지구를 누빌 수 있었을 것이다. 실제로 통일신라시대에는 중국이나 일본을 능가하며 동해와 서해 그리고 남해를 제패했던 화려한 이력도 갖고 있다. 고려 때도 바다를 통해 여러 나라를 오간 기록이 남아 있다. 하지만 조선시대에 와서 중국만이 천하의 대세이고, 중국을 따르는 우리를 뺀 나머지 나라들과 민족들은 모두 '오랑캐'로 생각했던 편협함 때문에 바다를 내주고 말았다. 정치를 담당했던 문신들은 유학과 문장만 중시하고 국방엔 상대적으로 소홀했던 이른바 '문약(文弱)'으로 흘러버렸다. 그 결과 좁디 좁은 반도에서 만 자족한 채 바다를 등져버린 건 여간 아쉽지 않다.

500년을 넘게 이어온 바다에 대한 무관심 때문인지 오늘날에도 '항구'라는 이미지로 거친 바다에 생을 맡기며 살아야 하는 어부나 뱃사람들에 대한 애잔함, 또 누추함을 먼저 떠올리는 사람도 있을 것 같다. 혹

등명낙가사 경내에서
바라다본 동해 풍경

시나 바다를 국제화에 맞추어 수출입을 위한 전진기지 정도로만 생각하는 게 아닌지 걱정도 없지 않다. 거대한 컨테이너가 꽉꽉 들어찬 복잡한 항구, 바닷가 주변의 횟집, 숱한 섬들로 이루어진 풍경(한려수도 같은)이 '바다'라는 단어에서 떠올리는 이미지의 대부분이라면 뭔가 잊어서는 안 될 중요한 게 빠진 것처럼 아쉽게 느껴지지 않을까.

정작 바다 하나에 인생을 걸고 살아온 바닷가 사람들은 그런 면에서 내륙이나 도시에 사는 사람들과 정서 면에서 꽤 차이가 있는 것 같다. 요즘이야 바닷가 벽촌이라 해도 정보나 문화에 대한 인식이 도시 사람들과 크게 다를 건 없다. 새벽녘 아무말 없이 열 손가락만으로 방금 잡아온 생선들을 경매하는 재래식 수산시장이나 어시장을 신기해 하지만, 그런 곳에서도 요즘은 컴퓨터로 갖가지 자료를 정리하고, 인터넷으로 국내 매매 또는 해외 수출 정보를 알아본다. 최신의 문명의 이기, 이른바 IT로 상징되는 인터넷을 통해 효율적이고 적극적인 영업 활동을 하는 것, 그런 것은 도시나 바닷가나 다를 바 없는 것이다.

하지만 내가 말하고 싶은 건, 도시 사람들에겐 흥미 가득한 수산시

등명낙가사 내경

장의 활기와 재래식 생선 경매의 모습이 아니다. 이건 삶과 생명을 바다에 건 사람들의 노고가 삶의 형식으로 표현되는 과정의 하나일 뿐인데, 외지인들에는 그저 신기한 광경으로만 비춰지는 건 실례일 수도 있다. 그보다는 직접 배 타고 파도에 흔들리며 한껏 멀리 나가 어망을 치고 물고기를 건어올리는 직업을 가진 사람들과, 그들을 늘 걱정해야 하는 가족들의 심정을 말하고 싶은 것이다. 요즘은 배가 예전에 비해 최신 시설과 통신을 갖추고 기관과 덩치도 훨씬 커졌지만, 그게 그렇게 큰 위안이 될 수 있을까. 바다 한가운데서 폭풍우를 만날 땐 아무리 좋고 큰 배라도 일엽편주나 마찬가지다. 따라서 고기잡이는 항상 위험하고 목숨을 담보로 한 작업이다. 어부 자신이야 말할 것도 없지만, 그들의 가족들은 배가 돌아올 때까지 늘 가슴 졸이며 기다릴 수밖에 없다. 가만히 앉아서 가슴만 졸이며 기다린다는 건 더욱 고통스러운 법이다. 그러니 어디라도 가서 지성으로 기도드려야 그 순간만큼은 마음이 놓인다.

그래서 바닷가에는 절과 당집이 어디나 있다. 절을 예로 든다면, 도시 사람들이 산사에 가서 하는 참배가 선택이라면, 바닷가 사람들에게 있어서 사찰 기도는 필수라고 할 수 있지 않을까? 아무튼 바닷가 사람들에게는 간절한 마음을 들어줄 데가 필요했다. 따라서 바닷가 절들은 그런 사람들의 마음을 보듬어 주는 데 더욱 신경을 썼던 것인데, 바다 부근의 절들을 꼼꼼히 둘러보면 이런 모습이 보인다. 어설프기 짝이 없었지만 잠시라도 뱃사람 노릇을 해봤기에, 이 책 여기저기에 바다를 숙명처럼 안아야 하는 사람들의 인생도 담아보려 애썼다.

바다를 품은 등명낙가사의 시작

강릉 등명낙가사(燈明洛伽寺)는 강릉 시내를 벗어나 동남쪽 해안도로를 따라 약 30분을 달리다 보면 화비령 동쪽 괘방산(掛榜山) 중턱에 자리한다. 동해안의 대표적 관광지로 널리 알려진 정동진(正東鎭)에서 지척의 거리에 있다. 바다가 바로 앞에 있어 넘실거리는 푸른 파도와 부딪치는 하얀 파도가 절 어디에서도 잘 보이는 훌륭한 입지에다가, 절을 품에 안은 괘방산은 태백산맥의 한 줄기를 물려받아 동해의 푸른 물에 발을 담그고 있는, 꽤나 웅장한 모습을 하고 있다. 등명낙가사는 여기에 다소곳이 들어앉아 있다.

등명낙가사는 신라 선덕왕 때 자장율사(慈藏律師, 610~654)에 의해 창건되었다고 전한다. 창건 당시의 이름은 수다사(水多寺)였다. 자장율사는 북쪽의 고구려와 동쪽의 왜구가 쉼 없이 침범하여 변방을 어지럽히는 것으로부터 신라를 지키기 위해 이곳에다 부처의 사리를 모신 탑을 건립하고 절을 창건하였다. 구전에 의하면 당시에 세운 탑은 3기였다고 한다. 그 중 1기가 지금도 남아 있는 오층석탑이다. 다른 하나는 1950년 6·25전쟁 때 함포사격으로 쓰러져 버렸다. 그런데 나머지 하나가 재미있다. 이 탑은 처음 세울 때부터 절 앞의 바다 속에 세운 수중탑(水中塔)이었다는 것이다. 그래서인지 주위의 어부들이 바다 속의 탑을 보았다는 말들이 자주 나왔고, 이는 전설처럼 전해져 왔다. 엘도라도에 황금을 찾으로 떠나는 기분인 양, 이를 확인하기 위해 몇 년 전 MBC(문화방송)에서 5일 동안 수중탐색을 벌였다. 그들은 금강산처럼 아름다운 바다 밑 30여m 지점에서 산호와 해초에 뒤덮여 있는 사람 키 크기의 부도 같은 탑을 발견했지만, 파도가 심하고 물길이 거세 더 이상 상세한 탐사는 하지 못한 채 돌아갔다고 한다. 어쨌거나 이로써 전설에 나오는 수중탑의 존재가 확인된 셈이었다.

등명낙가사의 역사

호국의 의지 속에 창건된 이 절은 신라 말기에 전쟁으로 사라졌고, 고려 초기에 중창하여 이름을 등명사(燈明寺)로 바꾸었다.《신증동국여지승람》에 의하면 강릉부 동쪽 30리에 이 절이 있었다고 하는데, 등명사라 한 것은 풍수지리에 입각하여 볼 때 이 절이 강릉도호부 내에서는 마치 깜깜한 밤중에 보이는 등화(燈火)와 같은 위치에 있고, 이곳에서 과거 공부하는 사람이 3경(三更)에 등산하여 불을 밝히고 기도하면 급제가 빠르다 한 데서 연유했다는 것이다. 절 근처에는 고려성지(高麗城址)가 있다. 이 성은 고려시대에 등명사의 중요한 물품들을 보관하기 위해 창고를 짓고 성을 쌓았다 하며 사방 1km나 되는, 돌로 쌓은 석성(石城)이라 한다. 이것이 사실이라면(딱히 사실이 아니라고 볼 이유도 없지만) 당시의 사찰 규모가 굉장했었을 것이다.

그러나 조선 중기에 등명사는 폐허가 되었다. 등명사의 폐허에는 세 가지 설이 전한다. 첫 번째는 임진왜란 때 왜병들의 방화로 불타버렸다는 설이고, 두 번째는 조선왕실과 관련는 전설 같은 이야기다. 왕이 안질(眼疾)이 심하여 점술가에게 물어보니, 동해 정동(正東)에 있는 큰 절에서 쌀 씻은 물이 동해로 흘러 들어가서 용왕을 놀라게 하였기 때문이라고 점괘를 내놓았다. '정동'이란 서울, 특히 광화문에서 볼 때 정확히 동쪽 끝에 있는 바닷가 자리라는 뜻이다. 깜짝 놀란 왕이 급히 보낸 특사가 원산(元山)을 거쳐 배편으로 동해 정동에 와 그 절에 가보니 상황이 정말 점술가의 말과 같았다. 그래서 나라의 국운이 바다로 새버린다고 믿어 등명사를 폐사로 만들었다는 것이다.

낙가사가 폐허가 된 까닭을 전하는 세 번째 설도 이곳의 위치와 관련 있는데 가만히 살펴보면 여기에는 불교가 억압되던 시대적 비극이 도사리고 있다. 위에서 말한 것처럼 등명사는 한양의 궁궐에서 볼 때 정동 쪽에 해당하여 지명도 '정동진리'로 붙여졌는데, 불교가 싫었던 사람들은 이것 자체를 있을 수 없는 이야기로 여겼던 모양이다. 궁중에서 받아야 할 일출(日出)의 빛을 부처를 모신 사찰에서 먼저 받는다는 사실 자체를 모욕으로 받아들였다. 그래서 '정동에 등불을 끄면 조선의 불교는 자연적으로 사라질 것이다'라고 생각해 폐찰로 만들었다는 것이다.

어떤 설이 맞는지 모르지만, 이 이야기들에는 조선시대에 사찰이 번성하는 게 용납되기 어려웠던 시대상황이 담겨 있다. 여하튼 조선 중기에 폐허가 된 등명사는 수백 년 동안 빈터로 남고 말았다.

이곳에 다시 절이 들어선 것은 1956년 경덕(景德) 스님에 의해서다. 처음

경덕 스님 부도

조그마한 절을 지은 스님은 천일 관음기도 끝에 해수관세음보살을 친견하고 침술을 점지 받아 수많은 사람들에게 의술을 베풀었다. 스님의 신침(神針)은 소아마비 환자까지 치료하는 영험을 보였다고 한다. 소문을 듣고 차츰 많은 사람들이 모여들자 스님은 절을 증축하고, 관세음보살이 계신 이곳은 보타락가산이라 하여 낙가사(洛伽寺)로 사찰명을 정하는 한편, 옛 사찰명인 등명(燈明)을 앞에 붙여 등명낙가사라 불렀다.

그 뒤의 역사를 간략히 보면, 경덕 스님이 1977년 당시 손꼽을 정도로 커다란 규모의 영산전을 건립하였고, 1982년에 부임한 청우(淸宇) 스님이 불사를 계속 이어갔다. 1983년 삼성각 건립을 시작으로 해서 1984년 영산전, 1987년 범종각, 1988년 요사 및 종무소, 1991년 극락보전과 만월보전, 1996년 일주문 등을 지으며 현재의 모습을 갖춘 것이다.

등명낙가사 약수

등명낙가사 안에서 보는 여러 모습들

절 입구에 널찍한 주차장이 마련되어 있고, 여기에 근래에 세운 커다란 일주문이 있다. 일주문을 지나면 바로 오른쪽에 이곳에서 잘 알려진 약수터가 보이고, 그 위로 절 올라가는 길이 나 있고 여기에서 5분쯤 올라가면 경내에 이르게 된다. 올라가는 길은 두 갈래, 왼쪽이 조금 언덕길이고 오른쪽은 낮은 길인데 어느 쪽으로 가든 절 안에서 이어지게 되니 상관은 없다. 짧은 길이지만 올라가면서 좌우로 펼쳐진 괘방산에서 흘러내린 산세와 계곡을 즐길 수 있다. 또 길 오른쪽에 작은 관음상이 있고 그 옆에 약수가 솟고 있어 오가는 길에 마른 목을 축일 수도 있다. 이 물은 빈혈·위장병·신경통·부인병·신경쇠약·피부병에 좋다는 약수로 알려져 있다.

계단을 오른 다음 절 경내의 출입문에 해당하는 불이문을 지나면 극락보전이 곧바로 시야에 들어온다. 극락보전 오른쪽 아래에 종무소가 있고, 그 뒤 밑으로 난 길을 따라가면 요사와 만월보전이 있는 구역이 있고 여기에 오층석탑이 자리한다.

극락보전에서 바라보면 멀리 동해의 푸른 물이 한 눈에 들어와 이곳이 예로부터 사찰의 중심 구역이었음을 알 수 있다. 극락보전 왼쪽으로 올라가면 영산전·범종각·삼성각 등의 건물이 있다.

애써 절에 왔으니, 이런 건물들이 어떤 형태를 하고 무슨 중요한 의미가 있는지 짚어봐야겠다.

큰 원력에 감동받는 곳, 극락보전

극락보전 안 불단에는 아미타여래좌상을 가운데 두고 좌우에 관음과 지장 보살이 있고, 탱화로 불상 뒤에 극락회상도 그리고 벽면에 신중탱이 걸려 있다. 극락전 또는 극락보전에는 대체로 이런 형식으로 불상과 불화를 봉안한다. 그런데 극락보전의 의미를 알면 불상과 불화를 감상하는 데 좀 더 도움이 된다.

극락보전은 극락정토를 다스린다는 아미타불을 모신 전각이다. 경전에 따르면 지금 우리가 살고 있는 곳에서 서쪽으로 10만억 국토를 지난 곳에 극락정토가 있다고 한다. 극락이라는 이름은 글자 그대로 '즐거움이 있는 곳'이라는 뜻을 지니며, 안양(安養)과 같은 뜻으로 사용하기도 한다. 아미타불은 성불하기 전에는 본래 한 나라 임금의 자리를 마다하고 출가한 법장(法藏) 비구로, 부처의 덕을 칭송하고 보살이 닦는 모든 행을 닦아 중생을 제도하려는 원을 세웠으며, 마침내 48가지 커다란 서원(誓願)을 세우고 지켜 드디어 부처가 된 분이다. 이 아미타불의 광명은 끝이 없어 백천억 불국토를 비추고(光明無量), 그 수명이 한량없어 백천억 겁(劫)으로도 셀 수 없다(壽命無量)고 한다. 따라서 아미타부처를 모신 곳을 극락전 또는 극락보전 외에 무량수전(無量壽殿)이라고도 한다. 우리들은 평생 동안 얼마나 많은 업을 많이 짓고 살까? 이루 말로 헤아릴 수도 없을 것 같다. 그런데 아미타불은 그런 사람들을 위해 옳은 길을 알려주려 저렇듯 환한 광명을 비쳐주고 있건만 사람들은 그 길을 다 못보고 있으니 이 무슨 조화인가…. 죄 많은 나부터 가슴이 저려온다.

석가 부처의 자비로움이 있는 영산전

가람배치로 봤을 때 등명낙가사의 중심 법당은 영산전이라고 해야 할 것 같다. 앞에 있는 극락보전보다 좀 더 가람의 중앙에 자리하고 있기 때문이다. 영산전에는 석가여래를 중심으로 해서 좌우에 제화갈라보살·미륵보살이 앉아 있고, 다시 그 좌우로 나한들이 배치된다. 이 제화갈라보살·미륵보살을 흔히 문수보살·보현보살로 잘못 아는 사람들이 많다. 같은 석가불을 중심으로 봉안했어도 전각에 따라 좌우 보

극락보전(좌)
극락보전 아미타여래 좌상, 관음보살, 지장보살상(우)

살들의 이름이 달라서, 대웅전인 경우에는 문수와 보현이고 여기처럼 영산전이면 제화갈라보살과 미륵보살을 둔다. 이 점을 기억해 두면 어느 절을 가더라도 구분해서 볼 수 있어 감상에 도움이 된다.

그런데 영산전 안에 봉안된 오백나한의 유래는 신라시대 이래 강원도 땅을 무대로 해서 전승되어 오던 설화에서 찾아볼 수 있다.

아주 오랜 옛날, 문수보살과 보현보살이 금강산으로부터 부처의 진신사리를 오대산으로 옮겨오게 되었을 때 오백나한들은 사리를 보호하기 위해 함께 배를 타고 내려왔다. 그리고 오대산에다 진신사리를 봉안한 다음, 문수보살은 강릉 한송사(寒松寺)를 창건했고, 보현보살은 명주 보현사(普賢寺), 오백나한은 이곳에 각각 머물렀다는 것이다. 이 말은 곧 등명낙가사가 나한 신앙으로 창건되었다는 이야기로 볼 수 있다. 본디 절이란 불교에 관련된 모든 신앙을 두루 갖추기 마련인데, 그 중에도 위에서 본 것처럼 한 가지 특별히 신앙되는 곳이 있기도 하다. 이후 이 절은 오백나한이 모셔진 영험 있는 나한기도처로 전승되었으나, 폐사가 된 조선시대 중기 이후 명맥이 사라져버렸다.

그러다가 현대에 들어서 이를 안타깝게 여긴 중창주 경덕 스님이 조계종 총무원장 경산 희진(京山喜璡, 1917~1979) 스님과 함께 오백나한을 다시 모실 것을 발원했다. 그리고 마침 북한에 고향을 두고 있었던 이 두 스님은 오백나한의 힘으로 민족통일을 이룰 수 있도록 불사를 이룩

영산전(좌)
영산전 오백나한(우)

하겠다고 함께 발원하였다. 그리곤 1977년 10월에 지금의 오백나한상을 완성했는데, 이들은 모두 유근형(柳根瀅, 1894~1993)의 작품이다. 이 나한상은 전승되어 오던 나한도에 근거해 만들었고 소재 또한 보기 드물게 청자(靑瓷)로 만들어 더욱 독특한 멋을 보인다. 그리고 이 나한상 봉안식에는 당시 고(故) 박정희 대통령이 참여해 민족통일의 염원을 함께 실었다고 한다. 도자 나한상을 만든 유근형은 무형문화재 청자장(靑瓷匠)으로 지정되기도 했던 도자의 명인이었다. 그는 생전에 모은 명품 도자를 모아 그의 호에서 이름을 딴 해강(海岡)도자미술관을 세웠다. 호에 나오는 '海'를 등명낙가사 앞에 넘실대는 '바다'와 연결시켜 그 인연을 재보는 것은 나그네의 공연한 감상인가.

만월보전

영산전 계단 앞의 마당에는 근래에 새로 지은 화강암 오층석탑이 있다. 기단부가 크고 그 위 탑신부가 급히 줄어들고 있는 것은 고려시대 석탑 양식이고, 석탑의 각 부재를 여러 돌로 짠 것같은 느낌이 나도록 한 것은 신라시대 석탑의 모습이다. 현대의 석탑이기는 해도 두 시대 석탑의 특징을 잘 표현해 깔끔한 느낌이 든다.

절에서 가장 오랜 유물, 오층석탑

영산전이 있는 높다란 구역에서 조금 내려와 오른쪽으로 가면 만월보전과 승방, 소림선원 등의 건물 앞마당에 강원도유형문화재 37호로 지정된 오층석탑이 있다. 구전으로는 창건 때인 7세기에 세워진 탑이라고 하지만, 전문가들은 고려시대 초기의 탑으로 추정한다. 그 까닭은 이 석탑의 구조를 잘 보면서 말해야겠다. 우선 2단으로 된 지대석 위에 연꽃을 조각한 사각형 복련석을 덮고, 그 위에 아무런 조각이 없는 네모난 돌을 올려놓았으며, 그 위에 다시 사각의 앙련석을 올린 점을 볼 수 있다. 이런 형태가 바로 신라시대 말과 고려시대 초에 유행했던 형식으로, 탑의 기단부가 불상의 대좌와 같은 역할을 하고 있음을 의미한다.

또 5층 탑신부의 1층 한 면에 문(門)과 자물쇠 모양이 조각되어 있다. 자물쇠로 채워진 이 문을 열고 들어가면 영원한 법신의 부처가 있음을

오층석탑

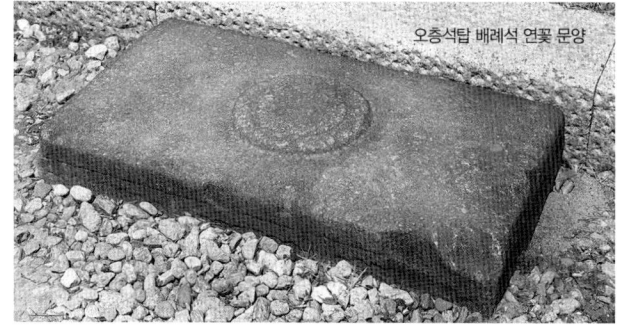

오층석탑 배례석 연꽃 문양

상징적으로 나타낸 것일까? 또 눈길이 가는 것은, 석탑 앞에 놓인 배례석(拜禮石)이다. 배례석은 석탑 앞에서 참배 등의 의식을 할 때 사용된 직사각형의 돌을 말한다. 배례석 위에 향로나 공양물 등을 올려놓았을 것으로 보인다. 모든 석탑마다 배례석이 있는 것은 아니고 또 조선시대에 만든 탑 중에는 배례석 있는 탑은 하나도 없다. 그만큼 특별한 의미가 있다는 뜻일 텐데, 나는 이 배례석은 왕 또는 왕비가 행차할 때 탑 앞에 장엄한 것이 아닐까 생각한다. 확실한 근거가 될 문헌이 있어서 그런 건 아니지만, 탑 앞에 배례석이 있는 절의 역사를 확인해 보면 거의 틀림없이 왕이 왔었던 기록이 보이기 때문이다. 모든 사람의 가장 윗자리에 있는 왕의 입장에서 법당까지 들어가기는 의전(儀典)의 문제가 있으니 그 대안으로 마당에 있는 탑에서 예의를 올리는 전통이 있었을 것이고, 그때 올라서는 돌이 바로 배례석일 것이라고 믿는다. 땅에 반쯤 묻혀 있는 배례석 옆면은 모두 8개의 안상(眼象, 코끼리 눈 모양의 장식)으로 장식되어 있고, 윗면 한가운데는 둥근 연꽃 하나가 예쁘게 조각되어 있다.

지금은 배례석에서 석탑을 올려다보는 게 아니라 누마루에 앉거나 기둥에 기대어 편하게 감상할 수도 있다. 얼마 전 이 탑 앞에 누가 들어섰기 때문이다. 오층석탑뿐 아니라 탑 앞쪽으로 시원하게 툭 트인 바다가 보이는 경관도 조망할 수 있다. 이 누가 있어서 오층석탑 주변이 좀 좁아지고 산세가 가려졌다는 느낌도 없지 않지만, 이 누로 인해 나그네가 쉬고 가기에 넉넉한 공간과 기회가 생기기도 했다.

일출 보기에 좋은 곳, 일주문

등명낙가사의 일주문은 다른 사찰의 일주문과는 달리 대리석 기둥을 세우고 기둥과 천장에 용을 새겨 놓았다. 비록 오래된 유물이 아니고 누구의 솜씨인지도 알 수 없지만, 여의주를 다투는 용의 모습이 아

등명낙가사 일주문. 아래는 나침반

주 힘차게 느껴진다. 또 일주문 한가운데에 나지막하고 둥근 원통의 석대를 세우고 그 위에 나침반을 올려놓은 게 보인다. 나침반 바늘은 물론 정동(正東)을 가리킨다. 바늘 한쪽 끝을 따라가면 바닷가가 나올 터이고 그 반대쪽으로 선을 곧바로 긋는다면 서울 광화문으로 이어질 것이다.

이 앞에서 동해의 장엄한 일출을 봤다면 걸음을 좀 더 옮겨, 동해안에서 가장 경치가 좋은 해안선이라는 평을 듣는 절 앞의 해안가, 철길 따라 전개되는 소나무 숲길 등도 걸어보면 나중에 등명낙가사를 다녀온 좋은 기억으로 남을 것 같다.

경내를 나와 일주문에서 바라다본 동해. 일주문 앞 석조물들은 모두 요즘 만든 것이다.

등명낙가사를 나오며 – 시와 절

바다를 앞에 둔 등명낙가사의 경관이 워낙 좋고, 예로부터 동해안 지역에 자리한 절 중에서 가장 널리 알려진 곳이라 등명낙가사를 노래한 한시와 현대시가 꽤 많다. 전에 나는《명찰명시(名刹名詩)》(2012)라는 책을 쓰면서 이런 시들을 소개해 보기도 했는데, 그런 시들을 읽다보면 문학 속에만 숨은 감춰진 역사가 느껴졌었다. 예를 들어 고려의 저명한 시인 김돈시(金敦時, ?~1170)의 〈등명사(燈明寺)〉에서는 팍팍한 시대를 살아가는 시인의 한숨이 그나마 지친 마음을 어루만져주는 등명낙가사 등불에 걸려 있고, 이규보(李奎報, 1168~1241)는 〈꿈에 등명사의 유 수좌(裕首座)와 회포를 풀었는데 마침 사람을 보내왔기에 그에게 시를 적어 주다〉에서 '꿈'이라는 시어를 통해 등명사와 속세의 조화를 절묘하게 노래했다. 고려의 대문장가 이곡(李穀, 1298~1351)은 〈등명사〉에서 '용왕이 다가와 부처님 앞 붉은 등 바라보겠지(龍王來看佛燈紅)'라고 읊으며 이곳과 용왕으로 상징되는 바다와의 끈끈한 관계를 시로 승화시켰다. 또 영웅들의 이야기 《제왕운기》를 지은 이승휴(李承休, 1224~1300)도 〈등명사 현판에 적힌 시를 차운해서(次燈明寺板上韻)〉를 지은 것을 보면 이 절이 고려 문인들에게 적잖은 감수성을 준 곳이라는 걸 짐작하게 한다. 이런 시들이야말로 책에 나오지 않는 등명낙가사의 알려지지 않은 역사가 아닌가.

현대에 와서도 등명낙가사는 시인들의 시상(詩想)을 자극하는 곳이었다. 특히 여기에서 지척인 정동진과 연관되어 아름다운 시어로써 사랑과 이별을 그린 시가 많이 나왔다. 이홍섭(1965~) 시인의 〈7번국도-등명(燈明)이라는 곳〉(1998), 정끝별 시인의 〈등명사〉, 이문재 시인의 〈등명〉(1999) 등이 바로 그런 시의 대표 격인 것 같다.

덧붙인다면, 정끝별 시인의 '저무는 봄날, 아지랑이같이 어른거리는 곳'이라는 표현처럼 나 역시 등명낙가사를 떠올릴 때면 가장 먼저 여름날 보았던 정경이 아지랑이마냥 눈에 아직 선하다. 탁 트인 바다는 물론 감동 그 자체였고, 무심히 경내를 거니노라니 마음이 평안해지는 것이 이런 호사가 더 없겠다 싶었다.

그런데 사실 내가 등명낙가사를 잘 잊지 못하는 것은, 그 때 경내를 무심히 이리저리 거닐다가 보았던 광경 때문일 것이다. 영산전 앞을 걷다가, 우연히 영산전으로 눈길이 향했는데, 높다란 계단 저 위에 있는 영산전 안에서 무아지경으로 기도하던 한 젊은 여인이 문득 눈에 들어왔다. 무더위도 아랑곳 않고 땀에 흠뻑 젖으며 한없이 절을 하는 그 모습에서, 비록 뒤태만 보이기는 했어도 뭔가 애절함이 가득 묻어 있었다. 왜였을까, 그 더운 날 수없는 절을 해야만 했던 까닭이. 그녀가 무슨 사연을 지니고 있었는지, 난 아직도 궁금하다….

강릉 보현사

강릉의 느낌

사람마다 다르겠지만, 강원도의 여러 도시 중 특히 '강릉(江陵)'이라는 말에서 묘한 정감을 느낀다. 순전히 나만의 개인적 경험 때문일 것이다. 대학에 들어가서 가진 첫 '미팅' 상대가 간호대 학생이었는데 남을 잘 이해하고 상대에게 푸근한 마음이 들게 하는 성격이어서 사귀기 시작했다. 내 어디를 좋아했는지 모르겠지만 그녀와 제법 자주 데이트를 했다. 그녀는 자기의 고향인 강릉 얘기를 몇 번 했는데 가본 적 없는 곳이라 그런지 재미있었다. 어떤 때는 내가 먼저 고향 얘기를 들려달라고 하기도 했다. 잔잔한 파도가 넘실대는 바다와 항구, 한적하면서도 활기 넘치는 시내 등등. 여고 다닐 때는 자전거를 타고 학교에 다니곤 했다는 말을 들으면서 자연스럽게 내 머릿속에는 강릉 시내와 바다가 그려졌고, 강릉이라는 단어 자체도 푸근하고 따스한 이미지로 각인되었던 것 같다. 그렇게 만난 지 3~4개월 지났을까, 그녀는 학교를 졸업하고 고향으로 내려갔다. 강릉의 한 병원에 취직이 된 것이다. 이후 우리는 동전을 계속 넣어가며 통화하는 'DDD' 장거리 전화로 안부를 묻곤 했다. 강릉이면 제법 먼 거리라 딸까닥 딸가닥 동전 떨어지는 소리에 마음이 다급해지면서도, 수화기 너머로 들려오는 그녀의 목소리에 파도 소리가 함께 들려오는 것 같아 기분이 좋았다. 어지간히 손에 동전을 쥐고 있지 않으면 몇 분 얘기도 못했기에 부족한 얘기는 편지로 전하곤 했다. 그런데 어느 날 내 마음이 사랑인지 단순한 호감인지 분명히 해주길 바란다는 내용의 글이 왔다. 사랑이라면 다음 번 답장에 내 사진을 동봉해 달라고 하면서. 아마 사진을 매개로 해서 사랑을 확인하고 싶었던 것 같다. 하긴 우리는 서울에서 만날 때 그런 것에 대해 한 마디도 하지 않았다. 요즘이야 자연스럽게 '사랑'을 말하지만, 당시만 해도 속으론 사랑을 생각하더라도 말로 표현하기는 힘들 때였다. 여하튼 나는 그 일로 인해 한동안 꽤 고민했다. 내 마음을 나도 잘 몰라서였다. 혹시 그녀의 요청대로 사진을 보내면 그에 대한 책임을 응당 질 것에 대해 확실한 자신이 없었다. 결국 그렇게 시간만 끌며 오래도록 답장을 보내지 못하고 있었다. 그러던 어느 날 그녀에게서 다시 편지가 왔다. 여태 보낸 것 중에서 가장 긴 편지였는데, 이런저런 얘기를 한참 쓴 다음 마무리에, "네가 아직까지 마음을 못 정한 걸 보니 사랑은 아닌 것 같구나. 힘들게 하지 않을게. 조금 힘들겠지만, 이제 그만 너를 잊을 거야. 잘 살기 바랄게. 사랑해서 행복했었어. 안녕." 하고 쓰여 있었다. 그때 내 마음을 지금 돌이켜보면, 그녀에게는 미안하지만(미안해야 하는 걸까?), 마음 잘 맞는 친구 같은 감정이었던 것 같다. 하지만 그 날 나는 밤새 혼자 술을 마셨는데, 왜 그렇게까지 폭음을 했는지는 아직도 모르겠다.

   생각해보면 나는 늘 세상을 모르며 살아 온 것 같기도 하다. 어떤 때는 대중가요에서 자신이 지금 느끼는 심정과 똑같은 가사가 나오며 마음을 후벼 파는 경우가 종종 있다. 예전 김국환이 불렀던 노래 한 구절이 바로 그랬다. "내가 나를 모르는데, 네가 나를 알겠느냐…."

   그때는 몰랐는데, 결국 삶은 모르는 것 투성임을 이제야 안 것 같다. 어느 새 중년에 들어선지도 한참 지난 이 나이에사 알게 된 게 좀 아쉽기는 하지만.

보현사 가는 길

앞서 말한 것처럼 굴지의 역사도시 강릉엔 불교문화 역시 활짝 꽃피웠던 곳이어서 명찰 대찰들도 많았다. 성산면 보현길 만월산(滿月山)에 자리한 보현사(普賢寺)가 바로 그런 높은 사격을 자랑하던 곳이었다. 다만 오늘날의 보현사가 옛날만큼 널리 알려지지 않은 것은 좀 아쉽다.

행정구역상 강릉에 있기는 하지만 서울 방면에서 가는 길이라면 시내까지 들어갈 필요 없이 대관령 입구에 오자마자 오른쪽으로 내려가면 금세 보현사 입구가 나타난다. 강릉에서 출발하면 영동고속도로를 타고 대관령 쪽으로 오르다가, 성산(城山) 출입구를 지나 2km 가량 더 가면 오른쪽으로 보광(普光)으로 가는 작은 길이 나타난다. 고속도로에서는 잘 보이지 않기 때문에 초행길이라면 그냥 지나치기 쉬우므로 잘 보고 들어가야 한다. 이 갈림길에서 계곡을 끼고 포장된 길을 따라 다시 4km 가량 들어가면 초등학교가 있는 보광리에 도착하며, 보광리에서 계곡의 물소리를 들으며 완만한 산길을 5km쯤 올라가면 보현사 입

보현사 입구 부도밭

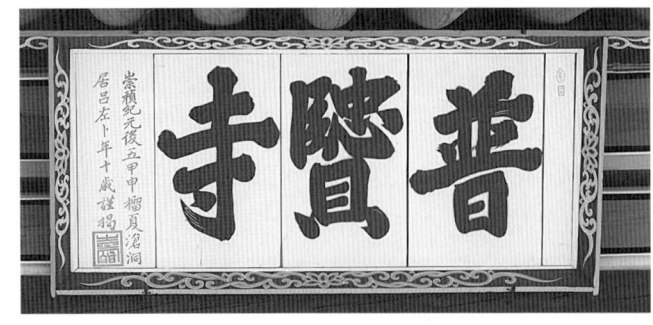

보현사 편액

구의 부도밭이 나타난다. 부도밭 앞까지 왔다면 드디어 절 경내의 입구에 닿은 것이다. 여기부터 절까지 주변 경치를 감상하며 느긋한 걸음으로 올라가면 그야말로 아주 멋진 산행길이 되는 것이다. 맑은 공기를 마시며 천천히 발길 옮기다 보면 어느새 경내에 들어선다. 경내를 둘러보면 대웅보전과 주변 법당, 요사 같은 여러 건물들이 전형적인 산지가람 형태로 잘 어울려 있는 게 한눈에 보인다. 그 모습이 하늘에 두둥실 뜬 보름달 같이 생겼다 해서 부르는 '만월산'의 산세와 잘 어울려 무척 아늑한 풍광을 선보이고 있다.

보현사의 창건과 역사

보현사의 창건에는 두 가지 설이 전래되고 있다. 하나는 신라시대 불교의 4대 보살 가운데 한 분인 보현보살이 직접 창건하였다는 설, 또 다른 하나는 통일신라시대 말기의 고승인 낭원대사(朗圓大師)가 창건하였다는 설이다. 보현보살이 절을 지었다는 이 이야기는 실제로 그렇다는 의미가 아니라 이 절의 신앙이 보현보살을 특별히 숭상했다는 뜻으로 이해하면 될 것 같고, 그렇다면 결국 낭원대사가 보현보살 신앙을 바탕으로 해서 창건했다고 보면 될 것 같다.

〈보현사중수기〉 현판

이 창건담 외에도 다른 이야기가 자세히 전하면 좋으련만 그 밖의 기록은 전무해 보현사의 역사는 몇 줄 채우기도 어려울 정도다. 그래도 보현사에 전하는 〈보현사중수기〉라는 현판을 통해 조선시대 후기 역사의 한 조각이나마 알 수 있는 건 그나마 다행이다. 현대 불교사학자들이 쓴 책에선 현판에 담긴 이 내용이 전혀 언급되어 있지 않은 것은 아마도 이 현판을 못 보았거나 아니면 별 것 아니라고 생각해서 무시했는지 모른다. 이 현판이 누각이나 전각에 걸려 있지 않고 절에서 별도로 보관하고 있어서 더욱 그랬을 수도 있다. 나는 2003년에 사찰 측의 호의로 이 현판을 자세히 읽을 수 있었다. 그 결과 이 현판이 지금껏 알려지지 않았던 보현사의 역사를 말하고 있음을 알았고, 이 현판으로 그나마 보현사 역사의 일부라도 알게 되었음을 확인했다. 보현사에 관련된 중요한 사료이니만큼 소중하게 전해졌으면 하는 바람이다.

이 현판의 대강의 내용은 이렇다. 처음 1825년에 대대적 중수가 있었지만 30년이 지나니 가람 전체가 다시 낡아가기 시작했다. 그래서 1855년 성훈 화곡(聖訓華谷) 스님이 화주(절의 불사를 위해 모연금을 모으는 직책)를 맡아 전 강릉 부사 류후조(柳厚祚, 1798~1876)의 지원을 이끌어내었고, 또 이 절의 신도인 최대기(崔大紀)의 시주를 함께 받아 불사금을 충당했다는 것이다. 대강은 이상과 같은데 그 디테일을 보면 재미있는 내용이 담겨 있어 이에 대해 좀 더 자세히 살펴보

보현사 내경

면 조선시대 후기 보현사의 역사를 이해하는 데 많은 도움이 될 테니 아래에 소개한다.

이 현판은 1860년 선비 권희상(權喜常)이 지었다. 이 현판 말고는 다른 자료가 없어 그가 어떤 인물인지 잘 알 수 없지만, 불교에 대한 이해가 깊고 또 보현사에 대해서 많은 애착을 갖고 있었던 인물임을 이 글을 통해서 알 수 있다. 이 글은 보현사 역사를 아는데 꽤 중요한 자료이면서 그간 잘 알려지지 않았기 때문에 좀 자세히 읽어볼 필요가 있다.

절은 강릉부의 서쪽에 자리한다. 보현사가 자리한 산은 그윽하고 깊어 숲도 울창하게 우거져 있다. 이곳에 한 거찰이 있으니 오대산의 동쪽, 대관령의 아래다.

절이 창건된 연대는 지금 알 수 없으나, 낭원대사의 끊어진 비 하나가 미타암 부근에 세워져 있는 것으로 보아서는 신라시대에 지은 절임을 생각해 볼 수 있다. 그 뒤 승도(僧徒)들이 어찌 불가의 법문을 전하지 않았겠는가?

일찍이 경파 우홍(鏡波禹鴻) 스님이 삼승오교의 오묘한 진리를 깨우쳐 뭇 승

보현사 금강루

려들의 존숭을 받았다. 내가 듣기로 절이 낡고 무너졌으나 중수함에 세상의 도움이 없을 수 없어, 중생들의 커다란 시재(施財, 불사금을 내는 것)가 있었다고 한다. 그리하여 어둔 눈을 번쩍 뜨듯 가람의 면모가 아연 훌륭해졌다. 이때가 을유년(1825년)이었다.

그 뒤 성쇠를 거듭하다가 그만 폐허가 다 되어버렸다. 여래불상은 비를 가릴 수 없을 지경이 되었고, 아미타여래의 병발은 떠다니는 구름처럼 흩어져 버렸으니, 어찌 이곳이 영진굴택(靈眞窟宅)임을 헤아릴 수 있겠는가? 이로써 또다시 아무것도 없이 텅 빈 곳이 되어버렸던 것이다. 우바새 몇 명이 초막을 짓고 삼기(三紀) 동안 근근이 지낼 뿐이었다. 위로는 비가 내리고 옆으로는 바람이 거세니 나무 하나라도 지탱할 만한 것이 없었다.

글 앞쪽에는 한 때 통일신라시대의 대표적 사찰이었던 고찰 보현사가 어떤 이유에선지 쇠락하고 만 상황이 잘 나와 있다. 예를 들면 '여래불상은 비를 가릴 수 없을 지경이 되었고, 아미타여래의 병발은 떠다니는 구름처럼 흩어져 버렸다'라든가 또 '낭원대사의 끊어진 비 하나'라는 등의 묘사에서 그런 상황이 잘 묻어나와 있다.

다음으로 중건 불사의 배경에 대해서 자세히 얘기하고 있다. 우선 강릉 부사였던 류후조의 주선에 따라 관청의 도움을 받은 경과가 보이는데, 이 과정에서 최대기라는 시주자의 역할도 있었다고 한다.

이때 화곡(華谷) 스님이 제자 한두 명과 더불어 중건의 뜻을 지녔으나 일은 많고 힘은 없어 별다른 대책이 없었다. 그런데 다행히 류후조 부사가 있었다. 류 부사는 퇴임 후 여가를 산수 유람으로 보내고 있었는데 하루는 이 절에 오르게 되었다. 절을 둘러보다가 그 쇠락함에 탄식을 연발하였는데, 마침 화곡 스님이 부사에게 나아가 중건을 부탁하였다. 스님의 호소에 따라 기와 하나를 얹고 돌 하나를 나르는 데 있어서 류 부사의 지휘를 받았고, 그에 따라 관의 주선으로 노동력을 얻게 되었으니 그에 힘입은 바가 실로 컸다고 하겠다.

보현사가 강릉 부사 류후조와 관청의 도움을 받아 중창 불사를 원만성취한 과정이 머릿속에 활동사진 마냥 떠오른다. 지금까지 보현사 연혁을 언급한 글에는 이러한 사실이 전혀 나와 있지 않았는데, 이 글을 통해서 보현사 역사의 중요한 부분을 알 수 있게 되었음은 적지 않은 소득이다.

보현사 중창에 결정적 도움을 주었다는 류후조는 격변의 시기인 조선 말기에 흥선대원군 이하응(李昰應)의 측근으로 뒤늦게 정치권에 들어가 갖은 부침을 겪었던 인물이다. 1858년 예순이라는 많은 나이에 정시 문과에 급제했는데, 그 3년 전에 보현사 중건에 힘을 보탠 것이다. 급제 후 1864년에 이조 참판, 이듬해 공조 판서를 지냈다. 여기에다가 흥선대원군의 남인계 인사 중용책에 따라 1866년에 우의정으로 드디어 정승 반열에 올랐다가 이듬해는 좌의정까지 지냈다.

이렇게 정치적 영향력이 컸던 류 부사와 최대기 등의 아낌없는 도움 덕에 보현사는 중창을 이룰 수 있었다. 유종의 미를 거뒀던 불사의 마지막 장면과, 화곡 스님에 대해서 권희상은 다음과 같이 쓰면서 글을 맺고 있다.

이 불사는 을묘년(1855) 2월에 시작하여 같은 해 8월, 불과 6개월 만에 완성할 수 있었다. 불가의 흥함과 쇠함은 비록 무상이라 하나, 단월의 귀의가 있어서 비로소 중건을 이루게 된 것이다. 이 중건의 의미는 비단 석가부처님의 법이 의발전수된 것에 그치는 것이 아니라 지금 화곡 스님의 정성이 있어서야 가능한 일이었다. 이로써 이 절을 찾아오는 이로 하여금 늘 우리 임금님의 만세를 축원할 수 있게 되었으니, 그 공은 마땅히 선가(禪家)에 있다 할 것이다. 낙성이 끝난 뒤 화곡 스님이 나에게 그에 대한 글을 써 줄 것을 부탁하자 나는 기쁜 마음으로 수락했다.
우리 강릉은 사찰을 세울 만한 터가 좋아 명산이 한둘에 그치지 않는다. 그렇건만 사찰의 흥폐는 유수하니, 이것을 비유한다면 마치 용이 하늘을 날려 하자 구름이 멀어진다는 격일 것이다. …이러한 곳에서 보현사는 영원할 것이다. 또 어찌 알겠는가? 훗날 이 절이 수많은 책을 쌓아놓고 공부하는 곳이 될는지!

보현사 가람 속에 자리한 여러 유물들

건물 자체만 볼 게 아니라 경내 안에서 이들이 어떻게 자리하고 있는지 살펴보는 것도 역사와 문화를 이해하는 데 도움이 된다. 어떤 모습으로 들어서 있는가를 말할 때 '가람배치'라는 표현을 쓴다.
보현사는 경내로 들어가는 입구인 금강루(金剛樓) 아래로 난 계단을

오르면 대웅보전이 마주보이고, 그 좌우로 보현당과 수선당 두 요사가 서로 비스듬히 마주하는 배치를 하고 있다. 우리나라 사찰의 가장 일반적인 ∩ 모양의 가람배치인 것이다. 법당이 있는 자리를 중심 구역이라고 하고, 이 밖에 영산전 등 다른 법당들이 중심 구역 주위에 자리

보현사 대웅보전

대웅보전 삼존불상(좌)
대웅보전 관음보살상
보관의 아미타 불상

보현사 동정각

한다. 또 지장선원 등의 다른 건물들도 마치 새가 날개를 펼친 양 좌우로 자리하고 있다.

대웅보전 계단 앞마당에는 일부 부재가 없어진 석탑이 놓여 있고, 그 부근에 석조 사자상(獅子像)이 있다. 이 사자상은 아마도 석등의 간주석으로 사용되었던 것으로 보인다. 그렇다면 보현사의 초창기 가람배치는 경주 불국사의 그것과 별로 다르지 않았던 것 같다. 물론 기본 형태가 그렇다는 것이고, 디테일이나 전체 모두 불국사의 그것이 훨씬 크고 화려하다.

대웅보전 왼쪽에는 영산전이 자리하고, 다시 그 왼쪽에 삼성각이 배치되어 있다. 삼성각 옆에는 산으로 올라가는 문이 있는데 이 길을 따라 몇 분을 걸으면 보물 191호로 지정된 낭원대사오진탑이 있다.

요사인 수선당과 금강루 사이에 자그마한 종각이 있는데, 여느 종각의 이름과는 달리 '동정각(動靜閣)'이라는 편액이 걸려 있다. 세상의 움직임과 고요함과 머무름이 모두 법식에 따라 이뤄지는데, 그 같은 조화가 마치 은은한 범종 소리마냥 때론 우렁차고 때론 은은하게 울려야 한다해서 붙여지는 이름이다.

금강루 아래로 해서 내려가면 종각 밑에 보물 192호로 지정된 낭원대사오진탑비가 서 있다. 통일신라시대에 보현사를 중창했던 낭원대사의 일대기를 기록한 비석인데, 귀부와 탑신, 그리고 머릿돌에 해당하는 거북 얼굴 모양을 한 이수(螭首)가 비교적 잘 갖추어져 있다.

보현사 건물 중에서 건축적으로 가장 관심이 가는 곳은 금당인 대웅보전이다. 앞면과 옆면 각 3칸씩 규모의 팔작지붕 건물인데, 조선 후기에 세운 건물을 바탕으로 1904년에 중건해 18세기에서 20세기로 넘어가는 사찰 건축의 흐름을 알 수 있게 해준다. 외관에서 볼 만한 부분은 막돌 덤벙 초석에 기둥이 미끄러지지 않게 하기 위해 정교하게 '그랭이질'을 하여 세운 둥근 기둥이다. 그랭이질은 기초가 되는 주춧돌과 그 위에 얹히는 나무기둥의 접합면이 일직선의 수직이 아니더라도 지그재그 비슷한 그 모양대로 주춧돌을 깎아 만든 기둥을 말한다. 수직이 아니면 위태로울 것 같지만, 오히려 이렇게 해야 더 부분적인 접합이 견고해진다. 반듯반듯한 모습이어야만 안심이 되는 서양의 건축기법과 분명 차원이 다르다. 그래서 곡선과 직선을 잘 조화시킨 우리나라만의 옛 목조 건축기술의 발달을 말할 때 즐겨 예로 드는 기법이기도 하다.

대웅보전에 봉안되는 불상의 이름

보현사 대웅보전에는 아미타여래를 중심으로 좌우에 관음보살과 세지보살이 협시하고 있는 삼존상을 봉안하였다. 일반적으로 아미타여래는 손의 모습인 수인(手印)으로 보아서는 석가여래처럼 보이기도 하지만, 좌우 협시보살이 관음·세지이므로 아미타여래로 보는 사람도 있다. 사실 이렇게 아미타불과 석가불은 외관이 비슷해 사람들은 종종 이름을 혼동하기도 한다. 그래서 불상이 봉안된 전각의 이름으로 불상의 이름을 구분하는 게 더 맞을 수 있다.

본래 대웅전, 혹은 대웅보전에는 석가여래와 문수·보현 보살이 협시하는 삼존상이 봉안되는 것이 보통이다. 그런데 보현사 대웅보전에서는 불상 오른쪽의 보살상의 보관을 자세히 보면 중앙에 작은 아미타불상이 새겨진 것으로 보아서는 관음보살상이 분명하다. 따라서 이 삼존상은 아미타 삼존상일 것이다. 아마도 영산전에 석가삼존상을 봉안하고 있으므로 여기에는 아미타삼존상을 봉안한 것이 아닐까 생각된다. 아미타삼존상은 흙으로 빚은 소조상으로, 19세기 중반의 양식을 잘 보이고 있다.

창건주 낭원대사의 사리탑과 탑비

보현사에는 낭원대사 개청(開淸) 스님의 사리탑과 탑비가 있다. 사리탑의 정식 이름은 '낭원대사오진탑(朗圓大師悟眞塔)'이며, 940년에 세운 것으로 보물 191호로 지정되어 있다. 사리탑은 영산전과 삼성각 뒤쪽 언덕에 있고, 탑비는 절 마당에 있어 쉽게 볼 수 있다.

스님의 사리를 봉안한 사리탑을 '부도(浮圖)'라고 하는데, 요즘은 이를 '묘탑(廟塔)'이라고 많이 부른다. 이 보현사 낭원대사오진탑은 건립연대가 지금까지 알려진 고려시대의 부도 중 가장 앞선 것이다. 탑은 사리를 봉안하여 생전의 수행을 증명하고, 탑비는 그 사람의 일대기를 기록해 인간의 모습을 보여준다. 둘 다 한 사람이 세상을 떠난 뒤 남은 사람들이 그에 대해 가장 그리워하는 부분이다. 그래서 통일신라와 고려시대에 고승의 탑과 탑비는 마치 한 쌍처럼 같이 세워지곤 했다. 그러나 조선시대에는 탑비 형식이 변해 행적을 길게 적기보다는 간단히 주인공의 이름만 적은 경우도 많고, 아예 탑비가 사라지기도 한다.

낭원대사는 고려시대 보현사의 위상을 높이 세웠던 고승이다. 보현사는 고려시대에 집중적으로 양성되면서 대찰의 풍모를 갖췄는데, 사찰 중수에 가장 커다란 힘을 보탠 이가 바로 앞에서 본 개청 낭원(開淸

朗圓, 835~930)대사였다. 당시 우리나라 최고의 명승으로 강릉 굴산사에 머물던 범일국사(梵日國師)의 가르침을 받았고, 후에 보현사를 창건했다.

낭원대사오진탑은 통일신라~고려시대에 가장 유행했던 형태인 팔각원당형(八角圓堂形)으로 되어 있다. 지대석부터 기단부·탑신부·상륜부 등은 팔각이고, 사리를 넣은 몸체가 원형인 것을 이렇게 부른다. 탑비는 낭원대사가 입적한 10년 뒤인 940년에 세워졌는데, 비문은 당대의 문장가인 최언위(崔彦撝)가 짓고, 글씨는 명 서예가인 구족달(仇足達)이 써 서예사적으로도 가치가 높은 작품이다.

낭원대사는 신라 경애왕의 큰 믿음을 받았던 고승이다. 보현사를 창건해 강릉 불교문화를 크게 높였으니 넓게 보면 우리 문화의 발전도 그에 힘입은 바가 적지 않다. 이 사리탑과 탑비에는 그런 자취가 그대로 남아 있으니, 보현사에서 빼놓아서는 안 될 문화재인 것 같다.

낭원대사오진탑(좌)
낭원대사오진탑비(우)

강릉, 그리고 커피

　보현사에 와서는 강릉을 구경하지 않을 수 없다. 보현사를 다 보고 나왔으면 이어서 꼭 강릉을 여유 있게 거닐어 보라고 권하고 싶다.
　강릉은 유서 깊은 역사도시이고, 또 이제는 강원도에서 손꼽는 여행지가 되었기 때문이다. 우리나라 어느 지역치고 역사가 없는 곳이 없겠지만, 대중에게 친숙한 역사, 인물, 유적이 특히 많다는 이야기다. 조선시대 정자 경포대를 비롯해 숱한 유적이 있고, 우리나라 현모양처의 가장 모범 케이스인 신사임당(申師任堂)과 그의 아들 율곡 이이(李珥)의 모정이 서린 오죽헌은 강릉에 가면 꼭 한 번은 가보는 명소다. 이렇게 명소가 많은 것은 강릉이 옛날에 그만큼 많이 발달된 도시였다는 의미이기도 하다. 불교 쪽으로 얘기를 해도 고려시대 때만 해도 명찰대찰이 다른 어느 지역 못잖게 많을 정도로 불교문화가 꽃피웠던 곳이라 당연히 지금 불교유적도 많이 남아 있다.
　또 요즘 강릉은 여행지로도 각광을 받는다. 그런 추세를 반영해선지 강릉에는 강원도 내에서 커피집이 가장 많은데 특히 바리스타가 직접 내리는 드립커피집은 여느 도시보다 훨씬 많다. 시내에는 속칭 커피골목이 있어 수십 곳의 커피집이 있고, 서울에 사는 커피애호가들 사이에도 강릉커피는 꽤 알려져 있다. 그래서 요즘은 강릉에 가게 되면 하루 정도는 강릉의 커피숍을 찾아다니는 사람들도 많아졌다.
　나 역시 몇 군데 유명하다는 데는 대충 다 다녀본 것 같다. 대부분 커피 원두를 직접 볶는 '로스팅'도 하는데 모두 다 좋은 기계들이어서 이 지역 바리스타들의 진지함을 느꼈다. 하지만 대부분 적정량보다 좀 세게 내리는 게 아쉬웠다. 예컨대 '케냐AA'는 좀 깊이 있게 내려야 하는 반면 과테말라는 향기가 더 나고 맛은 좀 순하게 내야 좋은데, 그런 구분이 명확하지 않는가 하는 점 등이다. 내가 잘 아는 서울의 몇 군데(이름을 알려드리지 못하는 걸 이해하시길. 커피숍은 자기가 정말 좋아하는 곳은 절대 남한테 알려주기 어렵다) 커피 고수들보다는 좀 다르다는 느낌이 강하게 드는데, 어쩌면 강릉 커피의 개성과 지향점이 서울 커피와는 분명한 차이가 있어서 그런지도 모른다. 여하튼 이건 나 하나의 생각일 뿐이고, 취향이 다를 뿐이라고 해도 그만이다. 그보다는 지방에서 이렇게 서울 못잖은 커피문화가 정착된 곳도 매우 드문 현상임에 주목할 필요가 있다. 커피를 통해 강릉에서 문화를 느껴보는 것도 좋은 경험이 될 것 같다.

동해 삼화사

4월, 초봄에 떠난 동해 여행

　4월, 완연한 봄이다. 시인마냥 계절에 맞는 아름답고 포근한 시상(詩想)이나 시감(詩感)을 떠올릴 정도는 아니지만, 이맘때면 늘 남다른 감상에 젖는다. 3월은 아직 겨울의 잔설이 머리에 남아있고 오랜만에 다시 맞은 봄이 맘 같지 않게 확 다가오지 않았다. 그래도 4월의 첫 장이 열릴 때면 따사한 봄 햇살에 피어오르는 아지랑이를 보며 몸과 마음이 나른해지는 걸 느낀다. 이맘때면 드디어 활짝 피기 시작하는 봄꽃에 마음은 더 밝아진다. 추위에 움츠려들었던 마음은 어느새 다 사리자고, 불어오는 봄바람에 몸을 맡기고 어딘가 떠나고 싶어지는 시간이 어김없이 돌아온다. 요즘에야 교통이 좋고 잘 곳도 많아진데다가 지방마다 여행객 유치에 열심이라 그만큼 볼 곳도 많아졌다. 이제 문화와 관광은 거의 동의어처럼 여겨지고 있다. 그래서 여행은 전천후가 되었고 생활 밀착이 되었지만, 그래도 봄에 떠나는 여행은 낭만을 느끼기에 가장 좋은 것 같다. 또 봄의 햇살은 눈만 아니라 마음도 녹인다. 얼었던 마음이 어찌 보면 스르르 녹아내리는 건 좋은데, 어쩐지 갈피를 못 잡고 마음이 싱숭생숭해지기도 한다. 이럴 바엔 어디론가 떠나는 게 치유책이다. 혹시 한 구석 찜찜하게 남아 있는 아련함이 있다면 이참에 여행으로 떠나보는 것도 좋을 것 같아 떠나보기로 한다. 나만 그런 게 아니라 4월

삼화사 내경

에 떠나는 여행자들도 혹시 다 이런 추억의 감정 때문에 가는 건 아닐까 싶기도 하다.

  봄 여행, 고속버스에 앉아 차창에 얼굴을 묻고 겨울에 비해 부쩍 화사해진 바깥 경치를 하염없이 바라보니 어느새 서너 시간이 훌쩍 흘렀다. 내가 탄 버스는 동해 시외버스터미널로 미끄러지듯이 주차장에 들어서서는 한 치의 오차도 없이 정해진 자리 위에 섰다. "동해입니다, 내리실 분 어서 나오세요~!" 운전기사의 외침에 기계적으로 일어서 선반에서 배낭을 꺼내고 아직 흔들거리는 좁은 통로를 비틀거리며 지나 버스에서 내렸다. 드디어 동해다.

화합을 기원하며 이룬 삼화사의 창건

  삼화사를 품은 두타산(頭陀山)은 동해시에서 서쪽으로 20km 가량 가면 나온다. 강원도 국민관광지 제1호로 지정되어 있을 만큼 강원도에

적광전(상)
비로전(하)

서 알아주는 산으로, 특히 무릉계곡이 유명한 명승지다. 명산엔 명찰(名刹)이 있기 마련이고, 명시(名詩)는 또 명찰에서 나온다. 그래서 예로부터 이 두타산과 삼화사에는 시인·묵객·고승들의 발길이 끊이지 않았고 숱한 작품들이 여기를 배경으로 해서 탄생했다.

가운데에 '和'자가 들어간 절 이름이 궁금하다. 절 역사를 훑어보면 절 이름의 유래도 딱 하나가 아니라 몇 가지 다른 이야기로 전한다. 그만큼 역사가 오래 되었다는 뜻도 된다. 예를 들어 창건 당시에는 삼공사(三公寺)라고 했다는 것인데, 여기에 대해 고려 말의 저명한 문인이기도 한 식영암(息影庵) 스님은 이렇게 적었다.

신라 말의 어느 날, 각각 많은 무리를 거느린 신인(神人) 셋이 와서 무엇인가를 열심히 논의하였다. 그들이 떠난 뒤 사람들은 그 자리를 '삼공(三公)'이라 불렀다. 얼마 뒤 사굴산문(闍崛山門)의 개산조(開山祖) 범일국사(梵日國師)가 이곳에 들러 절을 창건하고 이를 기념해 절 이름을 삼공사라 했다.

삼공사라는 이름에 얽힌 후일담도 있다. 훗날 삼공사 이야기를 들은 조선의 태조는 '신인(神人)이 절터를 알려준 것이니 신기한 일'이라 하면서, "그 옛날 신성한 왕이 삼국을 통일한 것은 부처님 영험의 덕택이었으므로, 그 사실을 기리기 위하여 절 이름을 삼화사(三和寺)로 하라"고 했다는 것이다. '신성한 왕'이란 곧 고려 태조이고, 그가 불력(佛力)에 의해 후삼국을 '화합'하여 통일한 옛 일을 삼공사라는 이름을 지어주어 기념했다는 것이다.

또 흑련대(黑蓮臺)라 불렀다는 말도 있다. 삼척의 읍지(邑誌)에, "옛 사적(史蹟)에 이르기를 자장(慈藏)율사가 당나라에서 돌아와 오대산을 두루 돌면서 성적(聖蹟)을 돌아보았다. 두타산에 와서 흑련대를 창건하니 지금의 삼화사로, 신라 제27대 선덕여왕 11년(642)의 일이다."라고 나온다. 7세기의 자장율사를 삼화사의 창건주로 명확히 한 점이 앞의 이야기와 다르다.

흑련대에 관한 다른 전설도 있다. 약사삼불(藥師三佛)인 백(伯)·중(仲)·계(季) 삼형제가 서역에서 돌배를 타고 와 유력하다가 우리나라 동해에 이르렀고 그들은 타고 온 돌배를 용으로 변화시켜 두타산에 와서 첫째는 검은 색 연꽃을 가지고 흑련대에, 둘째는 푸른 연꽃을 가지고 청련대에, 막내는 금색 연꽃을 가지고 금련대에 각각 머물렀다. 이곳이 지금의 삼화사·지상사(池上寺)·영은사(靈隱寺)라고 전한다.

이 이야기는 앞서 본 두 가지 이야기보다 설정이 사뭇 전설적이다. 설화에는 사실 역사의 자취가 남아 있는 경우가 많은데, 흑련대 이야기도 그렇다. 시멘트공장이 들어서면서 삼화사는 1979년에 지금의 자리로 옮겼다. 그때까지만 해도 약사삼불이 타고 온 용이 변하여 생겨났다는 바위, 약사삼불이 앉았던 자리 등이 남아 있었다고 한다. 이 바위들은 시멘트공장을 짓느라 지금은 완전히 사라져버렸지만. 전설만 남고 유적은 사라졌다.

삼화사는 조선 중기 임진왜란 때 왜군들의 방화로 불탔다가 나중에 중건되었다. 이후 역사는 1898년에 쓴 〈삼화사중건기〉에 잘 나오니 이를 연대기적으로 옮겨보면 다음과 같다.

1747년 홍수와 산사태로 절이 무너지자 옛터에서 조금 위로 옮겨 중창했으며, 1820년에 불타버리자 1824년에 중건했다. 1829년 다시 불이 나자 이 지역의 여러 인사들이 나서서 중건했으며, 1869년에 단청도 했다. 절이 차츰 안정되어 가자 머무는 스님들도 많아졌다. 자연히 여러 사람이 참선하고 머물 넉넉한 공간이 필요해져 1873년에 선당을, 1896년에 승당을 지었다고 한다.

하지만 이 무렵이 지나면서 나라 전체가 침략의 야욕을 숨김없이 드러낸 일본 때문에 큰 혼란에 빠진다. 급기야 1905년 을사조약이 체결되자 전국에 의병들이 일어나 적극 항거했고, 이런 애국의 진한 울림이 울려퍼진 건 삼척 지방도 마찬가지였다. 의병들이 삼화사를 거점으로 일본에 항거하였고, 1907년 이에 대한 보복으로 일본군이 대웅전·선당 등 200여 칸에 달했던 사찰건물을 모두 불태웠다. 하지만 지역의 명찰인 삼화사는 이에 굴하지 않고 이듬해인 1908년 스님들과 마을사람들이 합심해 다시 대웅전·칠성당·요사 등을 세우며 중건을 이루었다. 어려운 시기에 작은 건물 하나도 아니고 법당과 요사 여러 채를 지었다는 것은 그만큼 삼화사에 만만찮은 저력이 있었음을 얘기해 주는 일이었다.

일제강점기와 근대 이후의 역사는 아쉽게도 자세하지 않다. 최근에 와서는 절 일대가 1977년 쌍용양회 동해공장의 채광석 권역에 속하게 되었다. 이에 삼화사는 지역의 발전을 위해 용단을 내려 절을 지금의 위치로 옮겼다. 천 년 넘은 절을 옮겨 다른 데로 간다는 것이 결코 쉬운 일은 아니었을 것이다. 그래도 1908년에 중건된 건물들을 그대로 옮겨 온 것은 참 잘한 일이었다. 이후 삼척과 동해를 대표하는 명찰로 계속된 발전을 이어왔고, 지금은 비단 강원도뿐만 아니라 전국적인 지명도가 있는 사찰로 많은 사람들의 발길이 이어지고 있다.

삼화사의 문화재

비록 옛터에서 나와 새롭게 가람을 일구었지만, 가람 정비와 단장에 많은 힘을 기울여 지금은 규모나 격식이 아주 잘 갖추어진 절로 꼽힌다.

지금 가람은 정남향으로 무릉계곡을 바라보고 있다. 가람 배치는 금당인 적광전을 중심으로 양 옆으로 극락전과 약사전, 칠성당이, 뒤쪽에는 비로전 등이 자리잡고, 적광전 앞마당에는 육화료(六和寮)와 심검당(尋劍堂)의 요사채가 마주보고 있으며, 무향각(無香閣)과 공수실(供需室), 범종루 등이 적광전 맞은 편에 균형 있게 자리해 있다. 여러 문화재 중에서도 적광전에 봉안된 철조 노사나불상(보물 1292호)과 적광전 앞 삼층석탑(보물 1277호)은 삼화사가 자랑하는 훌륭한 문화재다.

절 입구인 천왕문 밖으로 뻗어 있는 계곡을 따라 내려가면 일주문과 동해불교대학 건물이 있고, 천왕문 위쪽으로는 두타선원(頭陀禪院)이 자리하며, 부도밭은 동해불교대학 뒤편 숲 속에 있다. 전국의 선승들이 참선에 정진하는 두타선원은 우리나라에서 손꼽는 선원이다.

두타산 무릉반석

우리나라에서 유일한 신라시대 노사나불좌상

삼화사 적광전에는 통일신라시대의 철조 노사나불좌상이 봉안되어 있다. 통일신라시대 이후 비로자나불상은 많이 조성되었지만, 명칭이 '노사나불'이라고 명확히 알려진 것은 오직 이 작품 하나뿐이다. 처음 약사전에 있다가 1997년 일부를 복원한 뒤 적광전으로 옮겨졌다.

전체적으로 단정한 모습을 한 잘 만든 작품이다. 근래 훼손된 귓불과 두 손을 복원하면서 고리형 귓불에 오른손바닥을 밖으로 향하게 하고 왼손은 아래로 내려 손바닥을 밖으로 향한 이른바 '통인(通印)'을 하도록 만들었다. 그런데 복원과정 중 오른쪽 등판면, 그러니까 등 뒤에 양각으로 된 글씨들이 처음 발견되어 학계를 깜짝 놀라게 했다. 그

삼화사 적광전 노사나불좌상(우)
등판면 양각 글씨 탁본(좌)

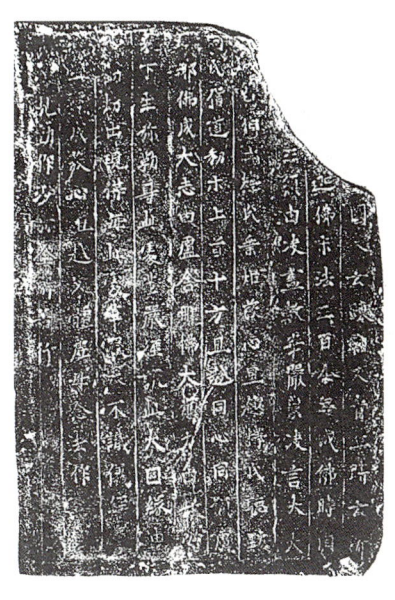

동해 삼화사 47

때까지는 몰랐던 이 글을 통해 여러 가지를 알 수 있게 되었다. 10행 161자인데 이 중에서 140여 자를 판독해낼 수 있었다. 문장 속에 '노사나불(盧舍那佛)'이라는 명칭이 두 번 나옴으로써 이 불상의 존명을 알 수 있게 되었고, 880년대에 활약한 결언(結言) 스님이 시주자의 부모를 위해 불상을 조성했다는 내용 과정도 잘 드러나 있었다. 이로써 이 불상의 조성 시기와 배경을 분명히 알 수 있게 된 점은 불교미술사 연구에서 큰 수확이었다. 또 10세기 이후까지 사용되었던 이두(吏讀)가 나오고, 한자를 한글 어순에 맞추어 배열한 점 등은 국어사 연구에도 중요한 자료로 평가된다. 보물 1292호로 지정되어 있지만 체감으로는 그 이상의 소중함이 느껴지는 문화재다.

삼화사로 들어가는 경계, 일주문과 천왕문

당연한 말인데, 절에 들어가려면 문을 지나야 한다. 세속의 경계가 없다는 절에 웬 문이 있나 하겠지만, 절에서의 문은 마을이나 도심에서 보는 그런 문이 아니다. 우선 문에 연결된 담이 없고 또 닫고 여는 시설

삼화사 일주문

도 없다. 그저 기둥 몇 개 올라가 있고 그 위에 지붕만 얹혀 있다. 절에서의 문이란 막고 가리고 구분지으려는 게 아니라 오히려 그 반대이기 때문에 이런 모양으로 만들어졌다. 사찰의 문은, 적어도 여기서부터는 그런 일상의 힘든 마음일랑 내려놓고 편하게 들어오시라 하는 상징이니, 그래서 문이 있으되 없는 것이고 또 없으되 있는 셈이다.

삼화사의 문도 바로 그렇다. 삼화사 경내로 들어설 때 처음으로 마주하는 일주문은 삼화사의 이전과 함께 1980년에 세워졌고 여기에 〈頭陀山三和寺〉(두타산 삼화사)라는 편액이 걸려 있다. 글씨는 현대의 고승으로 꼽히는 탄허(呑虛, 1913~1983) 스님의 필적이다.

일주문을 지나면 또 다른 문, 천왕문이 나온다. 문이 여러 개인 것은 혹시라도 일주문에서 다 털어내지 못한 근심이 있다면 이번에는 여기서라도 훌훌 버리고 들어오시라는 의미로 봐도 된다. 일주문과 더불어 1980년에 지어진 것이고 편액 역시 탄허 스님의 글씨다.

삼화사 천왕문

삼층석탑

경내에 들어서면 대적광전 바로 앞에 자리한 고탑 하나가 곧바로 눈앞에 들어온다. 미술의 여러 장르 중에서도 탑은 양식과 형식에 따른 시대 판별이 비교적 잘 되는 분야로, 이 탑은 형태로 볼 때 신라 말에서 고려 초에 세운 것으로 보는 게 정설이다. 자장 스님의 창건설과 관련지어 644년에 지었다는 말도 있지만 아무래도 7세기 중반까지 올라가기는 어렵다.

높이가 5m쯤이니 아주 큰 편은 아닌데, 기둥 역할을 하는 기단부가 다른 부재에 비해 비교적 큰 것이 특징이다. 여기저기 조금씩 떨어져 나가고 덧댄 모습에서 세월의 흔적이 느껴진다.

삼층석탑

1997년에 이전 보수를 위해 석탑을 해체했는데 이때 상층기단 중심부에서 사리장엄이 담긴 나무궤짝이 발견되었다. 궤짝 안에는 곱돌로 만든 작은 탑 25기, 청동불상 대좌(臺座) 조각 2점, 철 조각 6점 등이 발견되었고, 또 문종이에 묵서(墨書)한 기록 1매가 함께 들어 있었다. 근대 무렵에 이 탑을 수리하고 나서 그 전부터 내려오던 작은 탑들과 대좌 및 철 조각 등을 새로 만든 나무궤짝에 넣고, 근대에 쓴 묵서도 함께 넣은 것으로 추정되었다. 현재 보물 1277호로 지정되어 있다.

부도

일주문을 들어서면 보이는 동해불교대학 뒤편으로 부도밭, 곧 부도

삼화사 부도밭

들을 한데 모아놓은 공간이 있다. 부도밭은 부도전이라고도 부르는데, 그 절에 머물렀던 스님들의 자취가 고스란히 남아 있다는 점에서 사찰 역사의 또 다른 모습이기도 하다. 삼화사 부도밭에는 조선시대의 운암당상준대사(雲岩堂尙俊大師) 및 원곡대선사(元谷大禪師) 부도와, 근래 세운 만각당영해대화상(晩覺堂永海大和尙) 및 성암 스님의 부도 등이 있다.

두타산 관음암

절 속의 절, 산내암자 – 관음암

산내암자란 한 절에 딸린 작은 암자를 말한다. 대개 그 절과 같은 산 속에 있으면서 역사와 문화의 배경을 함께 하니 절 속의 또 다른 절이라고 할 수도 있을 것 같다. 그런데 경우에 따라서는 꽤 거리가 떨어진 곳에 있기도 한다. 이때의 산내암자란 행정면에서 부속 사암(寺庵)이라는 의미가 담겨 있기도 하다.

삼화사의 산내암자로 관음암이 있다. 삼화사에서 한 시간 거리라 공간적인 거리가 있으므로 오래된 역사적 연관 관계는 없지만, 근래에 삼화사와 함께 불교 발전에 같은 걸음을 걷고 있으니 그런 면에서는 역시 하나로 볼 수 있을 것 같다.

관음암은 고려가 건국한 918년에 용비(龍飛)대사가 창건했고, 이후 오랫동안 지조암(指祖庵)이라 불렸다. 그 뒤의 역사는 전하지 않으며, 6·25전쟁 때 불타 없어졌으나 1960년 유해룡(柳海龍) 주지가 취임한 다음 부인(婦人)신도회와 함께 중건한 뒤 관음암으로 고쳐 부르게 되었다고 한다. 주변에 소나무와 암벽, 폭포 등이 함께 어우러져서 경관이 매우 좋으며, 이곳에서 1km 쯤 떨어진 곳에 두타산성이 있다. 두타산성은 일명 동석산성(動石山城)인데 고려시대에 당시 무척이나 우리나라의 해변 쪽을 괴롭혔던 왜구의 침입을 막기 위해 쌓은 것으로 알려져 있다.

변화 발전의 상징, 강원도

삼화사는 불과 10여 년 전에 비해 아주 비약적으로 발전했다. 전각이나 요사의 규모가 훨씬 늘어났고 주변이나 경내도 아주 말끔히 정비되어 보기가 썩 좋다. 삼화사를 찾는 관광객이 전과는 비교가 안 될 정도로 많이 늘어난 것도 당연하다. 이런 외형적 성장 외에 절의 비중도 불교계에서 상당히 높아졌다는 내실도 빼놓을 수 없다.

사실 삼화사의 이런 변화는 절이 자리한 지역과도 어느 정도 궤를 같이하는 것 같다. 예를 들면 지명을 통해서도 그런 것을 느낀다. 1995년 행정구역 개편 전까지 삼화사가 자리한 무릉로(지금의 삼화동)는 동해시가 아니라 삼척군(三陟郡)의 지명이었다. 그래서 예전 책에는 '삼척 삼화사'로 나오고, 또 이전 지명에 익숙한 사람들은 아직 그렇게 부르는 게 입에 익었다. 706년 처음 설치된 삼척군은 1981년 장성읍과 황지읍이 합쳐지면서 태백시가 되었고, 1986년 1월에는 삼척읍이 삼척시로 바뀌었다. 동해시도 1980년 4월 삼척군 북평읍과 명주군 묵호읍이 따로 떨어져 나와 처음 만들어졌다.

2018년 평창 동계올림픽을 앞두고 강원도 어디에 가든 요즘 '변화'라는 말을 자주 듣는다. 시청이나 군청에 걸린 '변화하는 강원도'라는 캐치프레이즈를 보는 건 다반사고, 지역 신문이나 여기 사람들과의 대화 속에도 이런 단어는 빠지지 않는다. 현대에서 급변하는 변화가 낯설리 없고, 자전거의 두 바퀴처럼 발전과 함께 하는 변화라면 환영할 만하다. 현대에 비해 점잖고 조용하고 자기주장이 없는, 한마디로 가치는 있으나 힘은 없는 '옛것'을 존중해주는 변화는 현대에서 필수이니까. 어쨌든 발전하기 위해서는 먼저 변화해야 하는 것이 이치다. 삼화사를 볼 때마다, 옛것을 바탕으로 한 변화와 발전을 기대하는 것도 이런 기분이 들어서인 것 같다.

양양 낙산사

바다에서 가장 가까운 절

바다와 절은 각별한 사이다. 흔히 '산사(山寺)'라고 해서 산과 절을 하나로 보고 말하지만, 바다 역시 절과 밀접한 연관이 있다. 그런 뜻에서 '해사(海寺)'라는 말을 만들어도 되지 않을까 싶다. 바다뿐만 아니라 강도 마찬가지로 우리나라에 불교가 전파된 데는 물길이 아주 큰 역할을 했던 것인데 불교사 또는 불교문화를 말하면서 보통 이를 잘 짚고 넘

정선의 관동팔경첩 중 〈낙산사도〉 (일본 시즈오카 박물관)

어가지 않는 게 좀 아쉽다.

　우리나라는 삼면이 바다라 그만큼 바다를 바라보도록 세워진 절이 참 많다. 세워진 시기도 삼국시대의 고찰이 있는가 하면 아주 최근에도 새로 지어지고 있으니 전 시대에 이어지고 있다. 또 동해안 아주 위에서부터 최남단 마라도에 이르기까지 우리나라 전 지역에 바닷가 사찰이 골고루 자리하고 있다. 바닷가 사찰이 더 각별하게 느껴지는 것은, 바다를 앞에 두고 살아가는 사람들의 절절함이 사찰을 통해 투영되기 때문이다. 관광하고 즐기는 대상으로서가 아니라 거기서 삶을 영위해야 하는 사람들로서 바다는 결코 편한 대상은 아니었다. 삶과 죽음 그리고 일상을 모두 바다에 건 사람들로서는 그들의 애환과 희로애락을 바다에다 뿌려야 했고, 그들의 그런 절절한 마음과 삶에 대한 기원은 바다에서 가까운 절에서 내려놓곤 했었다. 그래서 바닷가 사찰에는 다른 데 보다는 좀 더 엄숙하고 보다 원색처럼 진한 희망과 갈구가 느껴지곤 하는 것이다. 그러다 보니 산사에 비해서 가람배치라든가 하는 결

낙산사 원경

으로 드러난 형식은 다르게 보이기도 하겠지만, 무엇보다 바닷가 사찰에 가서 이런 삶의 원색을 본다면 충분히 잘 보고 온 것이라고 말하고 싶다. 옛날 사람들은 만일 바다를 인격화한다면 관음보살이 가장 제격이라고 생각했던 것 같다. 인자하고, 무엇이든 다 넉넉한 마음으로 품어주는 관음보살에 바다의 한 자락을 담고 싶어 했던 것이다. 바다의 사찰에 수월관음, 해수관음 등이 꼭 나오는 것도 그 까닭이다.

양양 낙산사는 우리나라 바닷가 사찰에서 가장 유명한 절 중의 하나다. 바다와 관련된 전설과 일화 그리고 신앙이 여기만큼 다양하게 녹아 있는 곳도 찾아보기 어렵다. 바다와 관련된 정서와 문화만 그런 게 아니라, 마당에서 바라보면 바로 눈앞에 동해의 푸른 바다에 일렁이는 흰 파도가 손에 잡힐 정도로 거리도 무척 가깝다. 이래저래 우리나라에서 바다와 가장 가까운 절이 어디냐고 물어오면 서슴없이 낙산사라고 말하게 된다.

국민 사찰, 낙산사의 창건

양양군 강현면 낙산사로에 있는 오봉산(五峰山) 낙산사(洛山寺)는 신라의 고승 의상(義湘)이 창건했다. 《삼국유사》〈낙산이대성(洛山二大聖)〉조에 전하는 이 창건담은 다른 어떤 사찰의 창건담보다도 훨씬 진지하고 사실적으로 서술되어 있다. 그 대략을 소개하면, 중국 당나라의 지엄(智儼) 문하에서 화엄교학(華嚴敎學)을 공부한 의상이 신라로 돌아온 해가 670년, 그로부터 얼마 뒤 의상은 관음보살을 친견하고자 하는 염원을 품고 동해에 면한 험한 산 속의 동굴로 들어갔다. 동굴이라고는 해도 바닷물이 들어와 앉을 자리라고는 전혀 없는 그런 동굴이었다. 이 동굴은 나중에 관음굴(觀音窟)이라고 불렸다.

의상은 신통력으로 공중에 방석을 띄우고 거기에 앉아 수행했는데, 7일이 지나자 바다에서 천룡팔부(天龍八部)와 동해 용이 나타나 각각 수정 염주 한 벌과 여의보주 한 알을 그에게 전해주고 사라졌다. 의상은 자신의 기도가 통한 것임을 확신하고는 더욱 더 용맹 정진했다. 다시 7일이 지나자 드디어 꿈에도 염원하던 관음보살이 나타나 뵙게 되었다. 관음보살은 그의 정성을 치하하곤, 이 동굴 바로 위 대나무가 자라는 자리에 절을 창건하라는 계시를 주었다. 황망 간에 관음보살은 사라졌으나 의상은 관음보살이 자신에게 한 말을 똑똑히 기억했다. 그래서 기도를 마치고 동굴을 나와 관음보살이 지목한 그 자리에 절을 지으니 이것이 곧 낙산사인 것이다. 의상은 낙산사 창건을 이룬 뒤에 자기의 일을 다했다고 보고 굴에서 기도할 때 받았던 수정염주와 여의보주를 이곳 금당에 봉안하고는 또 다른 수행을 위해 경주를 향해 떠났다. 《삼국유사》를 지은 일연 스님은 이 같은 창건설화를 전한 다음 글의 제목을 〈낙산이대성〉, 곧 '낙산(사)의 두 성인'으로 지었다. 두 성인 중 한 사람은 물론 의상이고, 다른 한 사람은 고려 초에 낙산사를 중창했던 범일(梵日)국사를 말한다.

낙산사의 역사

창건담에도 나오는 것처럼 낙산사는 바다와 특별한 인연이 있는 절이다. 그래서 우리나라의 대표적인 관음신앙, 그 중에서도 '해수(海水)관음' 신앙과 밀접한 연관이 있다고 말한다. 그렇지만 역사 면에서 본다면 창건담은 자세히 전해도 이후 특히 고려시대의 역사를 기록한 자료가 굉장히 적어 의아스럽기까지 하다. 아마도 고려시대에 빈번했던 왜구의 침입이 가장 큰 타격이었을 것 같다. 그러다가 조선시대로 들어가

홍련암에서 내려다본 관음굴. 이곳에서 의상 스님이 14일을 수행한 뒤 낙산사를 지었다.

면 《조선왕조실록》을 중심으로 아주 많은 기사가 전해 낙산사 역사 이해에 큰 도움을 준다. 그에 따르면 낙산사는 조선 초기 왕실의 든든한 지원을 받을 정도로 큰절이었으나 한편으론 이를 못마땅히 여긴 관료들도 많았던 모양이다. 그들은 줄기차게 왕실이 지원을 끊을 것을 주장하며 논란을 일으켰다. 이런 기사들은 《조선왕조실록》에 자세히 나온다. 낙산사의 사격과 역사를 이해하는 데 매우 요긴한 자료로 꼽힌다. 그 밖에 근대의 고승 만해(萬海) 한용운(韓龍雲, 1879~1944)이 1928년에 지은 《건봉사급건봉사말사사적(乾鳳寺及乾鳳寺末寺史蹟)》 중 〈낙산사사적〉도 역시 중요한 자료다. 여기에 나오는 이야기 중에서 중요해 보이는 것만 간추려 얘기해 보겠다.

창건으로부터 100년이 더 넘은 786년 불이 나 사찰 대부분이 불에 타 없어졌으나, 앞에서 말한 '낙산 이대성'의 한 사람인 범일 스님이 858년에 정취보살상을 봉안했다. 사실 정취보살은 그 전 범일 스님이 중국에서 공부할 때 다른 모습으로 나타나 만났다가, 범일 스님이 고려로 돌아온 뒤 한참 후에 다시 나타나 그의 신실(信實)함을 시

의상대사 진영
(고산사 소장)(좌)
범일 국사 진영(우)

험하기도 했다. 따라서 정취보살과 범일 스님은 보통의 인연이 아니었으니 범일이 자신이 살고 있는 낙산사에 정취보살상을 봉안한 것은 당연한 일이었다.

고려의 대문호인 이규보(李奎報, 1168~1241)도 낙산사와 인연이 깊은 인물로 창건 때 봉안되었던 관음보살상을 보수하고 복장도 다시 넣었다고 한다. 그런데 이후 낙산사에는 의상 스님이 봉안해 놓은 두 가지 보배를 둘러싸고 기이한 일이 일어났다. 1254년 몽골군이 고려를 침략해 왔을 때였다. 절은 늘 전쟁이 날 때마다 침입군과 방어군이 공방을 펼치는 곳이라 낙산사 측에서 예상되는 약탈을 피해 의상 스님이 봉안한 두 보배와 함께 관음보살상, 정취보살상 등 절에서 가장 중요하게 여기는 보물들을 양주성(襄州城, 지금의 양양읍)으로 옮겼다. 하지만 몽골군의 기세가 워낙 심해 양주성마저 함락 일보 직전까지 가게 되었다. 이젠 다들 성이고 절이고 버려둔 채 피난가기 바빴다. 낙산사 주지 아행(阿行)도 두 보주를 은합에 넣어 피난가려 했다. 이때 절에 속해 있던 노비 걸승(乞升)이 이것을 빼앗아 땅에 깊이 묻으면서 만일 천운으로 자기

양양 낙산사 59

가 병란에서 죽음을 면한다면 두 보주를 나라에 바칠 것이라고 맹세했다. 전란통이니 누군들 살아남을 자신을 할 수 없을 때였고 특히나 사찰의 노비 신분으로서는 더더욱 위태로웠을지도 모르겠다. 양주성은 그 해 10월 결국 함락되고 아비규환의 와중에 주지 아행도 죽었다. 하지만 걸승은 정말 하늘의 도움을 받아서였는지 살아남았고, 적병이 물러간 뒤 두 보주를 땅 속에서 파내어 명주도(溟州道, 지금의 강릉) 감창사(監倉使, 창고를 관리하던 벼슬) 이녹수(李祿綏)에게 바쳤다. 이로 인해 낙산사 보물들은 감창고(監倉庫, 고려 때 동부 해안에 설치된 국가의 창고) 안에 잘 전해지게 되었다.

조선시대에 들어와서는, 1399년 태조가 낙산사에 들렀고 이를 기념해 법회를 열었다. 비록 '금상(今上)'이 아니고 권력의 뒷전으로 물러난 몸이지만 그래도 '상왕(上王)'으로 있었으니 이른바 '살아 있는 권력'이었기에 그가 낙산사에 행차했다는 건 대단한 일이었다. 낙산사 일대의 지방수령관들, 낙산사가 자리한 양양의 주민들로 인산인해를 이루었을 테니 이와 더불어 낙산사의 위상도 높아졌을 건 자명한 일이다. 그로부터 5년 뒤 1404년에는 전국에 장마가 심했다. 이래서는 안 되겠다 싶었던지 왕실에서 절에 사람을 보내어 비가 그치게 해달라고 기도하는 기청법회(祈晴法會)를 열게 했다. 태종도 아버지 태조에 이어 낙산사를 중요한 기도사찰로 여겼다는 증거일 것이다. 또 세조 재위 시인 1466년에도 임금이 직접 낙산사에 행차했고, 다시 이듬해에도 절에 가서 낙산사의 규모를 좀 더 키우는 게 낫겠다는 의견을 냈다. 이에 따라 그 이듬해인 1468년 세조의 신임을 받던 학열(學悅) 스님이 왕명에 따라 절을 중창했으니, 이때 지금 원통보전 앞에 있는 칠층석탑·홍예문·원통보전 주변 담장 등이 조성되었다. 이 해에 세조가 승하하고 그의 아들 예종이 즉위했는데, 그 역시 왕명이 적힌 교지(敎旨)를 내려 절을 중수하도록 했다. 이때 만들었던 커다란 범종이 2005년 낙산사 대화재로 아쉽게도 사라졌다. 그 뒤 1470년 성종이 교지를 내려 전답과 노비를 절에 내렸는데, 이것이 왕실의 낙산사 지원으로서는 마지막이 되었다. 지금까지는 태조가 낙산사를 원찰로 삼았기 때문에 그의 후손들도 선왕의 전례를 따라 낙산사에 적지 않은 지원을 했던 것인데, 아마도 이 무렵부터는 유생들이나 관료들의 반대가 심해 왕실의 지원이 끊어진 것 같다.

낙산사는 1592년에 일어난 임진왜란으로 거의 대부분 전각이 불타버렸으나 전쟁이 끝나자 서서히 중건 불사를 이뤄나갔다. 그로부터 꼭 100년이 지난 1692년 하늘에서 사리 한 알이 나타나는 이적을 기념하기 위해 공중사리탑(空中舍利塔)을 짓고 1694년에 이 일의 전말을 기록한 공중사리탑비도 세웠다. 아마 이때가 임진왜란 이후 중건 역사가 가장 활발했을 것 같다. 그러나 1777년 화재로 원통보전을 제외한 모든 전각이 불타버렸다고 한다. 마치 2005년의 대화재에 버금가는 커다란 화재였던 모양이다. 당연히 낙산사는 커다란 타격을 받았고, 비록 이듬해부터 하나하나 중건해 나갔지만 조선 초기의 성관(盛觀)에 비해서는 가람규모가 상대적으로 초라했을 것이다.

근대에 들어와, 낙산사는 1912년 일제의 31본말사법에 따라 건봉사의 말사가 되었으며 이때도 계속 조금씩 가람 복원을 이루어나갔다. 그러나 또 한 번 결정적인 타격을 받게 되는데 바로 1950년에 일어난 6·25전쟁 때 절의 모든 전각이 한꺼번에 다 없어져 버린 것이다. 전쟁이 끝나갈 무렵인 1953년 육군의 지원을 얻어 낙산사는 겨우 법등을 이어나갈 수 있었다. 당시 이형근(李亨根) 장군이 육군 공병부대를 동원해 원통보전과 종각 등을 새로 짓고 칠층석탑도 중수하면서 전쟁의 상흔을 딛고 중건의 기운이 일어나기 시작했다. 이후 하나하나씩 없어졌던 전각을 새로 지으면서 대략 1995년 무렵까지는 조선 초에는 못 미치더라도 나름대로 어지간히 중건이 마무리되고 있었다.

지금까지 낙산사는 창건 이후 1254년 몽골의 침략, 1592년 임진왜란

낙산사 공중사리탑(보물 1723호)

때의 왜군의 방화, 1777년의 대화재, 1950년 6·25전쟁 때의 전소 등 네 번의 대참사가 있었다. 그런데 다섯 번째로 2005년 대화재가 일어나 낙산사를 폐허화시켰다. 특히 2005년의 화재는 4월 대형 산불이 진화되지 못하고 내려와 낙산사까지 불태운 것인데, 이 광경이 전국에 중계되면서 많은 국민들의 안타까움을 샀다. 이로 인해 칠층석탑, 홍련암, 보타전을 제외한 거의 모든 건물이 사라졌고 낙산사 주변의 자연경관도 크게 훼손되었다. 하지만 거국적 모금운동과 국가의 지원을 받아 곧바로 복원 불사가 시작된 것은 아주 다행스런 일이었다. 이때 드러난 전 국민들의 관심으로 보아 가히 '국민 사찰'이 되었다 해도 과언이 아닐 것이다. 복원 불사 과정 중인 2007년 4월 공중사리탑 보존처리 과정에서 '공중사리탑비'에 언급된 진신사리와 장엄구가 발견되어 다시 한 번 국민적 관심을 불러 모으기도 했다. 현재 낙산사는 예전의 모습을 완전히 회복했으며 동해 관음신앙의 대표적 사찰이자 많은 국민들이 찾는 명소가 되었다.

낙산사 내경

낙산사의 문화재

낙산사의 가람배치

현재의 전각은 관음보살이 봉안된 원통보전을 중심으로 살펴볼 수 있다. 절 맨 뒤쪽 가장 중심된 구역에는 원통보전이 자리하는데, 그 앞에 조선시대 초에 조성되어 현재 보물 499호로 지정된 칠층석탑이 있다. 원통보전 둘레는 조선시대 세조(世祖) 때 쌓은 원장(垣墻)으로 부르는 네 면으로 된 담이 둘러쳐져 있다. 이 담장은 궁중의 담장과 비슷하게 지어 왕실과의 관계를 상징하기도 한다. 이 원장은 원통보전 정면에 자리한 대성문(大聖門)까지 둘러져 있다.

문을 나서서 계단을 내려가면 좌우로 대나무가 무성한데, 왼쪽에 자그마한 단이 쌓여 있고 그 위에 종각이 있다. 종각 안에는 1469년에 만들어 보물 479호로 지정되었던 범종이 있었지만 2005년의 화재로 녹아 없어졌다. 지금은 실측도면에 따라 옛 모습대로 복원한 범종이 그

보타락과 관음지 전경

자리에 놓여 있다. 하지만 보물에서는 지정해제 되었다.

종각 옆쪽으로 난 작은 길을 따라 가서 대나무 밭을 지나 내려가면 해수관음보살입상이 있다. 여기서 숲으로 막힌 곳을 약 100m 내려가면 숲 속에 공중사리탑이 있다.

원통보전 앞으로는 좌우에 요사 및 종무소가 있다. 이중 동쪽 요사는 고향실(古香室)로서 주지스님의 거처다. 고향실 옆으로 해서 동쪽으로 내려가는 작은 길을 따라 가다 보면 웅장한 보타전(寶陀殿)이 나타나고, 여기에서 다시 동쪽으로 더 가면 의상조사비(義湘祖師碑)가 있다. 여기에는 의상대(義湘臺)로 가는 길이 있다. 보타전 앞에는 보타락(寶陀落)이라고 하는 누각이 있고 그 앞에 아담한 연지(蓮池)가 있어 그곳에 피어 있는 청정한 연꽃과 용궁인 양 노니는 물고기들을 볼 수 있다. 이 연못을 관음지(觀音池)라고 부른다.

고향실을 지나 절 입구 쪽으로 조금 내려가 남서쪽으로 향하면 조계문(曹溪門)과 사천왕문(四天王門)이 나온다. 조계문과 사천왕문 사이 서쪽에 근래에 새로 조성한 범종이 있는 범종각이 있고, 그 서쪽으로 조금 더 가면 1997년에 완공한 객실 건물이 있다.

조계문과 사천왕문을 지나면 홍예문(虹霓門)이 나오는데, 이 문을 지나면 사찰 경내와는 사뭇 다른 분위기가 느껴지지만 이곳 역시 여전히 사역(寺域)이며 여기에서 더 내려가 일주문(一柱門)을 지나야 비로소 사찰 경내에서 나오게 된다. 그러니까 이 일주문이 낙산사로 들어가는 정문에 해당된다. 홍예문 옆 매표소 뒤에는 부도밭이 있다.

한편 보타락 옆으로 나있는 길을 계속해서 내려가면 절 남동쪽에 있는 후문으로 나오게 되며, 그 길로 해서 다시 북쪽으로 올라가면 의상대와 홍련암에 이른다.

원통보전

낙산사의 중심법당으로서 원통보전을 포함한 절 일원이 현재 강원도유형문화재 35호로 지정되어 있다. 지금의 건물은 6·25전쟁으로 불타 없어졌다가 1953년에 장병들의 노고로 지어진 건물이었지만, 2005년에 다시 불타 없어지고 최근에 옛 모습대로 복원되었다.

보타전

보타전은 해수관음상과 더불어 낙산사가 관음신앙의 성지임을 상징한다. 1993년 완공되었으며, 안에는 우리나라에서는 처음으로 천수관음(千手觀音)·성관음(聖觀音)·십일면관음(十一面觀音)·여의륜관음(如意輪觀音)·마두관음(馬頭觀音)·준제관음(准堤觀音)·불공견색관음(不空絹索觀音) 등 7관음상과 천오백관음상이 봉안되어 있다. 앞면 중앙에 천수관음을 비롯해서 좌우로 6관음, 그리고 뒤쪽으로 천오백관음상이 있다. 천수관음은 입상이며, 나머지 6관음은 좌상이다. 낙산사 천수관음은 32관음신상이라고도 하는데, 그 뒤쪽으로는 목각 후불탱이 조성되었다. 그밖에 범종과 금고(金鼓)가 있다. 전각 외부 벽화는 낙산사를 창건한 의상 스님의 일대기를 그린 것이다.

원통보전과 칠층석탑

칠층석탑

원통보전 앞에 세워진 조선시대 석탑으로서 현재 보물 499호로 지정되어 있다. 낙산사는 조선 세조대(재위, 1455~1468)에 중창되었는데 이 탑도 그 때 세워진 것으로 추정된다. 이 탑은 비록 부분적으로 파손된 곳이 있으나 대체적으로는 탑의 상륜 부분까지 비교적 완전한 형태를 갖추고 있어 조선시대 불탑 연구에 훌륭한 자료가 된다. 2005년 화재 때 일부가 불에 그을렸으나 다행스럽게 큰 타격은 없었다.

이 탑의 특징은 탑신부의 구성에 있는데, 옥신석(屋身石)과 옥개석(屋蓋石)이 각각 서로 다른 하나의 돌로 이루어져 있다. 옥신석에는 양쪽의 우주가 없으며, 각각의 옥신석마다 그 아래의 옥신석보다 조금 넓고 큰 별석(別石)의 받침돌이 끼워진 점이 특징이다. 이 같은 점은 기단부에 연꽃을 새긴 것과 함께 고려시대 탑에서 찾아볼 수 있는 양식으로서, 이 낙산사 탑이 고려시대의 양식을 계승하고 있음을 나타내주고 있다. 또 탑의 꼭대기를 장식한 상륜부는 노반(露盤)·청동 원형 복발(覆鉢)·앙화(仰花) 및 6륜(輪)으로 중첩된 원추형(圓錐形)의 보륜과 보주 등

보타전(좌)
천오백관음상(우)

을 청동제 찰주(擦柱)에 꽂았다. 상륜부의 평면을 원형과 원추형으로 한 것은 중국 원대(元代)의 라마(Lama)식 탑의 상륜과 닮은 것으로서 이 탑의 또 다른 특징이다. 이 탑의 전체적 양식은 강릉시 내곡동 403번지에 있는 보물 87호 신복사(神福寺)터 삼층석탑과 아주 비슷한 점으로 보아 그 탑을 모방한 것으로 판단하는데, 이것은 동해안 지역의 고려시대 석탑 양식을 지니는 공통 양식 계열에 속하기 때문으로 보인다.

의상대

의상대(義湘臺)는 의상 스님이 중국 당나라에서 돌아와 낙산사를 지을 때 산세를 살핀 곳이며, 의상 스님의 좌선(坐禪) 수행처라고 전한다. 낙산사에서 홍련암의 관음굴로 가는 해안 언덕에 있는데, 주위 경관이 매우 아름다워 예로부터 '관동 팔경'의 하나로 꼽히면서 시인 묵객이 즐겨 찾는 곳이었으며, 지금도 낙산사를 찾으면 반드시 들러보는 곳이 되었다.

천여 년 전에 처음 지어졌으며, 근대에 들어와서는 1925년 김만옹(金

낙산사 의상대

晚翁) 주지가 이곳에 정자를 새로 지었다. 정자를 지을 당시가 6월인데, 들보로 쓸 굵은 나무를 구하고 있었다. 그러던 참에 거센 비바람이 몰아쳐 대 위에 있던 소나무 한 그루가 넘어졌고, 스님은 그 소나무로 들보를 만들어 육각형의 정자를 완성했다고 한다. 예로부터 이곳을 의상대로 불러왔으나 이때 정식으로 의상대라는 이름이 붙었다.

그러나 1936년 폭풍으로 무너졌다가 이듬해 중건되었으며, 1974년에 강원도유형문화재 48호로 지정되었고 1975년에도 한 차례 중건되었다.

근래에는 1994년 11월 강원도에서 의상대를 점검한 결과 기둥·기와 등 구조체가 10도 가량 기울었고, 기둥이 썩는 흔적이 여러 곳에서 나타나는 등 붕괴 위험이 있어 해체되었다가 1995년 8월에 육각정으로 복원되었다.

해수관음입상

낙산사 문화재 가운데 가장 널리 알려진 것이 바로 이 해수관음상

해수관음상

(海水觀音像)이다. 그래서 굳이 신자가 아니더라도 동해에 왔다가 낙산사를 찾는 여행객들이면 빠짐없이 들러 참배하는 것이 하나의 정해진 코스가 되어 있을 정도다. 1972년 처음 착공되어 5년 만인 1977년 11월 6일 점안했다. 크기는 높이 16m, 둘레 3.3m, 최대 너비 6m이며, 대좌의 앞부분은 쌍룡, 양 옆에는 사천왕을 조각했다.

관음상은 대좌 위에 활짝 핀 연꽃 위에 서 있는데, 왼손으로 감로수병을 받쳐 들고 오른손은 가슴께에서 들어 수인(手印)을 짓고 있다. 이 해수관음상은 우리나라에서 양질의 화강암 산지로 손꼽는 전라북도 익산에서 화강암 약 700여 톤을 운반해와 조성한 것이다. 해수관음상 앞에는 기도처인 관음전이 있다.

홍예문

원통보전을 나와 조계문과 사천왕문을 지나 나가다보면 일주문 조금 못 미쳐 무지개 모양의 석문인 홍예문(虹霓門)이 있다. 이 홍예문은 위는 누각이고 그 아래가 무지개 모양을 이룬다. 홍예문은 1467년(세조 13)에 축조되었다고 전하며, 그 위의 누각은 1963년 10월에 지은 것이다. 문의 좌우에는 큰 강돌로 홍예문 위까지 성벽과 같은 벽을 쌓아 사찰 경내와 밖을 구분했다.

이 홍예문에는 직사각형으로 다듬은 커다란 화강석 26개가 사용되

낙산사 홍예문

었다. 그것은 당시 강원도에 26개의 고을이 있었는데, 세조의 뜻에 따라 각 고을에서 석재 하나씩을 내어 쌓았기 때문이라고 전한다. 혹은 사용된 돌은 강현면 정암리 길가의 것을 가져다 쌓은 것이라고도 전한다.

홍련암

홍련암(紅蓮庵)은 676년 낙산사를 창건한 의상 스님이 관음보살 진신을 친견한 곳인 관음굴 위에 지은 전각이다. 곧 의상 스님이 이곳에서 밤낮없이 7일 동안 기도를 하자 바다 위에서 홍련이 솟아났고, 그 꽃 속에서 관세음보살이 현신하였으므로 이 암자의 이름을 홍련암이라 하였다고 전한다.

바닷가 암석굴 위에 자리 잡은 이 암자는 창건 당시부터 법당 마루 밑을 통하여 출렁이는 바다를 볼 수 있도록 지어졌다. 여의주를 바친 용이 불법을 들을 수 있도록 배려하여 이와 같이 지었다는 것이다. 신화와 역사가 한데 어우러져 꿈에나 볼 법한 멋진 광경 하나가 우리 앞

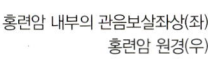
홍련암 내부의 관음보살좌상(좌)
홍련암 원경(우)

에 나타나게 되었다.

　의상 스님의 자취를 보기 위해 지금까지 수많은 사람들의 발길이 이어졌다. 2005년 화재가 났을 때도 홍련암은 법당 지붕 등 일부만 다소 그을렸을 뿐 다행히 커다란 피해는 없었다. 현재 홍련암 전체가 강원도 문화재자료 35호로 지정되어 있다.

　법당 기둥에는 근대의 고승 경봉(鏡峰) 스님이 쓴 다음과 같은 관음찬(觀音讚) 주련이 걸려 있다.

백의관음보살 설했으나 설하지 않았고	白衣觀音無說說
남순동자 들었으나 듣지 않았네	南巡童子不聞聞
감로병 버들잎 언제나 여름이고	甁上綠楊三際夏
바위 앞 푸른 대나무 언제나 봄이구나	巖前翠竹十方春

경봉 스님과 이곳 홍련암은 매우 인연이 깊다. 스님이 여기서 정진했던 이야기가 다른 데도 잘 소개되어 있는데, 나이 39세 때인 1930년 2월 25일 이곳 홍련암에서 삼칠일(21일) 관음기도를 시작했다고 한다. 7일째 되는 날 스님은, "관음보살 친견하기 어렵다 하지 말라. 큰 꿈 깨고 나면 날마다 만나리(觀音莫難親見 大夢醒時日日逢)"라는 시를 남겼다. 그리고 13일째 되는 날인 3월 7일 옷을 깁다가 잠들었는데, 푸른 물결이 출렁이는 바다 위를 걸어오는 백의관음보살을 보는 서몽(瑞夢)을 얻고 나서 더 큰 정진력을 얻었다 한다.

법당에는 조선시대 후기에 조성한 것으로 보이는 관음보살좌상이 봉안되어 있다. 법당 마루에 작은 구멍이 나있어 뚜껑을 열고 보면 밑에 까마득한 굴이 내려다보인다. 바로 '관음굴'이라고도 하는, 그 옛날 의상 스님이 수도했다는 그 굴이다. 천 육백년이 지난 우리도 저 굴을 똑같이 볼 수 있다는 게 마냥 신기하다.

낙산사의 꿈

《삼국유사》의 〈낙산사 이대성 관음 정취 보살〉조에는 유명한 '조신의 꿈' 이야기가 전한다. 꿈처럼 정서와 감정이 풍부한 단어가 또 있을까. 조신이 인생의 커다란 가르침을 얻은 꿈을 꾼 곳이 낙산사였고 경봉 스님도 여기 홍련암에서 길몽을 꾸었으니 우리도 여기서 꿈을 꾸고,

낙산사 복원중창 회향식(2009년 10월)

또 꿈을 이루지 못할 이유가 있을 리 없다.

　낙산사 절 자체로 봐서도, 대화재 이후 거의 모든 건물이 사라졌으나 이후 이어진 노력으로 지금은 이전 모습을 되찾았고, 나아가 이젠 더 웅장해졌다. 꿈을 이룬 셈이다. 어찌 보면 사람 사는 게 절이 부침을 겪는 모습과도 비슷한 것 같다. 잘 되고 잘 나가다가 어느 순간 하염없이 나락에 떨어지기도 한다. 그때는 아무 것도 할 수 없고 여기서 끝날 것 같지만, 그래도 절망하지 않고 노력 하면 또 되살아날 기회도 생기는 게 인생이다. 힘들고 어려워도 낙산사에서 꿈꾸고 힘을 내어 다시 꿈을 이루어 나가는 기운을 얻을 수 있으면 좋겠다.

양양 명주사

봄에 떠올린 단상(斷想), 그리고 강릉 가는 길

완연한 봄이다. 햇살은 얼굴을 따사롭게 간질이고, 간혹 불어오는 바람은 장난치듯이 얼굴을 간질거리며 스쳐 지나간다. 이게 바로 봄에만 제대로 느끼는 훈풍(薰風)이라는 것인가.

광화문 세종문화회관 본관 앞의 계단 중간쯤에 한가히 앉아 오가는 사람들을 보며 따사로운 햇빛을 즐기고 있다. 묵직한 코트가 사라진 게 엊그제 같은데, 어느새 사람들은 화사한 옷으로 갈아입고 거리를 지나고 있다. 며칠 전 봄비가 꽤 내렸는데, 그 때 잠깐 레인코트가 보였을 뿐, 지금은 트렌치코트도 잘 안 보인다. 옷을 보면 계절을 실감한다는 말이 떠올라 고개를 끄덕거리면서, 눈은 계속 오가는 사람들의 모습을 따라가려 오른쪽에서 왼쪽으로 또 왼쪽에서 오른쪽으로 왔다 갔다 하기에 바쁘다. 딱히 뭘 찾는 것도 아니면서…. 거리는 바야흐로 갖가지 색과 디자인으로 갈아입은 사람들로 넘친다. 얇은 슈트를 입고 고무신 마냥 위로 코가 솟은 검은 구두가 내는 또각또각 거리는 소리도 흥겹다. 간혹 실크 머플러로 목을 둘러 멋을 내며 40~50대의 중후함을 코디한 사람들도 보인다. 무엇보다 멋에 민감한 젊은 여인들의 밝고 가벼워진 옷차림에서 더욱 봄이 실감난다. 색깔의 다양함은 말로 다 못하겠고, 바지·치마·타이즈 등 다양한 스타일로 꾸민 옷을 입은 채 거리를 활기차게 지나간다.

　봄에 마음이 이래저래 싱숭생숭해 지는 것은 겨우내 움츠러들었던 몸과 마음이 그만큼 활기를 되찾아 간다는 뜻이다. 특별한 일이 없어도 이럴 때 여행은 활력을 찾는데 좋은 계기가 될 수 있다. 햇살 잘 드는 계단에 앉아 사람 오가는 모습을 구경하는 것도 좋지만, 이제 더 이상 불어오는 바람에 한기를 느끼지 않게 되었다면 일상에서 잠시 떠나 보는 것은 살아가는 재미를 더해준다. 요즘은 계절을 가리지 않고 전천후로 여행가는 시대가 되었지만, 그래도 여행이 습관이고 여행이 아무 까닭 없이 그냥 좋은 사람에게 봄은 한껏 기지개를 펼 수 있는 호기(好機)가 아닐 수 없다. 이런 생각을 하다가, 문득 바다가 보고 싶다는 생각이 들었다. 봄 바다는 동해안이 제격이다. 바다가 훨씬 가깝고 거기서 불어오는 바람도 차갑지 않다. 겨울 바다의 쓸쓸함의 흔적이 아직 가시지 않아 낭만적이고, 다가올 여름 바다의 뜨거움을 예상하며 약간은 정열을 미리 맛볼 수 있다. 동해안 여행 중에서도 바다를 바로 앞에 둔 낙산사 앞에서 모래사장을 거닐 수 있고, 바다가 조금 지루해지거든 명주사가 있는 만월산에 올라가 산사의 정취를 가득 느껴볼 수 있는 양양이 그럴 듯해 보였다.

비로자나불 신앙으로 창건된 명주사

　명주사(明珠寺)는 양양군 현북면에 있는 양양의 명산 만월산(滿月山) 중턱에 앉아있다. 절은 건물이 얼마나 크고 많은가 하는 규모만으로써 그 가치를 따질 게 아니다. 지금은 아담하고 한적해 보여도 그 옛날 여기에 머물렀던 고승들의 자취가 남은 게 한둘이 아니고 또 거기에 담긴 문화적 의미가 여간 아닌 명찰이 적지 않은 것이다. 명주사가 그런 절이다. 고려시대인 1009년 혜명(惠明)과 대주(大珠) 스님이 창건했는데, 절 이름은 두 사람의 법명에서 한 자씩 따와 명주사라 했다고 전한다. 그런데 '명주'라는 말 자체가 '밝은 구슬' 다시 말해서 지혜 또는 반야라는 뜻을 담고 있는 '마니주'를 가리키기도 하니, 두 스님의 이름에서 절 이름이 유래했다고 본 것은 나중에 나온 풀이가 아닌가 싶기도 하다. 참고로, 원주 치악산에도 고판화 박물관이 있는 명주사라는 같은 이름의 사찰이 있다.

명주사를 창건한 시대정신은 〈명주사사적기〉에 나온다. 창건 당시 비로자나불을 모셨다고 한 게 그것으로, 비로자나불은 《화엄경》에서 특히 강조하는 정신을 가장 잘 상징하고 있기에 이곳이 신라 화엄종 계통의 사찰이었다고 생각된다. 1123년에 산내암자로 청련암(靑蓮庵)과 운문암(雲門庵)을 두었다고 한다. 이후의 역사는 아쉽게도 기록으로 전하는 게 없고, 조선시대로 훌쩍 건너뛴다.

조선시대의 명주사 역사

명주사의 역사는 창건 이후 오랫동안 빈 공간으로 남다가, 조선시대 중기 이후의 몇 가지 일들이 앞에서 말한 〈명주사사적기〉에 나온다. 사적기에 나오는 기록은 다소 무미건조하게 느껴질 수도 있는 사실의 나열이기는 해도 역사를 이해하는 데 여하튼 기록은 중요한 것이다. 또 '사실'이라는 뼈대에 피가 돌고 살을 붙이는 일은 역사가의 몫이니, 그렇게 역사가의 '해석'을 덧붙이면 그런대로 이야기가 만들어지곤 한다.

1673년 수영(秀瑩)이 향로암(香爐庵)을 창건했고, 1701년에 법당과 마주한 자리에 입구를 겸하여 벽옥루(碧玉樓)를 지었다. 지금은 명주사에 누각이 없어서 그 자리가 어디일지 확실히 알 수는 없지만 법당과 마주한 자리라고 하니까 아마도 지금의 범종각 쯤이 아닐까 싶다. 앞으로 명주사가 누를 짓게 된다면 참고해 볼 만하다.

1781년에 연파(蓮坡) 스님이 원통암(圓通庵)을 짓고 관음보살상을 모셨다. 연파는 조선시대 후기의 고승으로 우리나라 교학을 잇고 불교 문학을 발전시키는 데 공이 많았던 스님이다. 그에 대해서는 뒤에서 자세히 설명하겠다.

하지만 1849년에 이 원통암은 불타버렸다. 사중(寺衆, 절의 스님과 신도들)이 합심하여 바로 복원했으나 1853년 또다시 불이 났다. 절의 역사는 곧 화재와 복구 및 복원의 역사가 큰 줄기를 이룬다. 산의 숲은 건조하거나 작은 불씨라도 생기면 늘 큰 불이 날 수 있다는 취약점을 안고 있다. 그래서 산사는 이런 잠재적 위험에 늘 노출되어 있는 셈이다. 산불이 아니더라도 법당에서 촛불이나 향불을 켜다 큰불로 번지는 경우도 잦았다. 더군다나 불이 났을 때 불을 끌 물이 산에서는 더욱 구하기 어렵기 때문에 더욱 불로 인한 피해가 많았다. 산사를 괴롭히는 것은 불만이 아니었다. 홍수가 나면 큰물과 산사태 등으로 경내를 덮치는 경우도 자주 있었다. 보기엔 고요하고 한적한 절이지만, 산사를 가꾸고 일궈나가는 일이 생각보다는 꽤 고달픈 일이었던 것이다.

명주사도 이런 일을 겪었다. 앞서 말한 화재 이후 중건해 다시 사격을 갖추었지만, 얼마 지나지 않은 1860년 만월산에서 난 불이 가람까지 번져 내려와 모든 전각을 불태워버렸다. 명주사는 물론이고 근처에 자리한 원통암·청련암·운문암·향로암 등의 산내암자도 모두 사라져버렸다. 근래에 일어났던 낙산사 산불이 바로 이처럼 산불이 절에 옮겨 붙어 가람이 다 불타버린 경우였다. 명주사로서는 타격이 이만저만 아니었을 것이다. 월허(月虛) 스님이 갖고 있던 재산을 모두 불사금(佛事金, 절에서 하는 불사에 보태는 돈)으로 내고, 이듬해에 인허(印虛) 스님이 1만일 동안 참선하고 기도하는 만일선회(萬日禪會)를 열면서 중건의 기운을 북돋

왔다. 이후 향로암을 서쪽으로 옮겨 중건하고 보련암(寶蓮庵)으로 이름을 바꾸었다. 그리고 1864년 원통암도 중건했다.

그러나 화재는 그 뒤로도 끊이지 않았다. 화재와 중건이 반복되는 역사가 계속 이어진 것이다. 1878년 또다시 불타버렸다가 이듬해에 중건했고, 1887년 용선전(龍船殿)을 지어 다시금 가람의 규모를 어느 정도 갖추는가 싶었다. 하지만 1897년 다시 불이 나 여러 전각들이 사라져 버렸다. 절에서는 이제 더 이상 이곳에서 가람을 운영할 여력이 남지 않았는지, 이후 산내암자인 원통암을 명주사 본사로 사용하기 시작했다. 다시 말해서 원통암이 명주사가 된 것이다. 이렇게 불이나 다른 피치 못할 이유로 인한 사세(寺勢)의 급격한 쇠락으로 본사의 기능이나 이름을 산내암자로 가져가는 경우는 종종 있는 일이었다. 예를 들면 조선시대 후기에 정읍 내장사가 화재 등으로 인해 본사를 유지하지 못하자 근처에 있는 영은암에서 한 동안 본사 역할을 수행했던 경우도 있다.

명주사 전경

내장사는 근래에 들어와 본사 터에 다시 가람을 중창했지만, 명주사는 원통암으로 옮긴 뒤 지금까지 명주사 본사 역할을 하고 있다.

그 뒤로는 순탄한 중수 불사가 이어졌다. 1899년 향로전을 짓고 1906년 경내를 확장했다. 이어서 1915년에 침고(砧庫, 창고)를 지었으며, 1918년·1925년·1928년에도 각각 절을 중수했다.

이 무렵 명주사의 사격이 가장 컸던 것 같다. 사적기에 기록된 규모를 보면 인법당인 원통암 30칸을 비롯해 독성각 1칸, 산신각 1칸, 어향각 9칸, 응향각 6칸, 진영각 6칸, 현위실(弦葦室) 6칸, 만수실(曼殊室) 6칸, 미타암(彌陀庵) 6칸, 삼포방(三浦房) 6칸, 창고 6칸, 욕실 3칸, 족침실(足砧室) 2칸, 수침실(水砧室) 4칸, 변소 3칸 등 총 15동 95칸의 건물이 있었다고 한다. 이 중 향실각에는 왕실의 원패를 봉안하고 있었고, 진영각 안에는 조선시대의 저명한 고승인 환성 지안(喚惺志安)을 비롯해 17분의 고승 영정이 봉안되어 있었다고 한다.

명주사 극락전

그러나 1950년에 일어난 6·25전쟁으로 명주사 전체가 완전히 소실되어 버렸다. 이후 한동안 빈 절로 남았다가, 1963년 수룡 스님이 중건을 시작했으며, 1979년 마근 스님이 중수를 이어가 오늘날 명주사 가람의 기틀을 마련했다.

최근에는 여름철마다 찾아온 태풍들로 큰 피해를 입었다. 특히 2003년의 '매미', 2005년의 '루사'는 명주사에 직간접적인 영향을 주어 상당한 타격을 주었으니, 법당과 요사 등이 물길에 떠내려가고 토사에 휩쓸려나갔다. 하지만 명주사는 예전 선사(先師)들이 그랬던 것처럼 여기에 굴하지 않고 다시 중건에 온힘을 기울였다. 비록 예전의 성관(盛觀)만큼은 아직 다 회복하지 못했지만 꽤 아담한 가람을 이루었고, 법등은 더욱 밝게 이어나가고 있다.

조선시대 명주사의 중건주, 연파 스님

원통암을 창건한 연파 스님의 법명은 영주(永住, 1730~1817)다. 양양에서 태어난 스님은 어려서부터 돌을 세워 부처라 하고 모래로 탑을 만들어 예배하는 놀이를 좋아하였다고 한다. 12세에 명주사로 출가한 뒤 불경을 배우다가, 당대의 고승인 호월(皓月)·풍악(楓岳)·송암(松巖)·설파(雪坡) 스님을 찾아다니며 불경을 깊이 연구하였다. 그 뒤 명주사로 돌아와 원통암을 짓고 강석(講席)을 열었는데, 항상 100여 명의 학도들이 모였다고 한다. 이후 표충사선교양종도총섭(表忠祠禪敎兩宗都摠攝) 및 석왕사도원장(釋王寺都院長)을 지냈고 세수 87세, 법랍 73세로 입적하였다. 다비하여 사리를 얻게 되자 부도와 비를 세웠는데, 현재 명주사에 전한다. 예전 명주사는 학승들의 요람으로 이름이 높았으니, 이렇게 된 데는 확실히 스님의 공이 컸다고 하지 않을 수 없다.

명주사 연파 스님 부도

명주사 연파 스님 비

조선 후기의 우수작, 명주사 범종

법당 앞마당 왼쪽의 종각에 1705년에 만든 범종이 걸려 있다. 시기도 현재 전하는 조선시대 범종 중에는 이른 편이고 형태도 조선시대 범종의 단아한 모습을 잘 보이고 있어 보물급 가치가 있어 보인다(지금은 강원도유형문화재 64호).

범종은 크게 세 부분을 나누어 살펴볼 수 있다. 맨 위 용이 있는 부분인 용뉴(龍鈕), 그 아래 용뉴를 받치는 천판(天板) 그리고 몸체라 할 수 있는 종신(鍾身) 등이다. 용뉴에는 대개 한 마리 또는 두 마리 용이 장식되기 마련이며, 조선시대에 와서는 대체로 종을 매다는 고리가 되기도 하는데 명주사 범종도 역시 그런 모습을 하고 있다. 천판은 용뉴와 종신을 연결하는 부분으로 삼국시대 및 고려시대 범종에서는 예외 없이

명주사 범종, 범종의 범자(梵字)와 보살상, 범종 하대의 연꽃과 당초무늬

띠[帶]가 둘러져 있지만, 조선시대에서는 명주사 범종처럼 이 부분이 생략되고 종신 위쪽에 장식되는 유곽(乳廓)과 바로 연결되기도 한다. 범종무늬 중에서 재밌는 곳은 유곽이다. 유곽은 유두(乳頭)라고 불리는 돌출 장식을 둘러싼 사각형 구획으로, 둥근 종신에 4개가 돌아가며 장식되곤 한다. 유두는 삼국시대 범종에서는 돌출된 것이 많다가 고려시대로 가서는 연꽃 모양으로 변한다. 그래서 '유두'라는 단어의 어감 문제도 있어서 요즘은 유두를 '연주(蓮珠)'라고 부르기도 한다. 여하튼 왜 이런 장식이 종신에 달리게 되었는지, 또 중국과 일본의 범종 유곽에는 유두가 64개나 배치된 것도 있는데 왜 우리나라 범종에서는 한결같이 9개씩만 배치되었는지 명확히 알려지지 않았다. 범종의 시원이 고대의 무속(巫俗) 의례에서 비롯된 것으로 보고 아마도 이와 연관 있지 않을

까 하고 어렴풋이 추정할 뿐이다. 명주사의 그것은 연꽃 모양이고 유곽의 띠에는 빗살무늬가 새겨져 있다. 종신 가장 아래에 둘러진 띠인 하대(下帶)에 새겨진 연꽃과 당초무늬가 다른 범종에 비해 아주 아름답다. 또 유곽과 유곽 사이에 범자(梵字)와 보살상을 위아래로 배치시킨 것은 명주사 범종에만 보이는 아주 독특한 양식이다. 종신 아래쪽에 '강희(康熙) 44년(1705년)'이라는 제작연도와 범종 조성 때 참여한 사람들의 이름이 새겨져 있어 자료적 가치도 높다.

명주사의 또다른 역사의 현장, 부도밭

명주사 입구에 마련된 부도밭에는 조선시대 스님들의 부도와 탑비들이 20점 가까이 모아져 있다. 부도와 탑비가 인물사에 있어서 중요한 까닭은 문헌으로 전하지 않는 역사의 일단을 엿볼 수 있어서다. 명주사 부도로는 중봉당선사탑(中峯堂禪師塔)을 비롯해 무하당(無瑕堂)·인

명주사 부도밭

인곡선사 비와 월허당 부도(좌)
용악당비(우)

허당(麟虛堂)·추암당(楸庵堂)·설봉당(雪峰堂)·호월당(皓月堂)·안곡당(安谷堂)·월허당(月虛堂)·충암당(忠庵堂)·연파당(蓮坡堂)의 부도 그리고 성월당(晟月堂)의 치사리탑(齒舍利塔), 상정거사탑(尙淨居士塔) 등 모두 12기다.

또 석비로는 학운당(鶴雲堂)의 영세불망비(永世不忘碑)를 비롯해 연파당·인곡당(麟谷堂)·용악당(聳嶽堂)의 것이 있다. 이 중 용악당비는 보위(普衛, 1817~?) 스님의 것으로, 제자 오진(旿珍) 등이 스승의 덕행을 사모하여 스님의 나이 67세 때 허훈(許薰, 1836~1907)의 글을 받아 세운 것이다. 승려로서 생전에 행적비를 세운 것은 거의 유례가 없는 것 같아 아주 드문 일로 보인다. 글을 지은 허훈은 호는 방산(舫山)으로 이익(李瀷)-안정복(安鼎福)-황덕길(黃德吉)로 이어진 성호학파의 실학자인 허전(許傳)의 학통을 물려받은 제자다. 의병(義兵) 총사령관이었던 허위(許蔿)가 그의 아우다.

'명주'마냥 밝은 지혜가 있었으면

바다에서 가까우면서도 산사의 흥취도 느껴볼 수 있는 곳이 명주사다. 수월한 듯 힘든 듯 좁고 구불구불한 산길을 오르면 제법 숨이 가빠오다가도 어느새 산사 입구에서 문득 걸음을 멈추게 된다. 경내에 들어서 흐르는 땀을 훔치며 맞아주는 바람을 시원하게 쐬고 나서 잊어버린 게 떠오른 양 올라왔던 길을 내려다보면 저 멀리 낮은 산 너머가 파도가 넘실대는 바다임을 알게 된다.

가람은 좁게 느껴지지만 마당 곳곳 건물 여기저기에 세월의 손때와 고찰의 겸손함이 잔잔히 배어있는 곳이다. 이걸 느끼는 참배객들도 산을 오르고 명찰을 찾아왔다는 들뜸보다는 뭔지 모르게 차분한 기분을 맛보게 된다. 산불이며 산사태 그리고 태풍까지 이 모든 풍상을 고스란히 맞아가며 천 년을 이어온다는 게 어디 그리 쉬운 일이었겠는가.

절 이름들을 잘 곱씹어 보면 뜻 깊고 감칠맛 재밌는 이름이 참 많다. 이곳 '밝은 구슬' 절도 얼마나 감칠맛 나는 이름인지 모르겠다. 너무 얻기 어려울 것 같은 지혜까지는 관두고라도 그냥 이 어둡고 막막한 인생길을 헤쳐 나가게 반딧불이만큼의 불빛이라도 있었으면 싶다. 기왕 여기까지 찾아왔으니 산사에서 뿜어나오는 나오는 '밝은 구슬'의 기운을 우리도 얻고 가면 좀 좋을까.

양양 영혈사

설악산의 숨은 명찰

'설악산' 하면 속초, '설악산의 절' 하면 신흥사를 떠올리는 게 보통이 아닐까 싶다. 설악산은 사실 크고 넓은 산이라 산줄기가 속초에만 머물지 않고 멀리 양양이나 인제까지도 이어진다. 그래서 신흥사 말고도 그 넉넉한 설악산 자락을 따라가다 보면 분명 어딘가에 대중에게 잘 알려지지 않은 또 다른 천년고찰이 있을 거라 생각하게 된다.

양양읍 파일리 설악산 동남쪽 관모봉 아래에 자리하는 영혈사(靈穴

양양 쪽에서 바라본 영혈사가 자리한 관모봉

寺)가 바로 그런 역사 오래된 절 중의 하나다. 사실 모든 산마다 다 절이 자리하기 좋은 입지를 갖춘 것은 아니다. 비슷한 크기의 산을 비교해 봐도 어느 산에는 유독 절이 많은데 반대로 어떤 산에는 절을 별로 볼 수 없는 곳도 있다. 절은 수행의 공간이지만 기본적으로는 그 안에서 살아가야 할 장소이니, 최소한의 생활 조건이 갖추어져야 절도 많이 들어서게 마련이다. 우선 숲이 울창해야 하고 또 물도 풍부할수록 좋은 입지로 꼽힌다. 숲과 물은 사람이 살아가야 하는 데 가장 필요한 조건이기 때문이다. 숲과 물은 바위가 많은 악산(嶽山)보다는 흙이라는 살집이 넉넉한 토산(土山)에 많기에, 크고 깎아지른 듯한 바위가 많은 산보다 절을 많이 품고 있는 것이다. 그런 면에서 바위산의 대표 격이라 할 설악산에는 생각보다 절이 많은 편이 아니다. 물론 인제 봉정암처럼 혹독한 수행을 위해 설악산 소청봉 꼭대기의 바위로만 둘러싸인 자리에 일부러 지은 기도 도량도 있지만, 많은 신도와 대중 입장에서는 아무래도 조금은 가기에 편하고 나무나 나물 같은, 생활에 필요한 것들을 얻을 수 있는 절에 발길이 잘 가게 되는 건 인지상정인 것 같다.

원효 스님의 자취 어린 영혈사

조선시대 후기에 지은 〈영혈사사적기〉에는 신라의 원효(元曉, 617~686) 스님이 689년에 세웠다고 나온다. 원효는 이미 그 두 해 전 설악산에 들어가 먼저 일출암(日出庵)을 짓고, 이 해에 영혈사와 청련암(靑蓮庵)을 함께 창건했다는 것이다. 하지만 이 이야기는 원효가 입적한 지 3년 뒤라서 믿기 어렵다고 말하는 사람들도 있다. 그렇다고 원효가 영혈사를 창건했다는 이야기 자체가 꼭 잘못이라고 말할 수는 없다. 원효의 창건 이야기가 비교적 자세하게 전하는 것으로 봐서는 아마도 중간에 전승이 내려오는 과정에서 창건연도에 착오가 나왔다고 보는 게 순리다. 역사에 연대 기술의 오기는 가끔 보는 일이므로, 한 절에서 자기 절의 역사를 기술하는 사적기(史蹟記)의 체재와 형식이 정통 역사서보다는 좀 헐렁헐렁한 것이 그다지 큰 흠은 아닌 것 같다.

앞에서 원효 스님의 자취가 영혈사에 남아 있다고 말한 것은, 창건만이 아니라 그가 바로 이곳에서 입적한 게 아닌가 하는 추정도 있기 때문이다. 왜냐하면《삼국유사》등에 원효 스님은 '혈사(穴寺)'에서 입적했다고 나오는데, 영혈사의 이름과 비슷해서 이런 추정이 나왔다. 다만 전국에 '혈사'라는 이름을 가진 절이 몇 군데 더 있고, 또 저마다 나름대로 원효 스님의 자취가 있으므로 꼭 어디를 집어서 "여기가 바로 그 혈사다."라고 말하기는 어렵다.

조선시대의 영혈사, 그리고 오늘날의 추모위령제

창건 이후 조선시대 중기까지의 역사는 전하지 않는다. 기록으로도 그렇고, 절에 전하는 불상·불화·석탑·부도 같은 문화재 중에도 그 시대의 정황을 짐작하게 할 만한 것이 없다. 그래서 아쉽게도 새로운 자료가 나오기 전까지는 일단 여백으로 놔둘 수밖에 없다.

그런데 17세기부터 영혈사는 약수로 유명해지기 시작했던 것 같다. 우리가 흔히 말하는 동네 약수터의 약수가 아니라 물맛 좋은 건 물론이고 건강에도 특효였던 모양이다. 이 약수는 우연한 기회에 발견되었다. 1688년 절에 큰불이 나 대부분 건물이 불타버렸다. 2년 뒤인 1690년이나 되어서야 중건 불사를 시작할 수 있었는데 이때 법당을 새로 짓다가 그 서쪽에 약수가 나오는 것을 발견한 것이다. 워낙 샘물이 좋아 '영천(靈泉)'이라 할 만했고, 아예 이것으로 절 이름을 바꾸어 이때부터 영천사(靈泉寺)가 되었다. 이로부터 절이 기운이 날로 퍼지게 되어, 이어서 동남쪽에 산내암자로 취원암(聚遠庵)을 지었고 1716년에 북쪽 10리 되는 곳에 학소암(鶴巢庵)을, 그리고 1764년에 서쪽 산기슭에 백학암(白鶴庵) 등을 잇달아 지었다. 이런 번창이 꼭 영천 덕은 아니더라도 이 영천으로 말미암아 절의 지명도가 높아지면서 여러 가지 후원도 받을 수 있었던 게 아닐까 충분히 생각해 볼 수 있다. 이 무렵이 영혈사의 전성기이기도 했다.

성쇠는 무상하다는 말처럼, 번성일로에 있던 영혈사도 어쩐 일인지 19세기에 들어오면서 사세가 눈에 띄게 줄어들었다. 급기야 1826년 학소암이 폐사되고, 1853년에는 백학암도 무너져버렸다. 산내암자를 더 이상 운영하기 어려울 정도였으니 영혈사 자체도 형편이 많이 안 좋았을 것 같다. 신도 김중욱(金重昱)이 산신각을 중수한 것 외에는 거의 이렇다 할 만한 활동이 없었다. 사세가 왜 이렇게 갑자기 기울었는지는

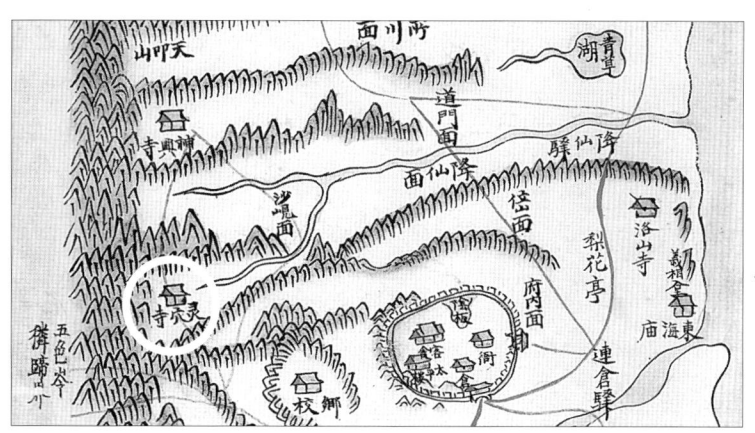

〈해동지도〉에 표시된 영혈사(○ 부분)

영혈사 전경

알려진 게 없다. 다만 19세기 중후반은 우리 사회가 점점 힘들어지고 어려워지던 시기인데 절들도 이런 영향을 많이 받을 수밖에 없었다. 그래서 전국의 다른 많은 절들도 이 무렵에는 전체적으로 쇠퇴일로에 있었으므로 영혈사의 쇠락도 그런 사회적 역사적 맥락에서 이해해야 할 것 같다.

19세기 후반 절의 상징이었던 약수 영천이 끊겼는지 절 이름이 영천사에서 다시 처음대로 영혈사로 바뀌었다. 1887년에 중건 불사를 힘껏 이루면서 절 이름도 바꾼 것인데, 아마도 중흥의 새로운 계기를 위해 심기일전의 마음으로 절 이름도 창건 때로 다시 바꾼 것 같다. 이름을 바꾼 효험을 보아서인지 1900년에 신도 김우경(金禹卿)이 산신각을 중수했고, 1903년에 보훈(普訓) 스님이 칠성계(七星稧)를 창설해 계원 28인으로부터 모은 계금(稧金)으로 밭 75두락을 매입해 절 운영의 기금으로 삼았다. 1904년에도 김우경이 퇴락한 건물을 중수했다.

1950년에 시작된 6·25전쟁으로 전국의 숱한 사찰이 피해를 보고 사라져버리기까지 했다. 하지만 다행히 영혈사는 거의 피해를 입지 않았

극락보전
원통전
지장전

다. 설악산 깊은 중턱에 자리한 덕에 이곳까지 포화와 총탄이 날아오지 않았던 것이다. 영혈사의 소중한 문화재인 1821년에 그린 아미타불화도 그래서 지금까지 잘 보관될 수 있었다. 더 나아가 영혈사는 전쟁이 끝난 뒤 전쟁으로 큰 피해를 보았던 본사 낙산사를 위해 이곳의 관음보살좌상을 이운해 주기도 했다. 이 관음보살좌상은 원통보전에 봉안되어 지금은 낙산사의 가장 인상적인 문화재로 인식되고 있다. 영혈사는 1992년에 극락보전을 비롯해 여러 전각을 새로 지으며 중건불사를 하여 지금의 가람을 갖추게 되었다.

근래 영혈사는 매해 의미 있는 행사를 열고 있다. 조국을 위해 산화한 호국영령들의 위패를 지장전에 모시고, 또 음력 4월 8일 부처님 오신날에 인근 군부대 장병들이 참석한 가운데 호국영령 천도재를 봉행하는 것이다. 또 6·25전쟁 당시 희생된 특수요원 희생자 영령 209위를 봉안하고 있기도 하다. 그래서 영혈사는 2003년 국가 현충시설로 지정되어 '호국사찰'이라는 별칭도 얻고 있다. 양양이나 속초 등 강원도 일대가 6·25전쟁의 격전지였다는 것은 잘 알려진 사실이다. 이때 희생된 얼마나 많은 억울하고 슬픈 고혼(孤魂)들이 이 지역을 떠돌고 있겠는가. 영혈사에서 그들의 극락왕생을 위해 천도재를 지내는 것이다. 올해는 호국영령 추모 위령법회와 더불어 특히 세월호 참사 희생자 추모 법회를 봉행하기도 했다.

영혈사 아미타도

영혈사 원통전 후불탱화는 영혈사가 한창 사세를 뻗어나가던 때의 정점에 서 있던 1821년에 그린 것이다. 그래서 그림을 조성하면서 사중의 많은 사람들이 참여해 공을 들였고 당연히 훌륭한 화가들을 초빙해 그렸다. 아미타도는 금당의 불상 뒤에 거는 후불탱화로 신앙과 경배의 정도가 높은 그림이다. 그러니 당시 영혈사의 사격을 잘 드러내고자 열

영혈사 아미타도

과 성을 가지고 조성했을 것은 상상하기 어렵지 않다. 지금 이 그림은 아미타도의 전형을 보이는 수작으로 인정받아 2015년 강원도 문화재자료 166호로 지정되었다.

이 그림은 화면 가운데에 설법인을 한 아미타불이 대좌 위에 앉아 있고 그 좌우에 관음보살과 대세지보살이 서있는 전형적인 아미타불화의 구도를 하고 있다. 아미타불의 광배 좌우에는 가섭과 아난, 그리고 화면의 양끝에는 사천왕상이 배치되어 있다.

화면 하단 오른쪽 끝에 붉은색으로 구획을 마련하고 여기에 '도광원년'이라는 제작시기, 그림을 그린 금어(金魚, 승려 화가)인 한암 의은(漢菴義銀), 성파 성연(聖波盛演), 세만(世幔) 등을 적었다. 또 증명(證明)으로 참여한 용파 혜범(龍波慧梵) 및 세첨(世沾) 스님 등의 이름은 다른 기록에는 안 나오는 영혈사의 덕이 높은 스님들이었을 것이다.

목마름을 축여주는 감로수처럼

영혈사가 한때 영천사라 불리기도 했던 것은 경내에서 솟아나온 맑은 샘물이 워낙 유명했기 때문이다. 얼마나 달콤했으면 이름까지 바꾸었을까. 그래서 '영천사' 온 길에 이 샘물도 맛보고 가기로 했다. 지금 극락보전 옆에 있는 커다란 바위 사이로 흘러나오는 물이 바로 그 샘물이라고 한다.

절에 가면 꼭 그곳의 물맛을 보곤 한다. 어디 물이 좋은가 품평하려 하는 게 아니라 그저 지친 몸을 식히려 마시는 것이다. 그래서 그런지 어느 절에서건 그곳에서 마시는 샘물 맛은 언제나 달고 시원했다. 하물며 이곳처럼 샘물로 유명한 절의 물맛이 그저 그럴 리가 없다. 바가지에 반쯤 담아 단숨에 들이켜 마시니, 그렇게 맛나고 개운할 수가 없다. 여기에 한 줄기 시원한 바람마저 불어와 그야말로 지친 몸과 마음이 금세 생기를 되찾은 것 같다.

좋은 물은 사람의 병을 고치기도 해서 약수라고도 한다. 어쩌면 영천사라는 이름은 꼭 약수가 나와서가 아니라, 그런 약수 마냥 사람들의 아픈 마음을 고쳐주고 싶다는 뜻으로 붙인 것은 아닐까 하는 생각도 들었다.

영혈사 약수

양양 선림원지

1986년 여름에 찾았던 강원도 오지 중의 한 곳인 양양군 서면 황이리 미천골에는 열 가구쯤이 살고 있었다. 이들 중 상당수는 수십 년 전부터 화전민(火田民)으로 살아오던 사람들의 후손이었다. 화전은 그때 이미 더 이상 하지 않았지만 집집마다 크던 작던 밭뙈기 몇 마지기씩은 갖고 있었고 거기에 옥수수, 감자 등을 심었다. 농사라기보다는 봄에 씨 한 번 뿌려놓곤 여름이 다 가도록 비료는 물론이고 농사 손길 한

선림원지 입구

번 제대로 안 주었지만 감자며 옥수수들은 저절로 크고 익어갔다. 밭 뙈기의 주인들은 주로 산에 올라 약초나 삼을 캐는 심마니가 대부분이었다. 이들은 가을이 되면 거친 길을 지나가다 문득 생각이라도 난 듯 밭에 들어가 한 가슴어치 따서 집에 들어가곤 했으니 그걸 굳이 농사라 부를 수 있으랴 싶었다. 한 여름에도 오후 다섯 시가 지나면 슬그머니 땅거미가 지기 시작했고, 유명한 여느 약수 못잖게 낮에는 시원하고 맑은 시내는 저녁이면 들어갈 수도 없을 만큼 찼다. 물론 전기도 들어오지 않아 어두워지면 집집마다 오십 년 전이나 썼을 조그만 호롱불들을 켰고, 그나마 아무리 늦어도 아홉 시 너머까지 켜져 있는 불빛은 별로 못 본 것 같았다.

그 해 동국대학교 박물관에서는 선림원(禪林院) 터를 발굴하기 위해 절터에 텐트를 치고 두 달을 지냈다. 나도 그 중의 한 사람이었다. 도시에서 내려온 우리들은 라면 한 봉지 사려 해도 미천골을 가로지르는 극락교를 건너 황이리까지 십 리 길을 다녀와야 하는 이곳이 너무나 낯설었다. 뜨거운 뙤약볕 아래서 진행된 발굴도 쉽진 않았지만, 이렇게

선림원지 발굴 장면

'문명'에서 멀리 떨어진 곳에선 우리 같은 도시내기들은 도저히 일주일을 못 버틸 것 같았다. 하지만 비할 데 없이 맑은 공기, 수정같이 맑은 물, 띄엄띄엄 보는 얼굴이 어느새 눈에 익었는지 오가며 마주칠 때마다 말없이 웃어주던 그곳 사람들의 순수함에 우리는 동화되었고 두 달에 걸친 힘든 발굴을 탈 없이 마쳤다. 벌써 30년 넘은 얘기가 되어버렸다.

선림원지가 자리한 지명이 '미천골'인 것은 절 이름 '선림원'에서 유래된 것이나 마찬가지다. 절에서 공양 할 때가 되면 쌀 씻은 물이 마을 어귀까지 허옇게 흘러간다 해서 '米川'이기 때문이다. 20세기 후반의 이곳은 마을에서도 꽤 떨어진 벽지였지만, 천 년 전에는 수많은 스님들이 수행하던 선림원으로 인해 우리가 발굴하던 그때보다 훨씬 더 발전된 곳이었을 거라는 상상을 하면 발굴하면서도 묘한 기분이 들곤 했다. 물론 이제 미천골은 더 이상 우리가 발굴하던 때의 그곳이 아니었다. 그때로부터 한 20년이 지났을까, 특별한 목적지가 있지 않은 채 강원도 곳곳을 다닌 적이 있었는데 내 발걸음은 자연히 스무 해 전의 젊은 날의 열정과 땀방울이 섞여 있는 미천골 선림원지로 향했다. 그곳까지 가는 버스도 훨씬 많이 다니고 있었고 가는 길이 그다지 멀지 않게 느껴졌다. 황이리에서 내려 미천골까지 걸어갔는데, 그 옛날 털털 먼지 나던 비포장 길은 시멘트로 잘 포장되어 예전엔 '구루마'만 다니던 길에 승용차들이 오가고 있었다. 마침 해가 뉘엿뉘엿 저무는 저녁때가 되었는데 옛날보다 훨씬 많아진 집들에서 나와야 할 밥 짓는 연기가 나지도 않았다. 굴뚝이 필요 없게 주방엔 스토브가 놓여있었던 것이다. 밤이 되어도 더 이상 칠흑의 어둠은 없었다. 창 너머로 밝게 비치는 전등빛과 TV에서 나오는 소리가 내가 서 있는 어둔 길까지 들려왔다. 그래도 올려다본 하늘만큼은 어디보다도 밝고 많은 별들이 가득했다.

선종 사찰로서의 선림원의 창건

통일신라의 주요 선원 가운데 하나였던 선림원은 해인사를 창건한 순응법사(順應法師) 등이 창건하며 화엄종 사찰의 성격을 지녔으니, 이는 1948년에 한 농가의 부엌 바닥에서 출토된 범종의 명문(銘文)을 통해 알 수 있었다. 804년, 9세기 초반에 만든 고종이었다. 그 뒤 동국대학교에서 1985년 7월부터 1986년 8월에 걸쳐 절터를 발굴했다. 발굴로 주로 9세기 초반의 기와들이 발견되었는데 이는 곧 사찰의 창건연대와 일치하고 있다. 이 유물과 더불어 절터에 전하는 홍각선사(弘覺禪師) 비의 귀부 등의 유물을 보아서 그가 활동한 9세기 중반 이후에 강원도의 대표적 사찰로 발전했을 것으로 추정되었다. 홍각선사가 이곳에 주석하면서 대규모 중창을 하면서 화엄종에서 선종 계열의 성격을 지니게 된 것으로 보인다.

그러나 중창 후 얼마 지나지 않아서 태풍과 대홍수로 산이 무너져 내려 금당과 조사당 등의 중요 건물들을 그대로 덮어버렸는데 이는 선림원이 폐사된 직접적 원인으로 추정되었다. 발굴 당시 각종 기와들이 건물의 기둥이나 처마에 해당하는 자리에 그대로 묻혀있었기 때문에 그런 추정을 할 수 있었다. 이렇게 대찰의 건물이 무너진 그대로 아무런 변화 없이 그 자리에 고스란히 발견되는 경우는 아주 드물기 때문에 사찰 발굴사에 있어서도 중요한 유적이 아닐까 한다.

절터에서 천 년을 전해오는 문화재들

선림원지처럼 폐사 상태의 흔적이 고스란히 남아 있는 절터는 가람배치를 연구하는 데 참 좋은 자료가 된다. 폐사된 이후 지금까지 도중

선림원지 전경

에 단 한 차례도 인위적으로 교란된 흔적이 없어서다.

전체 가람의 구성은 산사태가 난 그 자리에 앞면 3칸, 옆면 4칸의 금당이 자리하고 그 앞에 아담한 규모의 삼층석탑이 배치되어 있었다. 금당의 주춧돌이 완전하게 남아 있으며, 금당 오른쪽으로 바로 잇대어 또 하나의 건물터가 있다. 이 건물 역시 금당과 마찬가지로 후대에 전혀 교란된 흔적이 없는 옛 건물터 그대로였다. 서쪽 언덕 위에는 석등이 있고 석등 북쪽으로 앞면 3칸, 옆면 2칸의 건물지가 발굴되었는데, 이 옆에 홍각선사탑비 및 귀부가 남아 있어 조사당으로 추정해 볼 수 있다. 그리고 석탑 앞으로 펼쳐진 너른 들판에 강당이나 승방 같은 건물들이 즐비해 있었을 것이다.

지금 절에 남아 있는 문화재로는 보물 444호 삼층석탑, 보물 445호 석등, 보물 446호 홍각선사탑비 귀부 및 이수(螭首, 빗돌 위에 얹는 용무늬 장식), 보물 447호 부도가 있으며, 절터 전체는 강원도기념물 53호로 지정되어 있다. 이밖에도 1980년대의 발굴을 통해 800년경의 것으로 추정되는 금은동(金銀銅) 불입상과 금동 풍탁(風鐸), 납석(蠟石, 곱돌) 소형 탑들,

귀면와(鬼面瓦), 암막새·수막새 기와가 출토되었다.

특히 1948년에 발견된 신라 범종은 그 양식이 독특하여 우리나라 범종 연구에 빠뜨릴 수 없는 귀중한 문화재였으나, 6·25전쟁 때 불에 타 조각만 남은 것은 아쉽기 그지없는 일이었다.

선림원지 삼층석탑

높이 4.1m인 이 석탑은 현재 금당 터 남쪽 6.5m 되는 곳에 자리한다. 2층 기단 위에 3층의 탑신을 올린 전형적 신라 석탑이다.

이 석탑의 특징으로 몇 가지 주목되는 부분이 있다. 우선 이중기단으로 된 기단부의 상층기단 면석은 각 면 2개씩의 판석으로 조립하여 모두 8매로 구성되었으며, 각 면에 우주와 탱주를 새긴 뒤 탱주로 2분한 각 면마다 팔부신중(八部神衆)을 양각해 넣은 게 쉽게 볼 수 없는 모습이다. 다소 풍화가 되어 원 모습이 뚜렷하지는 못해도 훌륭한 작품임은 충분히 알 수 있다. 또 탑신부 초층 지붕 모서리 윗면에 한 면 길이 19cm, 깊이 10cm의 사각형과 그 밑에 깊이 5cm의 2단으로 된 사리공(舍利孔)이 있으나 유물은 출토되지 않았다. 언제인지 모르지만 도굴되었던 것 같다.

선림원지 삼층석탑

각층 옥개석의 받침은 5단씩이고 추녀 밑은 수평이며, 네 모서리

삼층석탑의 팔부신중 부조(동서남북 면)

의 전각부(轉角部, 처마 선이 완만한 기울기로 아래로 내려오다가 끝부분에서 위로 불쑥 쳐든 모습)에는 풍경(風磬)을 달았던 작은 구멍이 남아있다.

전체 형태가 9세기 석탑의 전형을 이루는 이 탑은, 사리장치가 도난될 때 입었던 상처 때문인지 오래 전부터 금방이라도 무너질 듯 위험한 상태로 있어서 수십 년 전 한 스님이 옮기려고 해체하던 중 기단 밑에서 숱한 납석 소탑(小塔)과 동탁(銅鐸)이 나왔다고 한다. 탑신부 초층 옥신(屋身) 위쪽에 사리공(舍利孔)이 있기는 하지만 거기에는 이렇게 많은 소탑을 봉안할 만한 공간이 없다. 따라서 이들 소탑은 처음부터 기단이나 그 밑과 장대석(長臺石, 평지 위에 처음 얹는 석탑 부재) 사이에 넣었던 것으로 생각된다.

삼층석탑 배례석

그리고 탑 앞에는 직사각형의 배례석(拜禮石)이 놓여 있다. 위쪽에는 아무런 조각이 없고 옆면에 안상(眼象)이 새겨져 있

다. 배례석은 진신사리가 봉안된 탑 앞에서 의식을 올리기 위한 시설인데, 배례석이 갖추어진 석탑은 전체 석탑 수에 비해 아주 희소한 편이다.

선림원지 석등

전형적인 신라 석등의 형식을 띠고 있는 높이 292cm의 석등이 홍각선사비 귀부 앞에 있다. 석탑의 탑신에 해당하는 간주석(竿柱石) 부분은 장구[鼓] 모양을 하고 있어 팔각의 간주석을 갖춘 일반형 석등과는 뚜렷하게 구분된다. 현재 상륜부는 대부분이 없어졌고 복판복련이 조각된 원형 석재가 하나 있을 뿐이다.

선림원지 석등

이 석등은 옥개석에 약간의 손상이 있고, 그 위에 놓여 있어야 할 상륜부(相輪部)가 사라지기는 했어도 남은 부분은 거의 원형 그대로 보존된 작품이라는 점에서 문화재적 가치가 높다. 전체적으로 높이나 크기가 조금 큰 듯도 하지만 그런 느낌이 잘 안 드는 것은 상하의 비례가 아름답고 조각수법이 우수해서일 것이다. 우리나라 석등의 연구에 있어 빠뜨릴 수 없는 귀중한 문화재다.

홍각선사비, 귀부와 이수

통일신라시대부터 조선시대까지 비석은 맨 아래에 탑비를 받치기 위

한 거북 모양의 귀부, 그 위의 비신 그리고 맨 위에 얹는 이수 등으로 이루어진다. 특히 사찰의 비는 이 형식을 잘 따르고 있다. 시대에 따라서 귀부와 이수의 모양이 달라지기는 했다. 말하자면 통일신라에 비해 고려나 조선에 들어서서는 귀부와 이수의 모양이 줄어들고 형태도 정교하고 섬세하기보다는 뭉툭해지고 생략되는 경향으로 흘렀지만, 이는 시대마다 다른 미의식에 충실한 결과일 뿐이다. 어쨌거나 다른 시대에 비해 훤칠하게 크고 세밀한 거북[귀부]과 용[이수]의 모습을 보노라면 통일신라 미술의 화려함이 정말 잘 구현되어 있구나 하는 감탄을 하지 않을 수 없다.

선림원지에 있는 비도 그렇다. 최근 비신이 복원되기 전에는 비신 없이 귀부 위에 그냥 이수만 얹혀 있어 초라한 분위기마저 감돌았었다. 하지만 옛날 비신이 제

홍각선사비(상)
비의 거북 꼬리(하)

자리에 놓여 있었을 때는 그 위용이 참 대단했을 것 같다. 2008년 원 비문의 파편 자료 등을 자료를 토대로 새로 복원한 비문을 새긴 빗돌을 만들어 지금은 귀부와 이수 그리고 비신이 다 갖춰진 완전한 모습을

하고 있다.

귀부는, 지대석 위에 네 발로 땅을 힘껏 누르고 있는데 무거운 비석을 지고 있는 게 하나도 힘들지 않다는 표정이다. 등은 육각형 귀갑(龜甲)으로 장식되었고, 꼬리는 한쪽 옆으로 감겨 있다. 꼬리가 이렇게 오른쪽이나 왼쪽으로 휘어지는 게 통일신라 귀부 거북의 특징이고, 고려나 조선시대로 가면 위나 아래로 향하기도 한다. 등짝에 귀갑 외에 '卍'자를 응용한 나선(螺線)을 조각한 것은 길상만덕(吉祥萬德)을 상징하기 위한 것이라고 한다. 그 밖에 또 안상(眼象) 무늬도 보인다. 통일신라 때 유행한 무늬 장식은 대체로 다 들어가 있는 것 같다.

이수는, 전액(篆額, 전서체로 쓰는 비석의 제목)과 그 주위의 구름 속에서 노니는 네 마리 용 조각이 주요 디자인이다. 용들은 서로 보주(寶珠)를 잡으려 하는 모습이기 마련인데, 이 이수는 조금 특이한 모양으로 보주를 새긴 게 아니라 보주를 따로 만들어 이수 맨 위에 올려놓은 형식인 것으로 추정된다. 하지만 보주는 전하지 않고 올려놓았던

홍각선사비 이수(상)
비문 내용(하)

자리만 남아 있다.

비석의 주인공 홍각선사는 비석이 만들어질 만큼 고매한 스님이었음에 틀림없겠지만, 아쉽게도 문헌 같은 기록이 전혀 전하지 않는다. 다만 우리나라의 주요 비석을 탑본해서 엮은 책인 《대동금석서(大東金石書)》에 비석 내용의 일부가 실려 있었고, 여기 실린 것과는 별개의 비석 조각이 선림원지에서 발견된 적이 있어 이 둘을 참고해 어느 정도는 홍각선사의 행장을 알 수 있다. 이에 따르면 그는 어려서부터 여러 서사(書史)에 해박한 지식을 갖추었고, 출가한 이후에는 불경을 깊이 연구한 뒤 영산(靈山)의 신석(神席)을 두루 찾아다니며 수행하였다. 그의 학식과 수행이 알려지자 많은 사람들이 찾아와서 도를 구하였으며, 당대의 고승으로 널리 추앙을 받았다고 한다.

비문은 숭문관직학사 겸 병부낭중 김원(金遠)이 짓고 운철(雲撤) 스님이 왕희지의 글씨를 집자(集字, 여러 비석 등에서 필요한 글자를 모은 것)해 새겼으며, 차성현령 최경(崔瓊)이 전액을 써서 886년에 비를 세웠다고 한다. 글씨는 2cm 정도의 행서로서 당나라 회인(懷仁)이 집자한 《집자성교서(集字聖敎序)》에서 뽑은 것이다. 이는 신라 말기에 왕희지의 글씨가 보급되었음을 알려 주는 좋은 자료다. 비석의 파편은 처음 국립중앙박물관에 보관되다가 지금은 국립춘천박물관에서 관리하고 있다.

선림원지 부도

창건 당시인 9세기에 세웠을 것으로 보이는 부도가 법당터 구역 너머 홍각선사비 귀부 있는 곳 옆에 자리한다. 9세기라면 상당히 제작시기가 올라가는 것으로 우리나라에 그다지 많이 남아 있지 않으니, 아주 소중한 작품임에 틀림없다.

높이 120cm의 알맞은 크기를 한 부도로, 일제강점기에 완전히 파손되었던 것을 1965년 11월에 각 부재를 다시 모아서 복원했다. 그런데 이 부도의 원래 위치는 뒷산 쪽으로 50m쯤 올라간 곳이라고 한다.

이 부도의 가장 큰 특징은 석탑의 기단에 해당하는 하대가 팔각으로 되었고 각 면마다 안상(眼象)을 새기고 그 안에 사자(獅子) 두 마리가 서로 마주보는 모습을 새긴 점이다. 또 양각으로 새긴 이 사자상의 모습은 면마다 모두 다르게 한 점이 돋보인다. 우리나라 부도 하대 장식 중에서 이런 모습을 보기가 어려워 자료 가치가 아주 높다. 사자들의 모습도 아주 생동감 있고 변화무쌍한 형태라 조각 면에서도 의미가 있는 작품이다.

선림원지 승탑(부도)

선림원지 출토 신라 범종

선림원지의 금당 영역에서 동쪽으로 조금 떨어진 자리에 화전민이 살던 '너와집'이 한 채 있었는데 이 집의 부엌 바닥에서 1948년 범종 하나가 발견되었다. 당시 문화재 관리를 담당하던 문교부에서 이듬해 좀 더 보존환경이 좋은 오대산 월정사(月精寺)로 옮겨 종각에 걸어두었다. 그러나 1950년에 6·25전쟁이 나고 이때 월정사 전체 가람이 소각될 때 이 범종도 함께 불을 맞았고, 그 일부 파편만

선림원지 출토
신라 범종 파편

남았다. 이 파편은 국립중앙박물관에서 보관하다가 2002년 국립춘천박물관 개관을 기념해 이곳으로 이관되었다. 지금은 선림원지에서 발견된 직후의 사진을 바탕으로 해서 복원한 모양도 국립춘천박물관에서 볼 수 있다.

파편이기는 해도 이 범종을 만들게 된 인연을 새긴 명문 부분이 남아 그나마 이 범종이 804년에 만든 것 등 일부 정보는 알 수 있었다. 출토 당시 철제 현삭(懸索, 범종을 고리에 매다는 철사 끈)이 그대로 붙어 있었으며, 종신의 내부에 인명·관직·지명 등이 나오는 이두(吏讀)로 된 명문(銘文)이 있어서 종을 만든 연대는 물론 승려와 시주자 등 관계 인물들을 알 수 있어 자료 면으로도 매우 귀중한 범종이다.

선림원지 출토 금동불

새로 발견된 금동불

2015년 9월 통일신라시대 금동불이 출토됐다. 나온 곳은 선림원지의 승방, 그러니까 앞서 본 선림원 범종이 발견되었던 자리 부근이었다. 광배와 불상, 대좌가 모두 남아 있는데 이런 완형은 국내 금동불상 중에서 남아 있는 예가 아주 드물다. 또 높이 50cm로, 이처럼 발굴을 통해 알려진 출토지가 분명한 통일신라시대 금동불상 중 가장 큰 편에 속한다. 또 일반적으로 정병을 손가락 사이에 끼우고 있는 것과 달리 고리를 손에 쥐고 점도 최초의 예인 것 같다.

이 우수하고 특별한 불상을 통해 당시 불교계에서 선림원의 위상이 매우 높았음을 알 수 있고, 또 불상 양식과 대좌 특징 등으로 미루어보아 9세기 초 전후 경주지역에서 제작돼 선림원지로 옮겨진 것으로 추정하기도 한다. 한편 그동안 사라졌던 선림원지 부도의 옥개석도 불상과 함께 출토됐다.

선림원지 발굴의 추억

　1985년과 1986년 동국대 박물관 발굴단의 일원으로 선림원지를 발굴한 지 3년 뒤, 1989년에 다시 선림원지를 찾아 소규모 발굴을 하게 되었다. 이때는 사실 발굴이라기보다 양양군청에서 실시하는 선림원지 발굴지역 주변 정리사업 때 지도 및 참관하러 간 것이었다. 정비는 발굴처럼 작은 삽과 솔 같은 것으로 조금 조금 훑어나가는 게 아니라 비교적 쑹덩쑹덩 파야 될 때도 있다. 그렇지만 이 지역은 3년 전 발굴 때 다소 미진하게 끝났던 부분이라 아직 흙속에 뭔가 있을 수도 있어서 나로서는 아주 긴장해야 했다. 특히 내 맘속에는 뭔가 기대하는 게 있기도 했었다. 하지만 일의 성격상 발굴도 아니고 참관하는 정도여서 일의 방식에 대해 뭐랄 수 있는 처지는 아니었다. 법당 터 바로 위 가득 쌓인 산사태로 밀려 내려온 토사를 제거할 때까지 애써 태연한척 팔짱끼고 바라만 봤다. 하지만 여러 사람들이 삽을 들고 법당 터 바로 앞까지 파들어 가야 하는 순간 나도 모르게 두 손을 크게 저으며 작업을 잠시 멈추고 숨을 고르게 했다.

　"잠깐만요, 멈추세요. 여기서부터는 천천히 할 겁니다."

　하수도 공사하듯 땅을 파던 사람들은 일을 멈추고 다소 의아하다는 얼굴로 나를 쳐다보았고, 옆에 있던 군청 직원도 놀란 표정으로 바라보기만 했다.

　"여기에 뭔가 있을 것 같아 그래요. 그러니 삽으로 천천히 파내어야 합니다. 그건 내가 할 테니 잠시들 쉬세요."

　군청 직원이 다가와 왜 그러냐고 묻는다. 여기 안에 유물이 있으니 살살 흙을 거둬야만 한다고 하자, 그걸 어떻게 아냐고 재차 묻는다.

"아니까 전문가지요. 내 말만 믿고 잠깐만 기다리세요. 곧 출토될 겁니다."

3년 전 발굴 때 많은 유적이 고스란히 드러났고, 유물도 많이 나왔다. 선림원지는 9세기 어느 때인가 법당 뒤에 있는 흙이 갑자기 쏟아진 홍수로 쓸려 내려와 그대로 덮쳐 법당도 고스란히 묻혀버렸다. 아마 법당뿐만 아니라 사역 대부분이 이처럼 산사태로 큰 피해를 봤을 것이다. 이후 사찰은 다시 복구된 적이 없었다. 3년 전 발굴 때 법당 세 귀퉁이에서 연목와(椽木瓦)가 있어야 할 자리에서 그대로 출토되었다. 연목와란 기둥 끝 모서리를 가리고 장식하기 위한 기와를 말한다. 도깨비 얼굴을 형상화해서 만들어 귀면와(鬼面瓦) 형태를 한다. 기둥이란 사방으로 세워지니까 이 귀면와 연목와도 4점이 걸리기 마련이다. 3년 전에 우리는 조금도 자리가 이탈되지도 않은 채 그대로 남아있는 연목와들을 발굴했었다. 이런 경우는 발굴사상 아주 드문 일이다. 그런데 그때 북쪽 뒤 연목와만은 찾지 못했다. 아마도 파도처럼 세차게 밀려온 흙더미에 쏠려 다른 데까지 제법 멀리 밀려간 모양이었다. 그런 추정을 하고 발굴했었지만 예상되는 지역까지 남쪽으로 발굴을 연장해 봐도 끝내 찾지 못하고 발굴이 종료되었다. 그러니까 답은 하나다. 이 연목와는 밑으로 쏠린 게 아니라 오른쪽으로 쓸려 내려갔을 것이다. 하지만 시간과 예산이 다해서 그곳까지 발굴을 연장 못하고 마칠 수밖에 없었다. 마침 이번 사찰정비 사업의 구간도 법당터 동쪽 외곽이니 그때 못 찾은 나머지 북쪽 연목와가 발견될 가능성이 아주 높았던 것이다. 그 때문에 말은 이렇게 한 채 모종삽으로 흙더미를 살살 긁어나갔지만, 사실 나도 확신하는 것은 아니었다. 합리적으로 판단하니 그렇다는 것이지, 땅속의 일을 내가 어떻게 알겠는가? 정비사업이라 여러 사람들이 마치 속도전 하듯이 파내는 이 작업을 지연시키기 위해서는 뭔가 분명한 것처럼 말해야 했다. 내 확고한 태도에 사람들은 반신반의 하면서 뒤로 물러났다. 한 20분 나만의 일인발굴이 이어졌다. 내 등골에 추운 겨울임에도 불구하고 식은땀이 흘러내렸다. 혹시라도 아무것도 안 나오면 어떡하나? 괜한 만용을 부린 것처럼 보일 테니 참 우스운 사람이 될 게 뻔했다. 20분이 그렇게 긴 지 처음 느꼈다. 사람들도 이제 인내심이 다했는지 "추운데, 기거 뭐하는 거지" 하며 슬슬 불평하는 소리가 나오기 시작했다. 할 수 없다. 모른 척하고 여기 한 곳만 더 파보자. 그렇게 다시 삽을 들어 흙 한 더미를 들어내는 순간 뭔가 번쩍이는 게 느껴졌다. 이건가? 연목와라면 흙에 유약을 발랐어도 번쩍거리지는 않을 텐데… 왼손으로 흙을 재빨리 걷어냈다. 뭔가 툭 튀어나온 둥글한 형상이 보였다. "저거다. 귀면 눈망울!" 흙을 한 줌 더 파내자 툭 튀어나온 귀면의 큼직한 눈망울이 번쩍거렸다. 천 년 만에 빛을 본 귀면 연목와! 우악스럽게 생겼지만 우아스럽기도 한 귀면이 흙속에서 천년을 보내고 오늘 내 삽 끝자락에 잠을 깬 나를 쳐다보고 있었다.

이렇게 해서 선림원 법당터는 우리나라에서 최초로 법당 네 모퉁이마다 장식되었던 귀면와가 온전하게 발견된 유일한 신라시대 건물터로 기록되게 되었다. 인연이란 게 이렇게도 연결되는 것 같다. 전생이란 게 있다면 분명 내 전생은 선림원하고 연관이 있을 것이리라고 믿고 싶다.

이후로도 여러 곳의 발굴현장을 갔지만, 1989년의 선림원지 발굴, 아니 정비공사 때 발견한 귀면와는 오랫동안 머릿속에 남아 있었다.

양양 진전사지

1945년 일제에서 해방된 후 처음 이뤄진 발굴은 1959년 경주 감은사지로, 우리나라 최초의 절터 발굴이기도 하다. 당시만 해도 전문 발굴 인력이 부족해서 감은사지 책임자를 구하기도 어려워 당시 일본 대학에 유학해 발굴을 배웠던 김정기(金正基) 박사를 급거 귀국시켜 발굴을 지휘하도록 했다. 김정기 박사는 훗날 국립문화재연구소 소장 등을 지내며 우리나라 고고학의 수준을 발전시키는 데 많은 공을 세웠다. 이

진전사지 전경

후 우리나라 대학에도 고고학과가 속속 개설되면서 발굴을 익혀나갔고, 적어도 1970년대 후반부턴 발굴 선진국인 일본에 뒤지지 않을 만큼 발굴 수준이 향상되었다. 각종 지표조사는 물론이고 규모가 크고 토층 교란 등으로 판독이 어려운 난해한 발굴들도 너끈히 해내는 수준이 되었다. 1960년대 후반 이후 활발한 활동을 폈던 대학 발굴단 중에는 아마도 정영호(鄭永鎬, 1934~2017) 박사가 이끈 단국대학교 사학과 팀이 단연 돋보였다. 단국대 발굴단은 단양 적성비, 중원 고구려비 같은 우리나라 역사를 새로 쓰게 한 중요한 삼국시대 비석들도 발견하는 등 우리의 발굴사상 아주 의미 있는 역할을 해왔다. 그 중 한 곳이 양양 진전사(陳田寺) 절터 발굴이다. 그전까지는 삼층석탑 하나, 이름 모르는 부도 하나만 남은 채 무슨 절터인지도 몰랐으나 1968년 4월 절터에 있는 석탑과 부도의 해체 수리 이후 시작된 발굴을 통해 이 터가 선림원과 더불어 강원 지방의 대표적 사찰이었던 진전사의 옛터임을 밝혀낸 동시에, 무명 부도를 우리나라 선종의 비조로 알려진 도의국사의 것으로 추정해내 이곳이 우리나라 선종사의 성지임을 밝힌 것이다.

통일신라 강원도의 대표 사찰이었던 진전사

양양군 강현면 화채봉길 설악산(雪嶽山) 기슭에 진전사(陳田寺)의 옛터가 자리한다. 이 일대는 현재 강원도기념물 제52호로 지정되어 있다.

진전사는 신라 선문구산(禪門九山)의 효시인 가지산파(迦智山派)의 초조(初祖) 도의국사(道義國師)가 창건한 사찰이다. 절터에는 도의 스님의 것으로 전해오는 부도도 있다. 따라서 우리나라 선종의 처음을 알리는 커다란 사자후(獅子吼)가 바로 여기에서 비롯되었다고 할 수 있다.

도의 스님은 784년에 중국 당(唐)에 유학 가서 지장(地藏)선사의 선법

(禪法)을 이어받았다. 821년에 귀국해 선종을 널리 알리려고 했으나 당시는 사람들이 교종만을 숭상하던 때였으므로 선법을 익히려고 하지 않았다. 그래서 설악산으로 들어와 40년 동안 수도하다가 입적했다. 그러나 그의 선법은 제자 염거(廉居), 손상좌 체징(體澄) 등으로 이어지며 후세에 널리 전파되었다. 도의 스님과 진전사에 관한 이야기는 그 밖에는 더 전하는 것이 없다. 그런데 고려 중기에 활동하며 《삼국유사》를 짓기도 했던 일연(一然) 스님이 1219년 진전사로 출가해 대웅(大雄) 스님의 제자가 되었다는 기록이 있어 적어도 그 당시까지 진전사의 법등이 이어졌음을 알 수 있다. 그러나 1530년에 편찬된 조선시대 지리서 《신증동국여지승람》에 진전사 이름이 보이지 않는 것으로 보아 16세기 무렵에는 이미 폐사되었던 것으로 추정된다.

현재 절터에는 국보 122호 '진전사지 삼층석탑', 보물 439호 '진전사지 도의선사탑'이 있으며, 절터는 '양양 진전사지'라는 명칭으로 강원도기념물 52호로 지정되어 있다. 또 도의선사탑 바로 앞에 배례석(拜禮石)이 놓여 있는데, 옆면에는 아무런 조각이 없으나 윗면 중앙에는 여덟 잎으로 구성된 연꽃이 장식되어 있다.

그런데 단국대학교에서 삼층석탑과 도의선사탑(부도) 주변을 발굴하기 전까지만 해도 석탑은 무너지기 직전이었고, 부도는 이미 무너져 부재들이 흩어져 있었다고 한다. 1989년 단국대학교 중앙박물관에서 펴낸 《진전사지 발굴보고》에는 탑과 부도가 무너진 경위가 자세히 기록되어 있다. 1910년대 말 가을에 이곳으로 온 일본인 2명이 먼저 지렛대로 석탑의 옥개석을 받쳐 놓고 1층의 사리공 안에서 다량의 보물을 훔쳐냈으며, 부도 또한 보물을 탐색하기 위해 탑신부에서 기단부에 이르기

진전사지 도의선사탑
배례석 연꽃

까지 지렛대로 완전히 무너뜨렸다고 한다. 그렇지만 현재는 석탑과 부도는 물론 전체 절의 경내 지역도 말끔히 복원되어 그 옛날 번성했을 진전사의 성관(盛觀)을 짐작하게 해준다.

진전사지 삼층석탑

고풍의 아취가 가득 남아 있는 고즈넉한 절터 한가운데에 절을 창건할 때 지은 삼층석탑이 서 있다. 진전사지는 앞서 본 것처럼 8세기 후반 통일신라시대에 도의 국사가 창건했으니, 이 탑은 지금 천 년을 훌쩍 넘긴 긴 세월을 지내온 셈이다.

탑은 통일신라가 되면서 보다 안정되고 일정한 패턴을 간직한 모습으로 정착된다. 이 탑 역시 이러한 통일신라시대 석탑의 일반적 양식을 충실히 간직하여 2단으로 된 이중 기단(基壇) 위에 3층의 탑신(塔身)을 올려놓았다. 아래층 기단에는 날아갈 듯한 가벼운 옷을 입은 천인상(天人像)이 있으며, 위층 기단에는 구름위에 앉아 무기를

진전사지 삼층석탑

114

삼층석탑의 팔부신중 부조(동서남북 면)

들고 있는 웅건한 모습의 8부신중(八部神衆)이 있다. 탑신의 몸돌과 지붕돌은 각각 하나의 돌로 만들어졌는데, 1층 몸돌에는 각기 다양한 모습의 불상 조각들이 있다. 지붕돌은 처마의 네 귀퉁이가 살짝 치켜 올려져 있어 경쾌한 아름다움을 보여주며, 밑면에는 5단씩의 받침을 두었다. 3층 지붕돌 꼭대기에는 받침돌만 남아있을 뿐 머리장식은 모두 없어졌다.

전체적으로 균형이 잡혀 있으면서 지붕돌 네 귀퉁이의 치켜올림-이를 반전(反轉)이라 한다-이 경쾌한 아름다움을 더해주는 이 탑은 통일신라시대의 대표적인 석탑 가운데 하나이다. 기단에 새겨진 아름다운 조각과 1층 몸돌의 세련된 불상 조각은 진전사의 화려했던 모습을 떠올리게 한다.

진전사지 도의선사탑

진전사지 도의선사탑

멀리 동해바다가 내다보이는 진전사터 안의 작은 언덕 위에 서 있는 탑으로, 진전사를 창건한 도의선사의 묘탑(廟塔)으로 추정된다. 승려의 사리를 봉안한 것을 '부도(浮圖)'라고 많이 썼는데, 본래 범어를 한자로 바꾼 것이라 그밖에도 부두(浮頭), 포도(蒲圖), 불도(佛圖), 부도(浮屠) 등 다양한 단어가 함께 쓰였다. 또 승탑, 사리탑이라는 말도 같은 의미로 썼다. 그래서 이런 혼동을 정리하기 위해 공식적 표기일 때는 '묘탑'으로 부르자고 문화재청에서 정했었다. 그래서 이젠 어느 안내판이나 설명문에 모두 묘탑이라고 적히는 경우가 많다. 하지만 '廟'라는 글자가 본래 사당이나 위패를 봉안한 곳이라는 뜻이어서 의미상 어울리지 않는다는 비판도 있다. 내 개인 의견으로는 가장 오래 그리고 많이 써온 '浮圖'가 낫지 않을까 한다.

이 부도는 일반적인 다른 부도는 달리 8각의 탑신(塔身)을 하고 있으면서도, 그 아랫부분이 석탑에서와 같은 2단의 4각 기단을 하고 있는

진전사지 도의선사탑 기단부

점이 다르다. 이런 특이한 형태가 왜 나타났는가는 아주 궁금한 점이지만, 아직 속 시원히 풀어주는 견해가 나오지는 못했다.

2단으로 이루어진 기단은 각 면마다 모서리와 중앙에 기둥 모양을 새기고, 그 위로 탑신을 괴기 위한 8각의 돌을 두었는데, 옆면에는 연꽃을 조각하여 둘렀다. 8각의 기와집 모양을 하고 있는 탑신은 몸돌의 한쪽 면에만 문짝 모양의 조각을 하였을 뿐 다른 장식은 하지 않았다. 지붕돌은 밑면이 거의 수평을 이루고 있으며, 낙수면은 서서히 내려오다 끝에서 부드러운 곡선을 그리며 위로 살짝 들려 있다.

석탑을 보고 있는 듯한 기단의 구조는 다른 곳에서는 찾아볼 수 없는 모습이다. 도의선사의 부도라고 한다면 9세기 중반쯤이니까 현재 남아 있는 부도 중에서 가장 시기가 빠른 편이어서, 이 부도를 우리나라 부도의 시원으로 보기도 한다. 전체적으로 단단하고 치밀하게 돌을 다듬은 데서 오는 단정함이 느껴지며, 장식을 자제하면서 간결하게 새긴 조각들은 명쾌하다.

진전사 복원의 공로자들

지금 옛 절터 옆에 새로 복원한 진전사가 자리하고 있다. 법당과 요사 등이 아담하고 정갈하게 들어서 있어 차츰 그 옛날 진전사의 모습을 이뤄나가고 있다.

그런데 지금처럼 진전사가 복원된 데는 여러 사람의 숨은 공이 있었다. 먼저 이 절터의 땅이 온전하게 보존될 수 있게 한 것은 1970년대 진전사지 발굴을 주도했던 정영호 전 단국대 박물관장이었다. 이 지역은 사유지였는데, 당시 발굴을 전후한 무렵 부근의 속초, 오색약수 등 명소와 연계하여 이 지역이 개발될 수도 있었다. 개발이란 사실 절터 같은 유적에게는 치명적이다. 그래서 정영호 박사는 사비를 들여 절터 일대를 구입해 여기까지 절대 개발의 바람이 들이닥치지 않도록 했다. 그리고 수십 년이 지나 자신이 구입했던 토지를 그대로 조계종에 무상으로 기증해 이곳이 불교계에 의해 사찰로 복원될 수 있도록 했다. 만일 발굴로만 그쳤었다면 지금쯤 이 지역이 어떻게 상업화되어 있을지 알

새로 복원한
진전사 내경

수 없다. 또 천 년 전의 법등을 오늘에 밝히고자 다시 복원의 염원을 세웠던 불교계, 특히 신흥사의 오현 스님도 진전사 보전과 복원에 큰 역할을 했음은 물론이다. 오현 스님은 정영호 박사에게 직접 토지를 양도받아 여러 어려움을 무릅쓰고 진전사지를 법식에 맞게 복원함으로써 많은 사람들이 이곳에서 그윽한 법향을 느낄 수 있도록 하고 있다. 이런 아름다운 일을 성사되도록 중간에 역할을 했던 또 한 사람은 전 문화관광부 종무관이었던 이용부(李勇夫) 선생이다. 이용부 선생은 정영호 박사의 단심(丹心)을 오현 스님에게 전해 진전사 복원의 불사가 잘 이뤄지도록 했던 것이다. 이 세 사람의 노력이 결실을 맺어 지금 진전사가 복원될 수 있었다. 역사에는 늘 숨은 공로자가 있기 마련이다. 진전사를 보면 이런 역사의 수레바퀴를 다시 한 번 떠올리게 된다.

진전사지 발굴 때 수습된 여러 석재들. 지금 단국대학교 박물관 정원에 전시되어 있다.

속초 신흥사

설악산과 신흥사

강원도뿐만 아니라 전국적으로도 여행객들의 발길이 가장 많이 닿는 곳 중의 하나가 속초 신흥사(新興寺)다. 신흥사 하면 먼저 떠오르는 이미지가 설악산(雪嶽山, 1,708m)일 것 같다. 설악은 사계절 눈이 쌓여 신성하고 숭고한 산이라는 이름을 지녔다. 한국의 삼대 명산 중의 하나로 한라산(1,950m)과 지리산(1,915m)에 이어 세 번째로 높다. 산을 높이로만 따져 명산과 그렇지 않은 산으로 나누는 건 아무래도 얄팍한 생각 같다. 높이야 그저 그런 정도지만 대지를 싸안는 품이 넉넉해 명산이라 불러 조금도 손색 없는 산들이 적지 않기 때문이다. 계곡이 많고 널찍한 이런 산들이 삐죽이 높기만 한 산보다 이 땅에서 살아온 사람들의 심성에 더 푸근히 다가오는 경우가 많다. 사람들과 절들을 넉넉히 품안에 넣으면서도 적당히 높으면 그게 바로 명산이라고 생각한다. 명산 중의 명산 백두산이 민족의 정기를 간직한 한반도의 지붕이지만, 분단의 장벽에 막혀 쉽게 다가가지 못하는 게 현실이다. 그런데 다행스럽게도 우리에게는 설악산이 있어 민족의 기상과 저력을 실감할 수 있게 하니 설악산의 미덕은 여기서도 찾을 수 있다.

수려하면서도 웅장한 산세, 끝을 알 수 없을 듯한 울창한 숲, 기암괴석, 계곡의 맑은 물과 수많은 폭포는 인간의 경계가 아닌 듯하다. 이 빼어난 경관 속에 일찍부터 수행자들이 자리 잡아 불도를 닦아왔다. 신흥사를 비롯하여, 백담사, 봉정암, 오세암, 계조암, 내원암 등 이름만 들어도 가슴 벅찬 부처님의 진리에 다가서는 듯한 사암이 산중 곳곳에 들어서 있다.

설악산의 여러 사찰들 중에서 가장 역사도 오래되었고 문화재도 많으며 그 안에서 일어난 여러 이야기들이 듣는 사람의 심금을 울리는 곳이 신흥사다. 외설악의 설악동 동쪽 계곡 속초시 설악동에 자리한 이 절은 신라 때인 652년에 자장율사(慈藏律師)가 창건했으며 이때의 이름은 향성사(香城寺)였다고 전한다. 자장 스님은 신라에서 가장 고매한 율사(律師)였다. 율사란 불교에서 정한 여러 수행에 대한 철저한 행위자를 말한다. 수행이란 게 좀 어려운 일이겠는가? 아무리 깨우침을 얻으려 금석보다 굳은 결심을 하고 수행에 들어선다지만 숱한 계율을 모두 다 지켜가면서 수행한다는 건 분명 여간 어려운 일이 아닐 것이다. 율사란 그런 계율을 훌륭히 지켜내며 수행하는 스님을 말하고, 우리나라 불교사에서 가장 대표적인 율사가 바로 자장이다. 그런 만큼 자장 스님에 대한 기록은 여기저기에 꽤 자세하게 전한다. 그런데 자장의 행적을 담은 기록에는 이상하게도 전하는 것과는 달리 향성사에 관련된 이야기가 없다. 하지만 향성사는 본래 그다지 큰 규모로 지은 절이 아니므로 미처 기록되지 않았다고 해도 그렇게 이상할 것은 없는 것 같다. 다만 연구자에 따라서는 설악산에서 멀지 않은 강릉 수다사를 창건한 653년 무렵에 향성사도 지었을 것으로 추정하기는 한다. 여하튼 신흥사에 전하는 이야기로는 향성사와 더불어 계조암과 능인암도 창건했다고도 한다.

향성사는 지금의 켄싱턴 호텔 부근에 있었고 지금도 그 자리에 삼층석탑이 있어서 그 옛날의 자취를 전하고 있다. 향성사는 창건 후 698년에 불이 나 폐허처럼 변했던 모양이다. 3년 뒤인 701년에 의상(625~702)

신흥사 전경

스님이 현재의 내원암 자리인 능인암 터에 가람을 옮기고 중창하면서 절 이름도 선정사(禪定寺)로 바뀌었고 아미타불을 비롯해 관세음보살·대세지보살의 삼존불을 모셨다고 한다. 혹자는 의상 스님은 77세라는 고령에 입적했는데 그 바로 한 해 전에 이런 힘든 창건 불사를 과연 했겠느냐고 물음표를 달기도 한다. 내 생각에 이런 게 바로 괜한 의심인 것 같다. 사람의 일생 중에 어느 한 해 중요하지 않은 해가 있겠는가? 죽기 직전까지 자기의 본분을 다하는 게 수행자의 모습일진대 고령을 이유로 창건담을 의문의 눈길로 볼 필요는 전혀 없을 것 같다. 또 앞에서 말한 자장 스님의 예 마냥 의상 스님에 관한 기록에 그가 선정사를 창건했다는 말이 없다는 것을 들어서 이를 사실이 아닌 그저 전하는 이야기 정도로 돌리려는 사람도 많다. 문자로 남겨진 기록이 없다고 해서 어떤 사람의 일생을 없는 일로 삼을 수 없는 것처럼, 의상 스님이 선정사를 지은 것을 관련 기록의 있고 없음에만 의지해 말하려는 것은 너무 삭막한 사관(史觀)이라고 하지 않을 수 없다.

극락보전 삼존불상

조선시대의 신흥사 역사

자장 스님이 지은 향성사에서 의상 스님의 선정사로 이어지는 신흥사의 역사에서 아쉽게도 고려시대에 있었던 사적은 전혀 전하지 않는다. 그러다가 조선시대 중기인 17세기 이후의 일들은 비교적 자세히 전하는 편이다.

1622년 절에 불이 나 가람 전체가 사라졌으나 1644년 영서(靈瑞)·연옥(蓮玉)·혜원(惠元) 스님 등이 중창을 발원했다. 세 스님이 함께 기도를 올리던 어느 날, 각자의 꿈속에서 한 날 한 시에 똑같이 소림암(小林庵)에서 왔다는 한 신인(神人)을 만났다. 신인은 이들에게 이렇게 일러주었다

"선정사 옛터 아래쪽 약 10리 지점에 절을 지으면 수만 년이 가도 3재(災)가 범하지 못할 것이다."

세 스님은 꿈에서 깬 뒤 이구동성으로 "이는 바로 신몽(神夢)을 꾼 것이다!"라고 여기면서 더욱 모연에 정진해 하나하나 건물들을 짓고 마침내 중창을 다 이루었다. 그런데 이렇게 원만히 불사를 이루게 된 것은

곧 신인(神人)이 격려해 주어 흥한 것이라 여겨 절 이름을 '신흥사(神興寺)'라고 바꿨다. 이를 통해 향성사에서 선정사로, 다시 신흥사로 이어지는 중창 과정을 엿볼 수 있는데, 아마도 지금 신흥사의 가람의 골격은 이때 시작된 것이 아닐까 싶다. 이후 전각들이 잇달아서 들어서고 가람의 넓이도 커지면서 대찰로서의 면모를 갖추어 나갔다. 이 뒤에 이어졌던 주요 불사 내용을 살펴보면 다음과 같다.

1647년 법당을 지었고, 1651년에 무염(無染) 스님이 목조아미타삼존불을 법당에 모셨다. 이 삼존불상이 지금 대웅전에 봉안된 삼존불인데, 이 중에서 관음보살을 수리할 때 복장(腹藏)이 나왔다. 복장이란 불상이나 불화를 완성한 다음 적는 발원문 또는 조성기 같은 기록을 중심으로 갖가지 보배나 경전 등을 불상의 내부에, 그리고 불화에는 별도로 만든 비단 주머니[囊]에 넣어 두는 것을 말한다. 신흥사 대웅전의 관음보살에서 나온 복장에는 보살상을 만들고 지은 축원문이 발견되었다. 이 기록을 통해 삼존불상은 대웅전을 다 지은 지 4년 뒤에 봉안했음을 알 수 있다.

1661년에는 해장전(海藏殿)을 짓고, 《법화경》 등의 경전 목판본을 완성했다. 또 1658년에도 《불설대보부모은중경》 목판 경판을 판각(版刻)했다. 판각은 일차 목적이 경전을 출판해서 대중에게 나누어주는 것이며, 한편으로는 판각 자체를 하나의 수행으로 여겨 온 정성을 다해 새기곤 하였다. 사찰에서 경판을 판각해 경전을 출판하는 과정은 요즘의 출판사와 크게 다르지 않다. 다만 출판의 목적이 지식과 정보를 전하는 것 외에도 불교를 글로 나타낸 경전을 사람들에게 나누어줌으로써 불법(佛法)을 널리 알리는 데 있었다는 게 다르다면 다른 점이다.

학자들은 조선시대에 사찰의 경전 출판 유통을 불교의 대(對) 사회 역할 면에서 매우 의미 있게 여기고 있다. 그 이유는 조선시대에 들어와 이른바 '숭유억불' 정책으로 불교는 큰 탄압을 받았고 모멸스런 대우도 받아야 했다. 당연히 삼국시대와 통일신라시대 그리고 고려시대를 거치는 천 년 가까운 세월 동안 국교처럼 신봉되던 불교는 갑자기 크게 위축될 수밖에 없었다. 국가 정책뿐만 아니라 여기에 편승해 유학자들의 불교와 승려에 대한 공격이 잦았는데, 유학자 입장에서 특히 승려들을 공격한 이유 중의 하나가 '출가(出家)'였다. 출가란 자기를 낳고 키워준 부모의 은혜를 저버리는 일이니 그 같은 불효가 어디 있겠느냐는 것이었다. 하지만 출가한 승려들의 입장은 달랐다. 넓은 시야로 볼 때 출가는 자신의 수행뿐만 아니라 부모에 대한 또 다른 의미의 효라는 것이었다. 그리고 이 같은 승려들의 입장을 가장 잘 반영한 경전이 바로《불설대보부모은중경》이었다. 사찰에서 출판한 경전 목록 중에서 가장 많이 나오는 것 중의 하나가 바로 이 책이기도 하다. 예를 들어 화성 용주사(龍珠寺)에는 아예 이 경전을 돌에 새겨 경내의 중요한 자리에 두기까지 했을 정도였다. 다시 말해서 경전 출판은 유학사상과의 공존을 도모하겠다는 의미로 볼 수 있다는 것이다. 신흥사에서《부모은중경》을 비롯해 여러 종류의 경전 출판이 이루어진 것도 이러한 맥락에서 설명이 가능할 것 같다.

이어서 신흥사의 조선시대 후기의 역사를 보면, 1715년에 설선당(說禪堂)이 불타 없어지자 1717년 다시 지었다. 1725년에 해장전(海藏殿)을 중수했고, 1737년에 명부전을 새로 짓고 지장보살상을 봉안했다. 한편 이 무렵 신흥사의 아주 소중한 문화재가 완성되었다. 1748년 신흥사의 전신인 향성사에서 조성해 전해오던 범종을 보수한 적이 있다. 그러나 그 소리의 울림이 기대에 못 미치자 1758년 다시 수리했다고 한다. 그러나 이 범종은 그 뒤 얼마 안 있어 무슨 일인지 모르지만 완전히 없어져버린 것 같다. 1788년에 전혀 새로운 범종을 만든 것을 보면 그런 정황이 짐작되는 것이다. 삼국시대의 범종은 우리나라에서 아주 귀한데, 이 범종이 지금까지 전해졌다면 얼마나 좋았을까 싶다. 1788년에 새로 만든 범종이 지금 신흥사에 있는 대종인데, 이에 대한 과정은 〈설악산신흥사대종중주명병서(雪嶽山神興寺大鐘重鑄銘幷序)〉 현판(懸板)에 상세히 나온다.

1801년에는 벽파(碧波)·창오(暢悟) 등이 용선전(龍船殿)을 짓고 여기에 역대 왕들의 위패를 봉안했다. 용선전이라는 이름도 흥미롭고, 또 안에 조선 왕들의 위패를 봉안한 것도 그 의미를 각별히 살펴볼 필요가 있다. 용선전은 고해(苦海)의 거친 파도를 뚫고 극락으로 인도하는 배다. 극락전과 연관된 의미를 지닌다고 볼 수 있을 것 같다. 이 전각에 왕들의 위패를 모신 것은 다시 말해서 그들의 극락왕생을 발원한 것이라 볼 수 있다. 따라서 용선전은 곧 왕실의 상당한 지원을 받아 지어졌을 가능성이 높아 보인다. 그래서 이 무렵 신흥사는 왕실의 원당(願堂)으로 지정되었다고도 추정된다.

1813년에는 불이문(不二門)과 단속문(斷俗門)을 세웠고 보제루(普濟樓)를 중수했다. 1858년에 구월산 패엽사(貝葉寺)에서 16나한상을 옮겨와 해장전에 봉안하면서 해장전을 응진전(應眞殿)으로 이름을 바꿨다. 일제강점기에 와서는 1912년 건봉사(乾鳳寺)의 말사가 되었다. 이상의 역사 이야기는 근대의 고승 만해 한용운(韓龍雲) 스님이 쓴《건봉사급건봉사말사사적(乾鳳寺及乾鳳寺末寺史蹟)》에 전하는 내용이다.

이후 6·25전쟁으로 인해 건봉사가 모두 불타버려 본사의 기능을 잃고, 대신에 신흥사가 그 역할을 1971년부터 이어받게 되었다. 그 뒤 오늘날까지 양양·속초·강릉 등지의 사암을 관장하는 조계종 본사로서 법등을 이어가고 있다. 신흥사는 특히 영동 지역의 불교를 체계화하고 부처님의 지혜를 전하기 위해 다양한 불사를 전개해 나갔다. 춘천에 불교방송지국을 개국해 언제 어디서나 불법을 접할 수 있는 현대적인 포교에 앞장섰고, 속초노인복지관과 어린이집을 개관하는 등 사회복지사업에도 힘을 기울였다. 이처럼 현대사회에 발맞춰 새롭게 불법을 전개하는 과정에서 절 이름의 '神'자를 '新'자로 바꾸자는 여론이 일었고, 1995년 마침내 '영동 불교를 새로 일으킨다'는 뜻을 담아 절 이름을 '신흥사(新興寺)'로 바꾸게 되었다. 이보다 앞선 1987년에는 민족통일의 큰 원력을 발원하여 통일청동대불좌상 조성불사를 시작하였다. 10년간의 어려운 불사를 원만히 이루어 1997년 10월 25일 마침내 점안대법회를 봉행하였다. 30만 명의 시주와 동참으로 결실을 맺은 이 불사로 설악산과 신흥사는 바야흐로 통일기원의 중심도량으로 자리매김하게 되었다.

자장 스님과 신흥사

자장율사 진영

6세기 신라 역사에서 빼놓아서는 불교사가 성립되지 않는 중요한 인물이 자장율사다. 진골인 소판(蘇判) 김무림(金茂林)의 아들로 태어나 왕족의 일원이라는 높은 신분이었으나 세속의 명리를 한갓 뜬구름처럼 덧없다 여기고 출가수행을 평생의 업으로 삼았다.

스님은 홀로 깊고 험한 곳에 거처하면서 이리나 호랑이도 피하지 않았다. 고골관(枯骨觀)을 닦았는데 피곤함이 있으면 작은 집을 지어 가시덤불로 둘러치고 그 속에 발가벗고 앉아서 조금만 움직이면 가시에 찔리도록 하였다. 머리는 들보에 매달아 혼미한

정신을 없앴다. 때마침 조정에서는 재상 자리가 비어 있었는데 자장이 문벌로서 물망에 올랐다. 왕이 여러 번 불렀으나 그는 끝까지 나가지 않았다. 이에 왕이 칙령을 내렸다.

"만일 나오지 않으면 목을 베겠다."

이를 듣고 자장은 훗날 유명하게 된 이 말을 내뱉었다.

"내 차라리 하루 동안 계율을 지키다가 죽을지언정 백 년 동안 계율을 어기며 사는 것을 원치 않겠노라."

이 말을 듣고 왕은 출가를 허락했다. 이에 자장이 여러 바위 사이에 깊숙이 숨어서 사니 양식 한 톨 돌봐주는 이가 없었다. 이때 이상한 새가 과일을 물어와 바치므로 이것을 손으로 받아먹었다. 마침내 천인이 꿈에 나타나 5계를 주었다. 이에 자장이 비로소 골짜기에서 나오니 향읍의 남녀가 다투어 찾아와 계를 받았다. 스님의 출가정신을 잘 보여주는 이야기다.

636년 10여 명의 제자와 함께 당나라에 유학하여 청량산에서 문수보살을 친견하였다. 이후 귀국하여 황룡사를 창건하였고, 계속해서 월정사, 태화사, 대둔사, 그리고 통도사를 창건하였다. 신라 중기 불교계를 관장하는 대국통(大國統)으로서 많은 사찰을 창건하고 불법을 홍포하였다. 강원도와도 인연이 있어서, 650년 이후 만년에 강릉에 수다사(水多寺)를 짓고 이후 태백산에 석남원(石南院, 淨巖寺)을 세워 이곳에서 입적했다고 전한다. 이런 행장은 《삼국유사》 제5, 〈자장정율〉조에 자세히 나온다.

그런데 정작 신흥사에 관련되어서는 그다지 읽을 만한 기록이 없다. 우리나라 사찰에서 창건주에 대한 기록이 남아 있지 않은 경우는 그야말로 부지기수다. 그러니 기록이 없다고 해서 무조건 창건주에 관련된 구전을 무시하면 그만큼 우리가 이해할 수 있는 사찰 역사에 대한 절대량이 훨씬 줄어들어버린다. 사료는 비판해서 옥석을 가려야하지만,

사료 자체를 거부해서는 연구자의 태도라 할 수 없다. 연구자나 학자는 입에 맞는 것만 골라 먹는 미식가가 아니니까. 또한 맛 나는 것만 먹는 편식가가 되어도 안 된다. 음식을 고루 맛보고 품평을 해야지, 냄새만 킁킁 맡고나서 좋은 음식인지 아닌지 단정해 버린대서야 좋은 평론가라 할 수 없다. 기록에 안 보이면 허황한 이야기로 몰아가는 학자들도 사실 꽤 많은데, 꼭 그런 자세를 가질 필요는 없어 보인다. 사실 고대사 연구 경향을 보더라도 기록은 물론 중시하되, 그렇지 않은 경우는 '역사적 상상력'을 통해 고대사를 재구성하는 경우가 많다. 사찰 역사에서 이런 상상력이 없으면 너무 꽉 조인 옷을 입히는 것과 마찬가지인 것 같다.

신흥사의 첫 관문, 일주문

설악산 소공원이 끝나는 지점에 신흥사의 첫 관문인 일주문이 위풍당당하게 서 있다. 신흥사의 오랜 역사와 더불어 일주문 역시 소실과 중수를 반복해, 현재의 일주문은 1971년 성준 주지가 사천왕문과 함께 복원한 것이다. 본래 일주문은 1813년에 단속문(斷俗門)과 함께 지어진 것인데 단속문은 중간에 없어져 버리고 일주문만 남았다. 이 문은 화강암을 다듬은 디딤돌 위에 배흘림기둥을 양쪽에 세우고 그 위에 맞배지붕을 얹은 것이다. 천장 밑에는 '雪嶽山新興寺' 편액이 걸려 있는데 현대의 서예가 김찬균(金讚均)의 글씨다.

사찰의 수호신, 사천왕문

일주문을 따라 올라오면 해탈문과 불이문이 생략된 채 바로 사천왕문이 보인다. 사천왕상이 수미산 중턱에서 시방을 지키듯, 불법의 세계로 들어가기 위한 마지막 관문인 사천왕문이 사찰과 세상의 경계선에 위치해 있다. 기록에는 1811년에 사천왕문을 지었다는 내용이 있는데

신흥사 일주문

이 문은 불타 없어졌고, 지금의 사천왕문은 1972년에 새로 지은 것이다.

　사천왕문 안에는 여느 사찰과 마찬가지로 갑옷을 입고 무기를 든 채 각각 발아래에 악귀를 밟고 있는 사천왕상이 좌우로 배치되어 있다. 사천왕상은 사찰의 여러 불상 중에서도 가장 위압적인 분위기를 지니고 있다. 불화에 표현된 사천왕상도 마찬가지다. 이들의 역할이 바로 속세의 잡귀가 청정한 세계로 들어오지 못하게 하는 것이기에 이런 힘

신흥사 사천왕문

상긋은 얼굴과 모습으로 표현된다. 하지만 통일신라시대의 사천왕상은 콧수염도 기르고 몸매도 아주 날씬한 멋쟁이로 표현된다. 더군다나 은근한 웃음도 띠고 있다. 조선시대 사천왕상과는 상당히 다른 분위기를 보여주고 있는 것이다. 이런 차이는 시대적 상황에 따라 나타난 것 같다. 통일신라시대에는 불교가 국교나 마찬가지였기에 불교를 해치려는 실존적 존재가 없었으니, 굳이 험상궂게 절을 찾아오는 사람들을 맞이할 까닭이 없었을 것이다. 하지만 조선시대는 불교가 핍박받던 시절이었고, 실제로 지역의 세도가가 절에 와서 갖은 행패를 부린 경우가 아주 많았다. 그러니 절의 입장에서 외부는 경계의 대상이 될 수밖에 없었고, 이 같은 심정이 한결같이 무섭게까지 보이도록 만든 사천왕상에 그대로 녹아든 것이 아닐까 생각한다.

신흥사의 보물창고, 보제루

산사의 누각 중에서도 제법 근사한 축에 속하는 신흥사 보제루(普濟樓)는 2층 누각으로, 크기나 너비가 제법 큰 편이면서도 극락보전이 자

신흥사 보제루

리한 경내의 출입처로서 전체 가람과의 조화를 잘 이루고 있다. 보제루 아래로 난 공간에 있는 계단을 건너 경내로 올라서면 바로 눈앞에 극락보전이 보인다. 일주문을 지나 사천왕문을 들어서면 다음에 보제루가 절에 찾아온 나그네를 반긴다. 바깥에서 보제루에 들어가려면 안쪽에 난 출입문을 통하도록 되어 있어 일단 이 보제루 누각 밑으로 나 있는 계단을 올라가 경내로 들어서야 한다. 그런데 계단을 일부러 낮게 만든 것은(상대적으로 보제루 바닥을 땅으로 바짝 내붙였다) 지날 때 저절로 고개가 숙여지게끔 하기 위해서다. 우리나라 산사에서 누각이 있는 경우 상당히 많은 예가 이렇게 계단을 낮게 둔다. 그럼으로써 자칫 법당에 합장하는 것을 잊고서 그냥 지나칠지 모를 경내 통과를 막아준다. 종교의 믿음 여부를 떠나 절이나 교회나 성당에 처음 들어갈 때 두 손을 마주한다거나 적어도 가벼운 목례만큼은 하는 게 예의일 테니, 신흥사에서 보는 것처럼 좁다란 누각 밑 계단을 오르며 고개를 숙이는 일을 강제로 고개를 숙이게 만드는 억지라고 말할 사람은 없을 것 같다.

〈보제루중수기〉에는 1644년에 처음 지어졌고, 1650년과 1693년에 수리되었으며 또 1770년과 1813년 두 번 중수했다고 나온다. 지금의 보제루는 1813년 중수 당시의 모습을 그대로 갖추고 있다. 본래 누각의 사방이 열린 구조였

보제루에서 올라가는 낮은 계단

는데 1971년에 네 면에 분합문을 달았다.

대부분 절의 누각과 마찬가지로 현재 보제루는 행사를 위한 강당의 역할을 주로 한다. 또 신흥사 문화재의 보관 장소로도 쏠쏠하게 쓰인다. 1788년에 만든 범종, 황소 여섯 마리의 가죽으로 만들었다는 법고, 용머리를 한 목어 등이 이 안에 있다. 그 밖에도 신흥사의 역사가 적혀 있는 여러 매의 현판과 중수기가 벽과 대들보에 걸려 있다. 편액은 보제루의 다른 이름을 쓴 〈해악루(海嶽樓)〉를 비롯해 〈외설악루(外雪嶽樓)〉, 〈백설루(百雪樓)〉 등이 있다. 서예에 그다지 눈이 트이지 않았어도 꽤 잘 쓴 글씨 같다고 느끼게 하는 명필들이다. 현판 중에는 조선의 역대 왕과 왕비의 기일(忌日, 죽은 날)이 적혀 있는 것이 있다. 이는 왕실에서 올리는 제삿날인 국기일(國忌日)에 신흥사도 사중에서 따로 같은 제사를 올릴 정도로 왕실과 긴밀한 관련이 있었음을 나타낸다. 그밖에 목조 경판들, 1901년에 그린 칠성탱 그리고 근래 있었던 극락보전 보수 때 따로 떼어 놓아 보관 중인 벽화 3점이 보관되어 있다.

극락보전, 그를 장엄한 계단의 아름다움

신흥사의 금당 극락보전은 아미타불을 모시며 서방 극락정토에 왕생하고픈 염원을 담고 있다. 앞면과 옆면 모두 3칸씩의 겹처마 팔작지붕을 한 건물이다. 기둥의 공포 마다 용머리를 장식하는 건축 구조가 특이해 강원도유형문화재 14호로 지정되었다. 불상 위에 있는 닫집도 이 방면의 우수작으로 꼽힌다. 법당의 한쪽 면에는 1955년 학룡 스님이 그린 신중탱화가 걸려 있으며, 법당 한 쪽에 옛날 극락보전에 썼던 벽화 3점이 놓여 있다. 이 벽화는 모두 토벽에 채색을 한 조선시대 후기의 작품들이다.

또 하나 신흥사 극락보전을 더욱 아름답게 하는 것은 전각 앞면 어간의 창살문을 수놓은 '솟을꽃살문'과 협간을 수놓은 빗살문이다. 솟

신흥사 극락보전

을꽃살문은 솟을살이 교차되는 부분에 연꽃이나 모란, 국화 등을 새겨 넣고 단청을 한 것이다. 극락보전 역시 잎사귀는 녹색으로 단청을 하고 꽃은 청색·백색·적색·황색 등으로 화려하게 꾸몄다. 솟을꽃살문 자체가 조선시대에 조성된 것으로, 극락보전의 중수와 맥락을 같이 해온 것으로 추정된다. 문 장식 중에서 손꼽는 우수한 작품이다

극락보전으로 오르는 석조 계단은 아마도 사찰 건물의 계단 중에서 가장 화려한 장식일 것이다. 통도사 대웅전 계단이나 청평사 극락보전 계단 그리고 월정사 극락보전 계단도 유명하지만 이들 못지않게 신흥사 극락보전의 계단도 또한 뛰어난 작품이다. 이 계단만의 특이한 점은 여러 개의 돌로 이루어진 것이 아니라 전체가 하나의 돌로 이루어졌다는 점이다. 그리고 이 계단을 조금 떨어져서 바라다보면 전체 모양이 용이 솟구치는 모습을 하고 있음을 알 수 있다. 1761년부터 5년에 걸쳐 완성

신흥사 극락보전 벽화

극락보전 솟을꽃살문

극락보전으로 오르는
계단의 장식

한 것이다. 근래인 1977년에 보수할 때 계단을 3조로 개조한 것은 이른바 '삼계육단(三階六段)'을 상징하려 했다고 한다. 삼계육단이란 삼보에 귀의하여 육바라밀을 수행해 극락왕생함을 의미하는 계단이다. 그렇기는 해도 애초의 모습에서 다소 바뀐 점은 문화재의 원형 유지라는 측면에서 아쉬운 점이 아닐 수 없다.

'설악산 신흥사 대법당 중창기'라는 현판에는 극락보전 건축을 1647년에 시작해 1649년에 완공했고, 당시에는 대웅전이었다고 한다. 그런데 무슨 일이 있었는지 모르지만 그로부터 100년이 지난 1750년에 중건했다고 나온다. 불이 나 없어졌을 수도 있고, 건물 자체가 100년이 지나면서 약해져 새로 지었을 수도 있다. 여하튼 1750년에 중건한 모습이 지금 극락보전의 골격을 이루고 있다. 1821년에 수리를 하고나서는 지금처럼 극락보전으로 이름이 바뀌었다. 근래에는 1977년 전각 일부를 보수해 오늘에 이른다.

극락보전 아미타여래 삼존상

극락보전에 봉안된 아미타여래 삼존상은 조선시대 중기에 조성한 고불이다. 삼존상의 양식적 특징은 얼굴이 크고, 그에 비해 상체는 다소 짧은 느낌을 주는데 반면에 하체가 넓어 거의 정삼각형에 가까워 시각적 안정감을 준다는 점이다. 손의 모양은 아미타수인을 하고 있다. 아미타수인이란 아미타불이 취하는 두 손의 형태로, 신흥사의 아미타불은 오른손은 가슴까지 들어 엄지와 중지를 맞대고 왼손은 오른 발목 위에 올려 역시 엄지와 중지를 맞댄 모습을 한다.

관음보살상은 본존과 거의 같은 모습이나, 크기가 조금 작고 머리에 화려한 보관을 쓰고 있다. 화염무늬를 한 보관의 가운데는 화불(化佛)이 있으며, 보관 아래로 내려온 머리카락 중 한 가닥이 귀를 감싸고 나머지는 넓은 어깨 위로 흘러내려 조선시대 관음보살상의 전형적인 모습을 하고 있다. 옷주름은 가슴 아래로 내의를 묶은 띠가 보이며, 하의는 보살들이 착용하는 상(裳)을 입고 있다. 대세지보살상 역시 관음보살상과 비슷한 모습을 하고 있는데 보관에 화불 대신에 보주(寶珠)가 장식된 점이 다르다. 이러한 특징들로 볼 때 삼존불을 한 작가가 만들었을 것으로 추정한다.

미국 로스앤젤레스박물관에 있는 신흥사 극락보전 후불탱화

극락보전 안 아미타 삼존불상 뒤로 후불탱화가 걸려 있다. 〈신흥사사적기〉에 삼존불상의 후불탱화는 1905년에 조성한 것으로 나온다. 그런데 지금 극락보전에 걸린 후불탱화는 〈신흥사사적기〉에 나오는 그 탱화가 아니고 1970년대에 새로 그린 그림이다. 사적기에 기록된 본래의 탱화는 어디에 있는 것일까?

사실 이 그림은 1954년에 촬영된 극락보전 내부 사진에 그 모습이 담겨있어 적어도 촬영 당시까지는 잘 봉안되어 있었음을 알 수 있다. 하지만 어느 때인가 사라져버린 뒤 최근까지 어디에 있는지 소재를 알 수 없었다. 그러다가 근래 미국 로스앤젤레스박물관(LACMA)에 근무하던 한국인 큐레이터에 의해 그 박물관 수장고에 있는 것이 발견되었다. 박물관에 있는 관련 문서를 보면 1998년에 구입했다고 한다. 본래 문화재는 반출이 금지되어 있어 미술품은 항구나 항만 등에서 철저히 점검되는데, 아

LA박물관의 신흥사 극락보전 후불탱화

마도 최근에 그려진 것으로 위장되어 미국에까지 건너간 것으로 보인다. 그 당시는 여섯 조각으로 나뉘어져 있었는데 최근에 1954년에 찍은 사진을 바탕으로 전문가들이 복원했다. 복원을 마친 뒤 2012년 정식으로 대중에게 공개되었다.

지장보살 삼존상이 모셔진 명부전

극락보전 왼쪽에 명부전이 있다. 1737년에 처음 지었고, 1797년에 한 차례 중수했다. 안에는 1798년에 봉안한 시왕상과 지장탱이 있다. 1971년에도 중수된 바 있다.

명부전은 지장보살과 관련이 있어 지장전 혹은 시왕전으로도 불린다. 지장(地藏)은 모든 중생을 지옥으로부터 구제해 극락으로 인도할 때까지 성불하지 않겠다는 서원을 한 보살로 예로부터 우리나라 사찰의 명부전의 주불로 많이 봉안되었다. 우리나라의 명부전이 중국과 일본의 그것과 다른 점은 불교의 사후세계를 바라보는 명부관(冥府觀)을 기본으로 하여 도교(道敎)의 지옥사상을 흡수했다는 점이다. 그래서 명부

명부전

명부전
지장보살 삼존상

전에는 지장보살뿐만 아니라 지옥을 관장하는 대왕인 시왕(十王)들도 함께 봉안하는 모습으로 정착되었다. 1954년에 촬영된 명부전 내부 사진에도 이 시왕상이 보이고 있다.

지장보살 삼존상 복장에서 발견된 조성발원문

명부전에 봉안된 지장보살 삼존상은 보물 1749호로 지정된 고불이다. 명부전이 1737년에 중수되었을 때 함께 지장보살상을 봉안하고, 1797년 시왕상과 지장탱을 조성했다는 기록이 있어 여기까지는 누구나 이 지장보살 삼존상이 조선시대 18세기 말에 조성된 것인 줄 알았다. 그러다가 근래 이 삼존상의 복장에서 1651년에 누가 조성을 발원했다는 내용이 담긴 축원문이 발견되어 그때까지 알고 있던 것보다 150년 가까이 앞서서 만들었음이 분명해졌다. 이 축원문은 불상을 개금하고 개채(改彩)한 화원 등의 이름이 적혀 있다. 그래서 당시에 불상을 한 사람이 만드는 게 아니라 여러 사람이 참여한 일종의 분업이 있었음을 알 수 있었다. 17세기 중반 불교조각사 연구에 많은 도움이 되는 기록임은 물론이다. 이 지장보살 삼존상과 함께 봉안되었다는 시왕상과 지장탱은 없어졌고, 지금의 지장시왕탱은 1964년에 봉안되었다.

산신과 나반존자가 함께 있는 삼성각

극락보전과 명부전 사이의 높은 축대 위에 삼성각이 있다. 삼성각은 토속신과 불교가 결합한 신앙으로 생명과 복 그리고 재물을 상징하는 삼신(三神) 신앙과 관계가 있다. 한국의 거의 모든 사찰에 삼성각이 세워져 있으며, 합천 해인사처럼 칠성각·독성각·산신각을 각각 독립시켜 3개의 전각으로 세우는 경우도 있다.

신흥사 삼성각은 본래 고승 진영들을 봉안한 건물이었으나 1892년 건물이 무너지고 새로 지으면서 삼성각이 되었다. 안에는 1986년에 그린 칠성탱화를 중심으로 좌우에 산신탱화·독성탱화가 걸려 있다.

칠성탱화는 본존 치성광여래를 중심으로 일광·월광보살이 그려져 있으며 상단에는 칠불과 의인화된 남극성(南極星)이 있다. 일반적으로 칠성탱화에는 칠원성군과 칠성신을 함께 그리지만 신흥사 칠성탱화에는 이 같은 모습은 나오지 않는다. 100년이 넘은 그림이니 칠성탱화 중 고화(古畵)에 속하는데, 그림 아래에 있는 화기(畵記, 그림을 그린 과정과 참여자들의 명단을 적은 글)에 궁중의 상궁들 이름이 나와 어느 정도 궁실과 연관이 있을 것으로 추정되고 있다. 그림을 그린 금어는 경연(慶演)이다.

삼성각

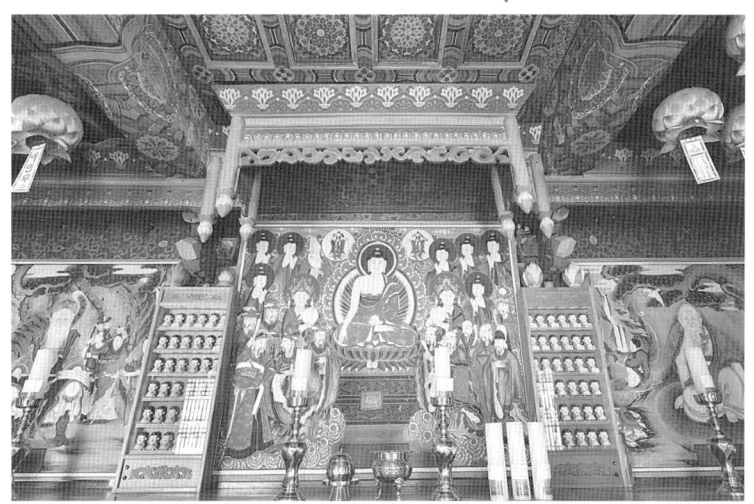

삼성각
산신탱화, 독성탱화

산신을 중심으로 호랑이와 동자·동녀를 그린 산신탱화와, 나반존자를 그린 독성탱화는 여느 산신탱화·독성탱화와는 구도가 달라서 눈길을 끈다. 독성탱은 남인도의 천태산(天台山)에서 수행한 뒤 깨달음을 얻었다는 나반존자 이야기를 그리는 것이어서 천태산을 배경으로 눈썹이 하얀 노승이 염주나 불로초를 들고 홀로 앉아있는 표현을 하게 마련이다. 그런데 신흥사 독성탱은 나반존자가 화문석에 앉아 있고 그 옆에서 동자가 차를 달이고 있으며, 주변에 학과 거북이가 함께 있는 모습이다. 그래서 불화라기보다 마치 불교와 도교의 인물이 함께 그려지는 이른바 '도석인물화'를 보는 듯하다고 말하기도 한다.

신흥사에 전해 내려오는 여러 경전들의 목판들

조선시대에 새겨진 19종 269점의 경전 목판들이 보제루에 보관되어 있다. 종류도 많고 희귀본도 적지 않다. 예를 들어 《진언집》은 우리나라에서 간행된 진언집 중 가장 완벽한 것이다. 본래 이 경판들은 1661년에 지은 해장전에 있다가 1858년 해장전을 중수할 때 구월산 패엽사(貝葉寺)의 16나한상을 옮기고 석가여래상도 함께 모시면서 해장전이 응진전으로 바뀌었고, 경판은 극락보전으로 옮겼다가 다시 보제루로 옮긴 것이다. 전문가들의 견해로는, 해장전에 오랫동안 머물렀던 경린(景麟) 스님이 지은 〈해장전중수기〉에 경판은 바다와 같은 드넓은 불법을 담고 있는 것이라고 언급한 데가 있는데다가 당시 신흥사의 규모에 비추어 볼 때 지금보다 더 많은 경판을 갖추고 있었을 것으로 추정된다.

그런데 이처럼 중요한 경판들이 1950년에 일어난 6·25전쟁의 와중에 자칫 전부 불타 없어졌을 뻔 했다. 그러나 한 군인의 우리 문화재에 대한 사랑으로 인해 그런 일은 일어나지 않았다. 이 군인은 불교인도, 그렇다고 경판에 대한 깊은 지식이 있는 학자도 아니었다. 다만 우리의 정신과 문화가 담겨 있을 신흥사 경판이 불길 속에 사라져 가는 게 안타까워 구해냈을 뿐이다. 이 군인이 바로 우리나라 민주화 운동의 대표적 인물 중 한 명으로 손꼽히는 리영희(1929~2010) 전 한양대 교수다. 리 교수는 1988년에 쓴 《역정》이라는 책에서 6·25전쟁의 와중에 자칫 불쏘시개로 사라질 뻔했던 신흥사 경판을 살려냈던 일을 회고했다. 그의 회고에 따르면 당시 스물 두 살이던 그는 보병 제11사단 제9연대에 소속되어 3·8선을 넘어 2차 북진 중 연대 본부로 사용되던 신흥사에 가게 되었다. 경내에서 추위에 몸을 녹이려고 마당에다 불을 지피고 있던 병사들을 보다가, 불 속에 장작이나 나뭇가지만 타고 있는 게 아니라 목판들이 타고 있는 걸 보고 깜짝 놀랐다. 그는 즉시 상관을 통해 불을 끄고 모든 목판들을 회수해 법당 좌측에 있는 판고에 차근차근 도로 꽂아 놓게 했다. 신흥사 경판은 이렇게 해서 불구덩이에서 살아남을 수 있었다.

그는 흔히 말하는 '불자'도 아니고 경판에 대한 지식도 없는 청년에 불과했으나, 전쟁이 끝나면 다시 한겨레로서 함께 소유하고 향유하며

신흥사 경판

향성사지 삼층석탑

나아가 후손들에게 물려주어야 할 귀중한 문화재라는 의식에서 이런 행동을 할 수 있었다고 술회했다.

오랜 세월의 이끼가 전하는 향성사지 석탑과 부도들

설악산으로 들어가는 설악동 초입에 고색창연한 삼층석탑 하나가 서 있다. 켄싱턴 호텔 바로 건너편이다. 그다지 커 보이지 않는 절터에 자리한 이 석탑 앞은 신흥사로 올라가는 찻길이고 또 그 뒤는 외설악의 계곡물이 모여 생긴 쌍천(雙川)이 졸졸 흐른다. 이 탑이 바로 신흥사

신흥사 부도밭

의 전신 향성사의 삼층석탑으로 보물 443호다. 자장 스님이 향성사를 지을 때인 652년 세워졌다고 알려져 있다. 하지만 698년 향성사가 불타버리고 절은 지금의 신흥사 터로 옮겨 중창했지만 삼층석탑은 처음 그 자리에 그대로 남아 있다. 탑 주변을 발굴했을 당시 신라 후기에서 고려 초까지의 기와 조각들이 출토되어 이 석탑이 9세기에 세워졌을 것으로 보는 이들도 있다. 그런데 찬찬히 살펴보면 삼층석탑의 구조나 구성이 좀 어색하고, 비율이 여느 삼층석탑과는 달리 딱딱 들어맞지가 않는다. 구전에 따르면 탑은 본래 구층이었고 임진왜란 때 파괴되어 삼층만 남았다고 한다. 아닌 게 아니라 탑신을 얹은 기단부의 크기로 볼 때 적어도 오층 이상은 되어 보인다. 그래도 이 석탑을 보고 '석탑 특유의 소박함과 질서 정연함을 느끼게 해 주는 정갈함'이 있다고 말하는 이도 있다. 1966년 12월 해체 보수할 때 사리장엄을 넣는 사리공 구멍이 보였지만 정작 사리장엄은 남아 있지 않았다. 아마도 이전에 도굴되었던 것 같다. 2000년에 한 번 더 중수했는데 그 때 삼존불상, 다라니경, 〈중수기〉 등을 봉안했으니, 앞으로 천 년 후에나 사람들에게 다시 보이게 되기를 바라는 마음이다.

  설악산 국립공원 매표소를 지나 오른쪽으로 가면 별도로 만든 공간 안에 최근에 세운 오층석탑이 있고, 그 뒤에 부도 18기와 부도비 6기 그리고 일부가 조금 부서진 부도 하나가 놓여 있다. 이 부도밭은 처음엔 절 입구에 있었는데 최근에 절 주변을 정비하면서 지금 자리로 옮겼다. 부도밭 전체가 강원도문화재자료 115호로 지정되었다. 1792년에 세운 대원당탑(大圓堂塔)이 가장 오래되었고, 비석으로는 이조판서를 지낸 조돈(趙暾, 1716~1790)이 글을 짓고 양근(楊根, 지금의 양평군) 군수를 지낸 김상숙(金相肅, 1717~1792)이 쓴 〈설악산 신흥사 사적비〉가 연조가 가장 깊다. 부도가 대원당탑 외에는 시대를 정확히 알기 어려운 데 비해, 비석은 위에서 말한 신흥사 사적비 말고도 조선시대 후기에 좌의정을 지낸 이복원(李福源, 1719~1792)이 짓고 문인화가로 잘 알려진 강세황(姜世晃, 1713~1791)이 쓴 〈용암당대선사비(龍巖堂大禪師碑)〉, 평안감사와 우의정을 지낸 유언호(兪彦鎬, 1730~1796)가 짓고 명필로 알려진 조윤형(曺允亨, 1725~1799)이 쓴 〈대원당대선사비〉가 연대로나 내용으로나 단연 눈길을 끄는 비석들이다. 글을 지은 이나 글씨를 쓴 이 모두 조선시대 후기의 명망 높은 학자이자 예술가 그리고 고위관리들이다. 이들이 승려들의 비석 건립을 거든 것은 그만큼 당시에 불교가 나름대로 사회적으로 적지 않은 영향력을 갖추고 있었기 때문이다. 다시 말해서 흔히 말하는 '숭유억불'의 정책은 적어도 18세기에 들어와서는 그다지 유효하지 않은 채 사회 기층의 많은 사람들이 불교에서 마음의 위안을 얻었던 상황을 이 비석들을 통해 짐작해 볼 수 있을 것 같다.

이 부도밭 말고도 안양암 가는 길에 현대에 조성한 고암 스님과 성준 스님의 부도가 있고, 안양암에서 내원암으로 가는 길에도 부도 2기가 있다. 또 내원암과 흔들바위로 갈라지는 등산로에도 5기의 부도가

신흥사 사적비(좌)
대원당대선사 부도(우)

진흥사 범종

있는데 양식으로 볼 때 조선 후기에 세워진 것으로 보인다.

18세기에 만든 신흥사 범종과 금고

강원도 유형문화재 164호인 신흥사 범종은 1788년에 만들었다. 몸체에 이 범종을 만든 시기와 관련 인사 그리고 만든 장인 등을 새겨 넣은 '乾隆十三年戊辰 七月日鑄成…乾隆五十三年戊申 七月日 重鑄而…'라는 글자가 있다. 한눈에 봐도 잘 만든 범종이라고 느껴지지만, 6·25전쟁 때 총탄을 맞아 현재는 사용하지 못하는 게 아쉽다. 지금은 보제루에 있다.

신흥사 금고

금고(金鼓)는 글자 그대로 '쇠로 만든 북'인데 전각 안에서 예불 같은 의식을 할 때 꼭 사용되는 긴요한 물건이다. 신흥사 금고는 강원도유형문화재 163호로 지정되었다. 몸체에 '乾隆五十三年戊申七月日重鑄六十斤 神興寺'라는 글자가 음각으로 새겨져 있다. 1788년 범종을 만들 때 함께 제작되었고, 지금은 보제루에 보관되어 있다.

순조 임금이 내린 청동 시루

신흥사 청동 시루

신흥사에는 조선 후기의 임금 순조(純祖)가 하사한 것으로 전해지는 청동 시루가 있다. 시루는 밥이나 떡을 찌는 데 사용하는, 바닥에 구멍이 뚫린 주방 기구인데 대부분 재질이 청동이다. 시루는 음식을 담는 용도인 만큼 흔하게 전할 것 같이 생각되지만 사찰에서 쓰던 시루는 아주 드물다. 신흥사 시루 외에 통도사·범어사 등에 이런 청동 시루가 전한다. 그런데 그 중에서도 신흥사 시루는 몸체에 새겨진 글씨가 있고 여기에 만든 시기, 주성을 주관한 승방의 요직과 시주방명록 등을 적어 넣었다. 주로 사찰 관계자 이름들인데 전하기로는 순조 임금이 절에 하사한 것이라고 한다. 그래서 문화재적 가치뿐만 아니라 신흥사의 사세와 왕실과의 관계를 보여주는 귀중한 자료로 평가된다.

신흥사 통일대불을 바라보며

신흥사 일주문을 지나면 오른쪽에 거대한 청동부처님이 눈에 들어온다. 건국 이래 전쟁 등으로 희생된 사람들을 위로하는 위령대제와 남북 평화통일을 기원하기 위해 조성한 것이다. 1987년 8월 조성에 들어가 완성할 때까지 10년이나 걸린 장기간의 불사다. 1997년 10월 25일 점

신흥사 통일대불좌상

안대법회를 봉행할 때 미얀마 정부가 1992년 기증한 부처님 진신사리 3과와 다라니경, 칠보 등의 복장 유물을 함께 봉안했다. 이 통일대불은 석가여래좌상으로 불상의 높이만 14.6m이고 좌대를 포함한 전체 높이는 18m에 달한다. 일본 나라(奈良)의 도다이지(東大寺) 대불의 14.7m보다도 큰 대불이다.

  이 대불은 신흥사 사역 입구에 있어서 누구나 이 앞을 지나며 절을 오고간다. 대불 앞에서 정성스런 기도를 하기도 하고, 삼삼오오 모여 기념사진을 찍기도 한다. 이제는 신흥사의 가장 큰 상징이 되었고, 여기를 다녀온 사람들은 이 대불을 먼저 떠올리는 것 같다. 어떤 사람들은 요즘 우리가 너무 크기에 집착하는 게 아니냐며 질타하기도 한다. 불상을 예로 들면 한국최고는 보통이고 동양최대 혹은 세계최대를 외치니, 불교가 언제 이렇게 큰 것만 따졌느냐고 목소리를 높인다. 확실히 외형의 크고 작음이 진실과 진리의 척도가 될 수는 없다. 뭐든 중요한 건 내실이고 눈으로 볼 수 없는 마음이니까. 하지만 그렇다고 크기가 전혀 의미 없는 것은 아니다. 불교미술은 단순한 감상만을 위한 것이 아니라 이를 보는 사람들에게 위안을 주기 위해 만든다는 점을 떠올리면 더욱 그렇다. 작으면 많은 사람들이 함께 바라보기 어렵다. 다 함께 보기 어려우면 일부 사람들에게만 허용이 되고, 그렇게 되면 힘 있는 사람의 독차지가 되기 십상이다. 크고 열려 있어야 독차지하려는 사람이 안 생기고 많은 사람들이 함께 향유할 수가 있다. 고려 불상의 특징 중 하나가 거불(巨佛)인데, 바로 불상의 대중 향유를 목적으로 이런 양식이 나타난 것 같다. 그렇게 보면 꼭 '최대'를 목표로 해서가 아니라 크기가 큰 불상은 나름대로 의미가 있음을 깨닫게 된다. 신흥사 청동대불도 바로 이렇게 신흥사가 힘 있고 불상을 권위적으로 보이기 위해 크게 만든 게 아니라, 많은 사람들이 모두 불법(佛法)을 느끼고 향유할 수 있도록 한 것으로 생각한다. 청동대불을 바라보며 불교미술은 참 여러 가지 의미를 담고 있구나 하고 새삼스레 감탄을 연발했다.

고성 건봉사

금강산은 흔히 북한 지역에만 있는 것으로 생각하기 쉽지만, 건봉사가 자리한 산자락도 바로 그 금강산의 한 부분이다. 금강산의 줄기는 아니지만 그 줄기가 한참을 남으로 뻗어내려 마무리 한 곳이 바로 건봉사 일대다. 그래서 예로부터 건봉사를 부를 때 '금강산 건봉사'라고 했다. 민족의 영산인 금강산이 남쪽으로 뻗어내려 끝자락을 이룬 곳에 있는 건봉사는 6·25전쟁 이전까지만 해도 우리나라 4대사찰의 하나로 꼽던 대찰이자 31본산의 하나로서 명망을 떨쳤던 곳이다.

건봉사는 조선시대에 사명대사가 이곳에 진신사리를 봉안한 이래 일제강점기까지 우리나라의 손꼽는 대찰이었다. 하지만 시절은 덧없음을 보여주기라도 한 걸까, 일본의 무력강점으로부터 독립한 민족적 경사를 맞아 얼마 되지도 않아 같은 민족끼리 이념으로 갈라져 남과 북이 맞서게 되었다. 그리고는 급기야 1950년 6·25전쟁의 아수라장으로 떨어져버렸다. 이 민족의 비극으로 숱한 우리의 절들이 사라져버렸고, 건봉사 역시 그 중의 하나였다. 드넓은 절터에도 불구하고 빼곡하게 들어선 수십 개의 전각들로 경내를 걸어 다니기가 비좁았던 건봉사가 완전히 폐허가 될 줄 아무도 몰랐었다. 건봉사의 명성으로야 전쟁이 끝나면 곧바로 재건될 가능성은 충분했건만 아직 건봉사에 중창의 인연이 안 되었는지 종전 후에 이 자리를 비롯한 일대가 '민간인출입통제선', 이른

건봉사 전경

바 민통선 안에 포함되어버려 사찰 관계자 외에는 출입이 통제된 것이다. 사찰의 중창에는 신도들의 참여가 반드시 필요한 일이었지만 민통선을 두고 사찰의 스님들조차 자유롭게 오갈 수 없었던 상황에서 이런 기대를 한다는 것은 엄두도 낼 수 없었다. 다행히 1992년 여름부터 이곳의 출입이 가능해져서 누구나가 옛 성지를 찾아볼 수 있게 되었고, 이후로 중창의 기운이 조금씩 일어나기 시작했다. 민통선 출입도 해제되었다고는 하지만 그래도 입지가 남한의 최북단인데다가 근처에 군부대가 많아서 민통선 해제 후에도 한동안 인적은 여전히 뜸했었다. 그러나 그로부터 20년이 지난 지금에는 조선시대의 성관(盛觀)에는 아직 멀었지만 그런대로 대웅보전을 비롯해 여러 전각이 들어서면서 일단 절로서의 모습은 어지간히 갖춰가는 것 같다. 최근에는 사명대사기념관도 들어서면서 그 옛날의 위용을 되찾아가려 애쓰고 있는 중이다. 여름이면 숲이 무성하고 가을이면 단풍이 아름다워 사찰의 정겨운 풍경을 찾기에 더없이 좋은 곳이라, 이를 아는 사람들이 꾸준히 찾아간다.

건봉사는 6·25전쟁 때 모든 건물이 불타 없어졌다가 근래에 들어와

만해 한용운 시비(좌)
조영출 시비(우)

일부 구역이나마 중창이 이루어져 지금의 모습을 이루었다. 그 전 일제강점기까지만 하더라도 조선시대의 위용은 그대로 이어져왔던 것 같다. 그런데 근대의 건봉사 역사에서 봉명학교를 세우는 데 애쓰며 학인 스님과 청소년들의 교육에 많은 역할을 했던 금암(錦庵) 스님 그리고 그 문하에 입문해 근래까지 건봉사를 지켰던 설산(雪山) 스님 등은 근대기 건봉사 역사에서 잊지 말아야 하는 분들이다. 또 한 사람의 건봉사 인물로 조명암(趙鳴巖)이 있는데, 그와 건봉사를 일치시켜 떠올릴 수 있는 사람은 많지 않다. 그는 만해 밑에서 출가해 봉명학교에서 공부하며 젊은 시절까지 건봉사에서 수행했던 스님이었다. 문학적 재능이 남달랐는데 아마 그 때문에 스님으로 만족하지 못하고 환속했던 것 같다. 이후 그는 활발한 저작 활동을 통해 근현대의 재능 넘치는 신문학가, 대중가요의 유명 작사자로 활동했다. 이런 인연으로 지금 건봉사 입구에는 만해 한용운 시비와 함께 〈조영출 시와 노래비〉가 세워져 있다. 조영출(趙靈出)은 그의 이명이다. 〈목포의 눈물〉, 〈신라의 달밤〉, 〈낙화유수〉, 〈고향초〉 등의 주옥같은 노랫말이 바로 그가 쓴 가사다. 모두 대중가요로 커다랗게 히트한 작품들이다. 노랫말 속에 일제강점기를 지내오며 나라 잃은 사람들의 한을 '고향'이라는 시어에 투영해 지은 〈고향초〉마냥 그의 작품들은 모두 가을볕에 잘 익은 붉은 홍시마냥 시적인 정감이 물씬 풍기고 있는 것 같다.

우리나라 불교의 부침과 함께 한 건봉사의 역사

아도 스님의 창건과 발징대사의 염불만일회

건봉사의 창건은 지금으로부터 1500년 전으로 거슬러 올라간다. 본래 이 지역은 삼국시대에 고구려와 신라가 서로의 영토 확장을 위해 맞서던 곳이다. 520년에 아도(阿道) 스님이 창건할 당시는 고구려 땅이었다. 아도 스님은 절 이름을 원각사(圓覺寺)라 하였으며, 13년 뒤인 533년에 산내 암자로 보림암(普琳庵)과 반야암(般若庵)을 지었다.

창건 당시는 소박한 규모였을 것이나 차츰 경내를 넓혀가고 거기에 전각을 지어가면서 사세도 커져갔다. 통일신라 때인 758년에 발징(發徵) 스님이 중건을 시작했는데 이 일의 단초는 정신(貞信)·양순(良順) 스님과 함께 염불만일회(念佛萬日會)를 개설한 데에 있다. 건봉사는 이 결사(結社)를 통해 전국의 주목을 받게 되었기 때문이다. 염불만일회란 만일(萬日), 그러니까 30년 동안 염불을 멈추지 않고 하는 수행인데 이 염불만일회의 첫 시도가 바로 건봉사에서 이뤄진 것이다. 이때 승려 31명과 신도 1,820명이 참여하면서 신도 120명은 의복을, 1,700명은 음식을 담당하여 염불승에게 베풀었다고 한다. 특히 의복을 맡은 신도는 매년 포(布) 한 단(端)씩을, 음식을 맡은 신도는 매년 백미 한 말과 깨끗한 기름 한 되씩을 헌납하였다는 기록이 〈건봉사사적기〉에 전하고 있어, 당시의 시물(施物) 및 공양풍습을 알 수 있게 한다. 1만일을 채운 757년 이후엔 만일염불을 원만하게 성취한 공덕이 하나씩 나타나기 시작했다. 염불만일회에 참여했던 염불승 31명이 아미타불의 가피를 입어 극락에 왕생하였고, 그 뒤 참여했던 많은 신도들이 차례로 극락왕생하는 이적(異蹟)이 나타난 것이다. 이로부터 수많은 신도들의 발길이 이어졌고, 발징 스님은 이듬해인 758년에 중창을 시작할 수 있었다.

810년도 건봉사에서는 중요한 해가 되었다. 중국 당나라에 유학해서 현수(賢首) 스님에게 화엄학을 배우고 귀국한 승전(勝詮) 스님이 이 해에 건봉사에서《화엄경》을 대중들에게 알리는 강설(講說)을 하기 시작했고 그 결과 앞서 염불만일회의 성공을 통해 얻은 염불종(念佛宗)의 본찰이라는 영예에 더해 화엄종찰(華嚴宗刹)로도 유명해졌기 때문이다. 승전 스님은 갈항사 삼층석탑에 새겨진 명문에도 그 이름이 나온다. 이어서 845년에 산내암자로 백화암(白華庵)을 창건했는데, '백화'란 관음보살을 상징하는 말이다.

고려와 조선시대, 일등 사찰로서의 사격을 쌓다

고려는 신라를 이어 불교를 국교로 숭앙해 대중화가 더욱 이뤄져 전국에 숱한 사찰이 새로 세워졌다. 다만 대부분 사찰에 자료가 제대로 전하지 않은 것처럼 건봉사 역시 자료가 없어서 이 시대 역사를 뚜렷하게 말하기가 어렵다. 건봉사는 〈건봉사사적기〉에 고려왕조가 시작된 지 20년 뒤인 937년에 도선(道詵)국사가 태조의 명을 받아 건봉사를 중수했다는 기록이 있다. 도선국사는 건봉사의 풍수를 살핀 뒤 절 서쪽에 있는 봉황새 모양의 바위에 주목해서 절 이름을 서봉사(西鳳寺)로 바꾸었다고 한다. 그런데 이 이야기는 도선국사의 비석에 그가 입적한 해가 898년이라고 나와 있어서 연대가 정확한지 의문이다. 그래서 어떤 이는 이 이야기를 부정하기도 한다. 아마도 〈건봉사사적기〉에 연대 착오가 있었거나, 도선국사의 제자가 중건한 것을 그냥 '도선국사의 중건'으로 쓴 것일 수도 있다. 실제로 우리의 사찰 역사를 살펴보면 역사상 중요하게 여기는 인물을 창건주로 해서 전하는 이야기가 아주 많다. 사찰에 전하는 창건담을 갖고 얼추 살펴봐도 의상 스님은 200곳, 원효 스님도 150곳 정도의 사찰을 창건한 것으로 나온다. 따라서 이런 숫자는 그들의 제자가 창건한 절까지 포함되어 있다고 보는 게 합리적이다.

이후 945년에 봉암암(鳳巖菴)·청련암(靑蓮菴)·극락암(極樂菴), 이어서 1161년에도 보리암(菩提菴)·적명암(寂明菴)·대성암(大聖菴)과 같은 산내암자를 더 지었다. 아마도 이 무렵이 규모로 볼 때 건봉사의 최전성기가 아니었을까 한다.

도선국사 외에도, 고려의 대표적 승려인 나옹(懶翁) 스님도 건봉사 중건의 인연이 크다. 그는 10여 년간 중국에서 공부하고 1358년 귀국한 뒤 절을 중수했고, 새로운 기운을 얻기 위해 '건봉사'로 절 이름을 바꾸었다. 이때 나옹 스님의 이름을 듣고 전국에서 그야말로 구름처럼 승려들이 모여들었다고 한다. 그래서 이들이 머물고 수행할 공간을 위해 중건 이듬해에 백련암(白蓮菴)·보문암(菩門菴)·상원암(上院菴)·대원암(大願菴)을 새로 지었다고 한다. 이로써 건봉사는 염불과 화엄과 선(禪)의 수행을 함께 갖춘 전국 최고의 사찰이 된 것이다.

조선시대는 사찰들의 고난기였지만 몇몇 중요 사찰들은 예외적으로 그 존재가 인정되었는데, 건봉사도 그 중 한 곳이었다. 조선시대에 건봉사는 그다지 위축되지도 않았고 오히려 왕실의 보호를 받으며 사세(寺勢)를 이어나갔다. 그 시작은 호불왕(護佛王) 세조로부터 비롯된다. 1465년 이 절에 행차한 세조는 건봉사를 자신의 원찰로 삼고, 친필 동참문을 써 주고 논밭도 내려주면서 역대 왕들의 위패를 봉안하는 어실각(御室閣)을 짓도록 했다. 어실각이 있어서 조선시대 말까지 어떤 권력자나 유생들의 횡포에 시달리지 않는 수행처로 이어올 수 있었기에 건봉사로서는 굉장한 지원을 얻은 셈이었다.

세조의 아들 예종은 즉위와 동시에 교지를 내려 건봉사를 원당으로 삼고, 승려에게 부과했던 노역을 건봉사 승려들은 면제시켜 주었다. 또한 성종은 1470년 즉위하자마자 효령대군(孝寧大君)·신숙주(申叔舟)·한명회(韓明澮)·조흥수(趙興洙) 등을 파견해 노비와 미역밭·소금밭을 하사하고, 사방 10리를 건봉사 소유의 산으로 정하였다. 이렇게 16세기 중반까지 건봉사는 왕과 왕실의 원찰로서 쇠퇴하기는커녕 본래의 모습을 그대로 유지할 수 있었다.

하지만 새로운 시련이 기다리고 있었다. 1592년부터 일어난 임진왜란의 아비규환 통에 같은 운명을 겪었던 다른 많은 사찰들처럼 건봉사 역시 상당한 타격을 입어 숱한 건물들이 먼지 속에 잿더미가 되어 사라져버렸다. 하지만 건봉사만의 '예외적' 생명력은 일찌감치 되살아났다. 전쟁이 끝난 뒤 불과 4년 만인 1602년에 선조의 비 의인왕후(懿仁王后)에 의해 세금 5결(結)을 면제받으며 복원의 힘을 비축하기 시작했다.

임진왜란으로 인한 폐허화, 진신사리의 봉안

얼마 뒤 건봉사로서는 생각하지도 않던 중창의 좋은 기회가 생겼다. 임진왜란 초기에 왜군이 파죽지세로 몰려올 때 그들은 양산 통도사를 대거 약탈했는데, 그 때 통도사 사리계단에 모셔져 있던 불교 최고의 보물인 부처님 진신사리가 탈취되었다. 이 진신사리는 전쟁 후 1605년 사명(四溟)대사가 극적으로 일본에서 되찾아왔고, 사명대사의 스승 서산대사가 그 일부를 건봉사에 나누어 봉안토록 했던 것이다. 건봉사는 임진왜란이 일어나자 가장 처음 승군이 조직된 곳이라 상징적 의미가 클 뿐 아니라, 강원도 기슭이라 혹시 변란이 다시 생기더라도 왜군이 이곳까지 오는 데는 시간이 걸리므로 대책을 세우는 데 편했기 때문이다. 이로 인해 진신사리를 모시게 된 건봉사의 사격은 훨씬 커졌다. 그 힘을 받아 1606년 사명대사와 혜능(惠能) 스님이 중심이 되어 건봉사 중건을 시작했다. 그로부터 40여 년이 지난 1650년에 효종이 교지를 내려 원당으로 정하고 어실각을 중건했다는 기록이 나오는데, 아마도 이 해에 1606년에 시작된 복원 불사가 완성된 것을 기념하려는 의미였을 듯하다.

1683년에는 현종의 비 명성왕후(明聖王后)가 불장(佛帳)·가사와 함께

1,000금을 사주하여 불상을 개금했다. 왕비가 직접 참여한 불사였으니 그 규모와 완성도는 대단하였을 것이다. 이렇게 왕실이 나서서 절에 물자와 비용을 대는 경우는 조선시대 사찰로서는 아주 예외적인 일이었다. 1724년 채보(彩寶) 주지가 구층탑을 세워 불치아를 봉안하자 명성왕후는 기뻐하며 다시 1,000금을 시주했고 이 불사금은 1726년 석가치상탑비(釋迦齒相搭碑)를 세우는 데 긴요하게 쓰였다.

1754년 영조의 비 정성왕후(貞聖王后)의 시주로 석가여래상을 만들고, 팔상전을 지어 그녀의 원당으로 삼았다. 정성왕후를 남달리 아꼈던 영조는 8월에 아버지 숙종이 그렸던 〈어제절함도(御製折檻圖)〉와 함께 자신의 글씨를 내려 어실각에 봉안토록 했다. 1849년 당시 임금인 헌종이 서거하자 순원왕후가 헌종의 극락왕생을 기원하며 절에 금품과 각종 집기를 하사했다. 또 1851년 벽오 유총(碧梧侑聰) 스님이 건봉사 역사상 세 번째 만일회를 시작했으나 1863년에 철종이 승하하므로 기약한 30년을 채우지 못하고 이듬해에 만일회를 회향했다. 국상을 당한 상황에서 만일회 염불을 계속하기 어려웠기 때문이다.

조선이 명운을 다하고 대한제국이 들어서서도 건봉사의 움직임은 그치지 않아 1906년에 '석가영아탑봉안비(釋迦靈牙塔奉安碑)'를 세웠다. 이 무렵 아주 중요한 일이 하나 생긴다. 근대식 학교제도를 갖춘 봉명학교(鳳鳴學校)를 건봉사에서 세운 것이다. 사찰에서 이렇게 근대식 교육기관을 세워 지역의 인재들을 체계적으로 육성한 경우는 건봉사가 처음이었다. 아쉽게 이 봉명학교는 식민지 국민들이 근대교육을 받는 것을 달가워하지 않은 일제의 조치로 1907년에 폐교되지만, 이런 근대교육의 열기가 다른 곳도 아니고 사찰에서 일기 시작했다는 것은 큰 의미를 갖는 것이다. 훗날 만해 스님을 비롯해, 봉명학교에서 공부했던 설산(雪山) 등 여러 건봉사 스님들이 독립운동에 나선 것도 결코 우연이 아니었을 것이다.

1908년 창사(創寺) 이래 네 번째 만일회 회향을 7일 동안 성대히 거행했다. 그리고 곧바로 금암 의훈(錦岩宜熏) 스님이 다섯 번째 만일회를 열었다. 1915년에 그 옛날 첫 번째 만일회가 원만히 회향하고 거기에 참여했던 31명의 스님들이 극락왕생했던 장소인 소신대(燒身臺)에 부도를 세웠다. 또 간성에 포교소를 지었는데, 이는 사찰이 아닌 도심에 포교당을 지은 최초의 예에 해당한다.

1921년 인천에 포교당을 열고 봉림학교(鳳林學校)를 세운 것은 건봉사의 교육 열망의 전통이 그대로 이어진 것이라고 할 수 있다. 이를 기념해 당시의 고승인 한암(漢巖) 스님이 건봉사의 요청으로 무차선회(無遮禪會)를 베풀었다. 봉림학교는 1924년에 아쉽게도 폐교되었다. 비록 '학교'를 통한 근대 교육 실현은 총독부의 방해 때문에 뜻대로 되지 않았지만 1927년 '불교전문강원'을 설립한 것으로 그나마 아쉬움을 달랠 수 있다. 그래서 장학금을 받는 '공비생(公費生)' 서른 명을 뽑아 근대 교육의 맥을 잇게 했다. 이 무렵 원옹 덕성(圓翁德性) 스님이 화주로 뽑혀 다섯 번째 만일회를 이어나갔다.

건봉사의 가람배치

현재의 건봉사 터는 크게 다섯 구역으로 나누어진다. 일찍부터 건봉사의 중심을 이루었던 대웅전 지역, 불이문을 들어서면 '나무아미타불'이라고 새겨진 석주 왼쪽으로 펼쳐졌던 극락전 지역, 영지(影池)를 지나면 바로 나타나는 낙서암 지역, 낙서암 지역 위쪽의 사리탑을 중심으로 전개되는 팔상전 지역, 그리고 이들 네 지역에 속하지 않는 기타지역으로 대별된다. 하지만 낙서암 지역이나 팔상전 지역은 현재 건물이 있는 것이 아니라 예전의 절터만 남아 있다.

건봉사 내경, 대웅전
명부전, 적멸보궁
산신각

예전에는 신행과 수행, 주거와 기타의 기능을 함께 갖추고 있었던 건봉사에는 대웅전을 중심으로 관음전·사성전(四聖殿)·명부전·독성각·산신각·대지전(大持殿)·동지전(東持殿)·어실각(御室閣)·범종각·만일원(萬日院)·보안원(普眼院)·선원(禪院)·수침실(水砧室)·봉서루(鳳捿樓)·요사 등이 있었다.

그러나 지금은 사역이 예전에 비해 상당히 줄어들어 있다. 불이문을 지나면 계곡 너머에 홍예교인 산영교가 있고, 이 다리를 건너면 나오는 대웅전 구역과, 산신각을 지나 있는 적멸보궁 구역이 경내의 전체다.

고성 건봉사

건봉사의 문화재

6·25전쟁의 아픈 추억이 남은 대웅전

대웅전 구역을 대표하는 금당이다. 본래 이 자리엔 강원(講院)이나 요사 같은 건물이 있었는데 여기에 대웅전이 들어선 것은 1957년이었다. 그런데 이 대웅전을 보면 6·25전쟁의 아픔이 떠오르는 한편 또 그 상흔을 치유하겠다는 간곡한 기원도 느껴진다. 드넓은 건봉사터는 전쟁으로 폐허로 변했다. 그보다 더 슬픈 것은 전쟁 통에 숱한 사람들이 희생되었다는 점이다. 당시 이곳에 주둔하던 군부대가 이런 희생자들의 슬픈 영혼을 위로하기 위해 대웅전을 지은 것이다. 당시 이 지역은 민간인들이 출입할 수 없었던 이른바 '민통선' 안이었던 데다가, 60년 전에는 수도 서울에서도 건물 하나 짓기가 쉽지 않았던 때였는데 앞면 6칸, 옆면 4칸에 팔작지붕까지 법당으로서의 풍채를 훌륭히 지었으니 평화와 위로를 바라는 마음이 얼마나 곡진했는지 느끼게 해 감동스럽기까지 하다. 갖가지 어려움을 무릅쓰고 건봉사 금당을 지었던 군장병들의 노고가 컸을 것이다. 이 건물은 낡아버려 1975년 지금의 대웅전이 새로 그 자리를 대신하게 되었지만, 아직 전운이 다 가시지 않은 최전방에서 장병들이 지은 대웅전을 떠올리면 뭔가 애틋한 기분이 들면서 바로 이런 것이 순수한 '신앙'이자 불교에서 말하는 인연(因緣)이겠구나 하는 생각이 든다. 대웅전 안에는 1975년에 봉안한 석가삼존불과 신중탱·산신탱 등이 있다.

대웅전과 더불어 건봉사가 전쟁의 기억을 보존하는 사찰이라는 또 하나의 흔적은 명부전이다. 안에 지장보살좌상을 봉안하였는데, 6·25전쟁 때 산화한 군인을 비롯한 숱한 사람들의 영령을 모시고 있어 건봉사 명부전은 뜻이 더욱 선명하다.

건봉사의 최고 명당 산신각

맞배지붕에 앞면 1칸, 옆면 1칸의 규모를 하고 있다. 대웅전 구역에서 훌쩍 벗어나 적멸보궁으로 가는 길목에 있다. 안에는 산신탱이 봉안되어 있다. 멀리 입구에서 보면 높다란 봉우리 밑에 마치 산 속 깊숙이 자리한 누각 한 채가 서 있는 것 같다. 풍수를 연구하는 사람들 말로는 건봉자 자리 중에서도 여기가 최고의 명당이라 한다.

적멸보궁과 세존영아탑과 탑비 그리고 사리의 영험담

건봉사에는 사명대사가 모셔 놓은 진신사리를 봉안했던 사리탑인 세존영아탑(世尊靈牙塔)이 있고, 이 탑을 참배하기 위한 적멸보궁이 있다. 적멸보궁 옆에 있는 사리전(舍利殿)은 십 수 년 전 적멸보궁 구역을 발굴한 뒤, 조선시대에 지었던 사리봉안을 위한 전각으로 추정되는 건물터를 복원한 것이다.

세존영아탑은 글자 그대로 부처님의 치아사리를 봉안한 탑이다. 1605년 사명대사가 일본에서 되찾아 온 부처님의 치아사리를 봉안하기 위해 1724년에 지었다.

이 사리탑은 높이 3.45m로 굉장히 당당하고 큰 편인데, 미술사적 관점으로 보면 조선시대 후기의 양식에서 벗어난 새로운 디자인이 나타난다는 점이 가장 눈에 띈다. 맨 아래 기단이 팔각인 것은 우리나라 부도의 전통적인 모습인 팔각원당형을 따랐고, 또 여덟 면마다 안상(眼象)을 새겼으며 상대석·중대석·하대석 등이 전체적으로 연꽃 모양으로 조각된 점도 그렇게까지 색다른 점은 아니다. 또 기단부 중대석에 동심원을 새기고 그 안에 범자(梵字)와 만자(卍字)를 새겨 넣은 점은 고려 이후에 나타난 장식수법이다. 그렇지만 상대석과 중대석 사이에 놓인 16개의 연잎으로 이뤄진 두툼한 고임돌에 16개의 십자문양을 새겨 놓은 것은 꽤 보기 드문 예다. 이 고임돌의 연잎 모습을 사람이 웃는 얼굴처럼 보인다고 하거나, 두 발을 힘차게 땅에 딛고 두 손을 들어 무언가를 번쩍 들어 떠받치는 형상이라고 표현하기도 한다. 보기에 따라서는 그렇게 보일지도 모르겠다. 하지만 이런 말들은 사람들이 이 부도를 재밌게 표현하려고 한 말로, 옛날 작가가 이 부도를 처음 만들 때 이런 모습을 의도해서 형상화하려 한 것은 물론 아니다. 어쨌든 이런 모습은 다른 데서나 다른 시대에서는 볼 수 없는 독특한 형식임은 분명하다. 옥개석 위에는 노반(露盤)·복발(覆鉢)·보륜(寶輪)·보주(寶珠) 등이 차례로 놓여 있다. 그런데 그 하나하나가 신라에서 비롯된 팔각원당형 부도의 그것들과는 사뭇 다른 느낌을 준다. 적당한 비례를 중시했다기보다는 위로 높다랗게 솟은 모습에 비중을 많이 두었고 또 어떻게 보면 둔중한 게 아닌가 하고 느껴질 만큼 비례감도 크게 준 편이다. 이런 형식은 고려 후기에 우리나라에 많은 영향을 준 라마교의 영향 때문으로 보인다.

세존영아탑과 탑의 고임돌 부분

　300년 전 이 탑에 봉안되었던 진신사리가 사람들에게 모습을 다시 보인 것은 1986년 6월에 일어났던 도굴 때문이었다. 당시만 해도 민통선 안에 있어 사람들이 출입하기 어려운 점을 노린 도굴꾼들은 대학 조

석가영아탑봉안비

사단으로 위장해 검문소를 통과했고, 경내에서 기회를 엿보다 아침에 세존영아탑을 열고 그 안에 있던 사리장엄을 훔쳐 달아났다. 그런데 이 사리장엄과 사리를 되찾은 것은 사람들이 아니라 기적 같은 영험(靈驗)이 있어서였다. 도굴한 뒤 어느 날부터 도굴꾼들은 한결같이 부처님이 나타나 "사리를 돌려주라"고 꾸짖는 꿈을 며칠 동안 계속 꾸었다. 이들은 이후 불안에 떨다가 결국 도굴 한 달 만에 서울의 한 호텔에다 훔친 사리를 맡겨놓고는 경찰에 익명으로 제보했다. 나중에 알려진 바로는 훔친 사리는 모두 12과인데 되돌려진 것은 8과이고 나머지 4과는 도굴꾼 중 한 명이 끝내 갖고 달아나 지금까지 어디 있는지 알 수가 없다고 한다. 이렇게 되찾게 된 진신사리 8과는 1996년 지은 적멸보궁 안 석탑에 3과, 만일염불원 법당에 5과가 봉안되었다.

부도 앞쪽에 1906년에 건립한 비가 있다. 직사각형의 대좌 위에 1.8m 높이의 오석(烏石)으로 만든 비신을 세우고 그 위에 운산형(雲山形)의 옥개석을 올려놓았다. 이 옥개석의 중앙에는 삼태극(三太極)을 새겨 놓았고 비의 정상에는 보주를 얹어 놓았는데, 이런 모습은 구한말 때 자주 나온다. 또 이 탑비와 세존영아탑 주위에도 주인공을 알 수 없는 조선시대의 부도 2기가 있다. 하나는 높이 1.72m에 옥개석이 있고 다른 하나는 높이 1.82m의 석종형 부도다.

가장 아름다운 무지개다리, 산영교

건봉사에는 모두 5개의 홍예교(虹霓橋)가 있어 우리나라에서 가장 많은 무지개다리를 가진 사찰로 기록될 수 있다. 대웅전 앞으로 흐르는 시내 위에 걸쳐진 다리가 가장 널리 알려진 보물 1336호 능파교(凌波橋)로 1707년에 세워졌고, 다른 4개는 1723년에 세운 보물 1337호 백운교(白雲橋, 일명 육송정 홍예교) 그리고 청련교(靑蓮橋)·문수교(文殊橋)·극락교(極樂橋) 등이다.

홍예교란 마치 비온 뒤 하늘에 걸리는 무지개마냥 생긴 돌다리를 말한다. 산사 가는 길에 계곡에서 흘러내려온 시냇물을 지나는 일은 다반사인데, 물을 건너는 다리가 조선시대 혹은 그 이전에 만든 홍예교로 된 곳은 그다지 많지 않아서, 사실 홍예교 한 개 없는 곳도 부지기수다.

건봉사 능파교

건봉사 홍예교 중에서도 규모가 크고 가장 견실하게 보존되어 있는 다리가 능파교다. 1708년 처음 세워졌고, 1745년과 1880년에 중수되었다. 현재의 다리 폭은 3m, 길이는 14.3m, 높이는 5.4m로서, 다리 밑쪽에서 올려다보는 둥근 모양의 홍예가 아름답다. 일명 '산영교(山映橋)'라고도 한다. '능파'란 흔히 가볍고도 우아한 미인의 걸음걸이를 형용하는 말로도 사용되는데, 여기서는 고해(苦海)의 파도를 모두 헤치고 이제 해탈의 부처님 세계로 건너간다는 의미가 있는 것 같다.

불교의 이상을 새긴 상징석

옛 극락전 지역의 현존 유물로는 입구의 커다란 자연석 위에 세워져 있는 입석(立石)이 있다. 여러 가지 도형이 있는데 각각 어떤 의미를 상징하는 부호 같기도 하다. 이런 형태의 입석이 다른 데서는 볼 수 없어 딱히 무엇이라고 이름 붙이기는 어려운데, 사찰에서는 이를 상징석(象徵石)이라고 부른다. 절의 경역을 나타내는 표석(標石)이자 건봉사만의 독특한 문화재라고 할 수 있다.

사각형의 석주를 3m 높이로 세우고 그 위에 돌로 봉황새를 조각하여 올려놓았는데, 새는 대웅전 쪽을 바라보게 앉혀 주목된다. 석주의 동쪽 면에는 한글로 '나무아미타불'을, 북쪽 면에는 한자로 '南無阿彌陀佛'을, 남쪽 면에는 한자로 '大方廣佛華嚴經'이라는 글을 새겼다. 서쪽에 새겨진 '무진년'은 1928년에 해당한다. 세 면에 쓰인 글을 읽으면서 자연스럽게 염불공덕을 쌓을 수 있도록 한 것이다.

범종각 앞 상징석

드넓은 건봉사의 관문, 불이문

건봉사 전체 가람의 정문에 해당하는 불이문(不二門)은 1920년에 지어졌고, 6·25전쟁의 전화를 유일하게 면한 건물이다.

그다지 다듬지 않아 자연 그대로의 모습인 기다랗고 네모난 장대석 위에 넓이 70cm의 주춧돌을 놓고 그 위에 1.5m의 둥근 석주를 세웠다. 석주 가운데 부분은 약간 볼록한 배흘림을, 맨 윗부분에는 돌림띠를 돌출시켰으며, 앞쪽 정면에는 커다란 금강저(金剛杵)를 새겨 놓아 상징성과 더불어 장식성도 높였다. 금강저는 사찰을 수호하는 신중들이 갖는 일종의 무기인데, 천왕문을 따로 건립할 수 없었던 당시의 경제사정에 의해 불이문에다 금강저를 그려서 사찰 수호의 기능까지 보탠 것으로 추정할 수 있을 것 같다.

건봉사 불이문

그리고 석주 위로 나무기둥을 다시 세우고, 그 위로 다포계 겹처마의 팔작지붕을 올려놓았다. 정면 처마 밑에 걸린 현판은 근대의 서예가 해강(海岡) 김규진(金圭鎭)의 글씨로 매우 단정하면서도 힘이 있다.

부도밭과 비림

불이문을 벗어나 약 500m 가량 내려오면 건봉사에 머물렀던 여러 스님들의 사리를 봉안한 부도밭[浮圖田]이 있다. 50기가 넘는 부도와 비 12기가 도열하고 있어 멀리서 바라보면 그야말로 '부도의 밭'이요 '비의

건봉사 비림 전경

숲[碑林]'이라는 느낌을 갖게 한다. 건봉사의 그 어떠한 곳 못잖게 성스러운 곳이다.

건봉사를 노래한 시

조선시대 시인들이 건봉사를 소재 삼아 쏟아낸 명시는 한둘이 아닌데, 먼저 조선시대 후기의 유명 시인 택당(澤堂) 이식(李植, 1584~1647)의 〈건봉사에서 묵으며 빗소리를 듣고〉라는 시를 감상해본다.

초겨울 텅 빈 산에 쓸쓸히 내리는 비	十月空山雨
늦은 밤 멀리 떠나온 나그네 마음도 서글퍼라	三更遠客心
때 이른 추위는 문틈으로 스며들어	早寒侵戶牖
옷이며 이불 습기로 눅눅하누나	微潤濕衣衾
물방아 도는 소리 이곳까지 들려오고	水碓聲還數

절 마당에 밝힌 장명등 불빛은 이제 곧 꺼지겠지	香燈暈欲沈
눈 아래 바로 펼쳐진 동해 바다여	東溟却眼底
내 깊은 시름과 어찌 그리 닮았는가	容易較愁深

    이식은 인조 때 대제학·예조판서 등을 지낸 문신이자 문장 4대가 중의 한 사람으로 꼽혔던 당대의 최고 문사로, 사람들을 그를 계곡(谿谷) 장유(張維, 1587~1683)와 더불어 문장으로 쌍벽으로 불렀다. 그가 어느 해 늦가을 건봉사를 방문해 묵으며 쓴 시인데, 물방아·장명등·누각 등의 표현에서 그 옛날 건봉사의 큼직한 규모를 추측해 볼 수 있을 것 같다. 그는 이 시 외에도 〈가을밤 건봉사에서 태백(太白)의 자극궁(紫極宮) 시에 화운하다〉는 시도 지었으니, 건봉사에서 느낀 심회가 남달랐던 모양이다. 이 시를 지은 시기는 확실하지 않지만, 그가 정치적 문제 때문에 서울을 피하고 지방으로 몇 차례 다녀올 때인 1640년 무렵이 아닐까 생각한다.

    또 한글소설 《홍길동전》으로 유명한 허균(許筠, 1569~1618)의 〈정(靜) 상인(上人)에게 주다〉라는 작품이 눈에 띈다. 그 중 1연과 6~8연을 소개한다.

건봉사 자리한 곳 저 금강산 안일세	乾鳳寺在金剛山
높고도 아스라한 법당 구름 사이 걸렸네	花宮縹緲卿雲間
절의 스님들 눈 밭 위의 옥같은 모습들인데	中有禪僧玉雪姿
일찍이 출가 공부해 우리의 스승이 되셨네	棄家早伴東林師
우리 서로 만나 할 말 무어 그리 많을까	相逢間我苦何事
반세상을 명리에 사뭇 취해버렸던 나	半世沈酣名與利
어찌해 마음 씻고 참선일랑 배우지 않아	洗心何不學參禪
인간사 생로병사 그대로 인생을 마치고 말겠지	了盡人間老病死

성긴 등불 속 가랑비 내리는 소리에 객은 꿈 깨고	疏燈細雨客夢斷
바람 불어 흩날린 이불 부여안고 베개를 껴안네	風捲驚濤掀枕畔
부처님 앞 향불은 다 하고 경소리마저 잠겼는데	佛香燒罷磬聲沈
저 멀리 잔나비 울음 들으니 한밤중임을 알겠구나	天外猿啼知夜半
서글퍼라 산문에도 이별은 매한가지네	怊悵山門亦別離
내일 아침엔 지팡이 짚고 나가겠지만	明朝拂曙擲筇枝
그 누구 또다시 원통의 경계를 찾아올 테지	何人更訪圓通境
은하수 이어진 저 하늘엔 한 조각 빈 달만 떠 있어라	銀海連空月一片

나는 이 시야말로 문학가로서의 허균의 면모를 여실히 알 수 있는 명시라고 본다. 《조선왕조실록》 같은 책엔 그에 대해 부정적인 묘사가 많지만 그게 꼭 진실인지는 모르겠다. 그에 대한 변명을 위해서가 아니라, 제대로 평가되지 못한 인물도 꽤 많기 때문이다. 한 세상 살면서 어찌 굴곡 한번 없을 수 있을까. 사실 그의 개인사는 슬픔으로 가득 차 있다. 실록에선 읽을 수 없는 그의 슬픈 내면이 바로 이 시에 들어 있으니, 시인이 한밤중 애끓는 고독을 부여잡고 마음속으로 울었던 곳이 바로 건봉사였던 것이다.

백 년의 세월을 건너뛴 건봉사

오래 전, 이영선(李永宣) 선생의 요청으로 건봉사의 사지(寺誌)를 쓰며 건봉사를 자주 찾았었다. 이영선 선생은 봉명학교 운영 등 건봉사에서 교육사업을 주도하며 근대 건봉사 발전에 큰 역할을 했던 금암 의훈 스님의 아들이기도 하다. 젊어서 정일권 국회의장의 비서를 지냈던 그는 만년에 선친이 머물렀었고 자신도 어린 시절에 뛰놀던 건봉사의 역사를 정리하고자 했다. 그 덕에 나는 한 2년 가까이 틈나는 대로 건봉사에 들러 자료를 준비하게 되었다. 갈 때마다 다른 모습을 보여주는 건봉사인데, 특히 가을에 찾아간 건봉사가 가장 아름다웠던 것 같다.

법당 앞 능파교 아래를 시원하게 흘렀던 시냇물의 수량도 여름보다 한결 줄어들었고, 도량도 조금 더 정리되어 보다 깔끔해진 것 같다. 한여름 '건봉사 블루베리'가 담긴 상자들이 가득 쌓였던 그곳도 잡초만 구른다. 지금 건봉사 법당 앞에서 능파교를 건너면 펼쳐진 널찍한 공간 그리고 조금 멀리 떨어져 있는 적멸보궁까지의 들판이 모두 건봉사 터였다. 현재의 건봉사보다 몇 배나 더 컸던 그 자리가 지금은 폐허마냥 수풀이 군데군데 우거져 있다. 그 텅 빈 공간을 한참을 바라보자니, 그 옛날의 법당이며 탑이며 산신각 같은 여러 전각들의 모습 그리고 그 사이를 사뿐사뿐 걷는 스님들의 모습이 환영처럼 눈에 아련히 그려진다.

6·25전쟁 직전만 해도 저 넓은 절터에 빈틈없이 건물들이 빼곡히 들어서 있었고 수십 명의 스님들이 정진하고 있고 또 봉명학교 학생들의 책 읽는 소리가 낭랑하게 경내에 울려 퍼졌었을 텐데…. 웃자란 풀들 사이를 걸으며 건봉사 옛터를 걷자니 세월무상이라는 말밖에는 떠오르지 않았다.

고성 화암사

미시령 넘어 고성으로, 고성에서 가장 오래된 절 화암사

화암사(禾巖寺)는 고성군 토성면 신평리에 자리하는데 이곳도 어엿한 금강산 자락이다. 지금은 속초 신흥사의 말사지만 옛날에는 신흥사 못잖은 위용을 갖췄었고 그만큼 역사도 오래된 곳이다. 금강산 자락이라 확실히 길이 멀어 그런지 화암사 입구까지 다니는 버스도 없다. 전에는 서울 방면에서 승용차를 타고 가면 꾸불꾸불 구절양장 미시령을 넘어

화암사 전경

야 했다. 하지만 새로 뚫린 미시령 터널이 생긴 다음부터는 산을 관통해서 곧바로 미시령을 지난다. 교통은 좋아졌는데 우리나라에서 가장 넘기 어렵다는 고개를 지나는 스릴은 이제 못 느낀다. 미시령을 넘으면 울산바위가 나오고, 여기서 '잼버리 대회장'을 지나 용대리 방면으로 가면 화암사 표지판이 나온다. 속초 방면에서 간다면 척산 온천을 지나 미시령으로 오르는 길에 '대명 설악 레저타운'을 지나면 표지판이 나타난다. 주차장에서 내려 길 따라 올라가는데 길은 제법 길지만 꽃이 만발하고 시내가 흐르는 계곡 등 주변 경치에 취해 가다보니 어느 새 화암사 경내가 시작되었다.

금강산 자락에 자리한 명찰

보통 금강산은 북한에 있다고 생각하기 쉽지만, 남쪽에도 금강산에 자리한 절이 있다. 건봉사가 그렇고 또 화암사가 그렇다. 화암사가 있는 지역은 금강산의 남쪽 줄기에 닿고 있어서 남쪽에서 보면 화암사는 금강산이 시작되는 신선봉 바로 아래에 세워져 있는 모습을 하고 있다. 그래서 〈화암사사적기〉 같은 옛날 책에는 화암사를 표기할 때 한결같이 '금강산'이라는 단어를 앞에 접두어 마냥 두었다.

화암사가 창건된 것은 769년의 일이다. 진표(眞表)율사가 지었는데, 처음 이름은 '화엄사(華嚴寺)'였다. 조선시대에 쓰인 〈화엄사사적기〉에 의하면 진표율사는 금강산을 화엄의 성지로 만들고 싶었던 것 같다. 금강산의 동쪽에 발연사(鉢淵寺)를, 서쪽에 장안사(長安寺), 남쪽에 화엄사 곧 지금의 화암사를 창건한 것도 바로 그런 큰 안목으로 시작한 것이 아닐까 싶다. 특히 이곳에서 《화엄경》을 가르쳐 제자 100명 중에 31명이 어느 날 문득 하늘로 올라가 극락왕생을 했고, 나머지 69명 역시 무상대도(無上大道)의 진리를 깨달았다고 한다. 또 사적기에는 진표율사는 이곳에서 지장보살의 현신을 친견하고 지장암을 창건하여 화엄사의 부속암자로 삼았다는 기록도 아울러 전한다.

산사의 숙명, 끊이지 않은 화재와의 전쟁

창건 이후 고려 초인 941년에 월영암(月影庵)을 창건하고, 조선 초인 1401년에 지장암을 동쪽으로 옮긴 다음 미타암으로 이름을 바꿨다는 이야기가 전한 다음, 화암사의 역사는 조선시대 중기로 훌쩍 건너뛴다.

조선 중기에 들어서 화암사에는 여러 차례 불이 나 그때마다 절의 명운을 위태롭게 했다. 사실 산사에서 가장 위험한 것은 불이다. 산불이 내려와 절을 불길에 휩싸이게 하고, 절 자체에서 불도 많이 났다. 절에서 기도는 당연한 일이다. 그런데 절에서 기도하는 것을 '향화(香火) 올린다'라고 말하는 것처럼, 기도는 항상 촛불과 향초를 태워야 했기에 그로 인한 실화(失火)가 자주 일어났던 것이다. 불이 잘 나는 목재건축이 많을 수밖에 없고 또 그에 대한 대책이 마땅치 않았던 우리나라의 산사는 이렇게 화재가 가장 큰 골칫덩이였다. 불을 예방하기 위해 풍수(風水)의 이론으로 화기(火氣)를 막아보려는 노력은 절마다 있어왔다. 그래서 화재를 방비하는 뜻에서 이름을 물과 관련 있게 바꾼다거나 못이나 연못 등 물길을 경내 쪽에 두는 경우가 많다.

화암사 사적기에는 1623년부터 크고 작은 불이 끊이지 않은 것으로 나온다. 그 3년 뒤 1625년에 중건을 시작해서, 1628년 광명(廣明) 스님이 안양암(安養庵)을 창건하였고, 화엄사에 지장보살상을 조성 봉안하는 것으로 옛 모습을 어느 정도 회복할 수 있었다. 하지만 1635년에 다시 산불이 일어나 화암사 전부를 불태워 버렸다.

이때 워낙 타격이 컸던 탓에 그 자리에 다시 중창을 할 엄두를 못 내고 동쪽으로 20리 되는 곳으로 임시 이전해 향불만 겨우 올리기 시작했다. 그러다가 1644년이 되어서야 겨우 다시 옛터로 옮겨 중창할 수 있었다. 그로부터 약 20년이 지난 1662년 세 번째 화재가 나서 중건한 적이 있었고, 1716년에는 산적(山賊)들이 찾아와 절을 모두 불태웠다. 산적이 절을 불태운 기록은 아주 드물지만 실제로 그런 일들이 있었을 가능성은 많다. 절을 잃은 승려들은 이듬해 동쪽으로 10리 떨어진 무릉도(武陵島)에 초가를 짓고 거주했다. 그런 와중에서도 열심히 사람들의 인연을 모아서 1721년에 드디어 옛 절터로 돌아와 중창을 이룰 수 있었고, 이때 안양암까지 중수했다. 1760년 다섯 번째 불이 났다. 대웅전과 향각(香閣)·승당(僧堂)이 모두 불탔는데, 그래도 이번에는 이듬해에 곧바로 승당을 세우고 이어서 1762년에 대웅전과 향각을 중건했다.

화암사의 도약

이렇게 화암사는 숱한 화재로 말로 다할 수 없는 시련을 겪었다. 하지만 그때마다 굴하지 않고 중건과 중창을 이루어냈다. 그러자 고난

화암사 내경

끝에 희망이 보인다는 말처럼, 끊이지 않은 화재를 이겨낸 화암사가 드디어 대찰로 발전할 수 있는 좋은 기회를 맞게 된다. 1794년 화성 도한(華城道閑) 스님이 약사전에서 나라를 위한 기도를 3·7일, 그러니까 21일 동안 밤낮으로 올렸다. 기도가 끝나던 날 서기(瑞氣)가 절에서부터 뻗치더니 그 빛이 한양에 있는 궁궐의 뜰에까지 이르렀다고 한다. 이 서기를 본 정조(正祖)는 즉시 빛이 나온 곳을 찾도록 명했다. 빛의 근원지가 멀리 강원도 고성의 화암사라고 전해들은 임금은 즉시 제조상궁 최씨를 보내 자초지종을 알아보게 했다. 서기가 뻗친 것이 도한 스님의 간절한 기도 끝에 나온 것임을 듣고는 도한 스님을 곧바로 궁궐로 데려오도록 명했다. 스님으로부터 자세한 경위를 들은 정조는 크게 감격하여 화암사를 후궁 가순궁(嘉順宮)의 원당으로 삼도록 하고 요사 2동을 지어 주었다. 그리고 2년 뒤 1796년 정조는 이번엔 미타암의 화응전(華應殿)을 자신의 원당으로 한 다음 관음보살상과 친필 병풍 6폭, 연(輦, 불상 등을 넣는 가마) 등을 하사했다. 여기에 더해 화암사에 사방금표(四方禁標)를 정하여 주었다. 사방금표란 일종의 사역(寺域) 경계표인데, 이를테면 절 경내로부터 사방 십 리를 절의 토지로 인정해준다는 뜻을 갖는다. 절에 따라서는 십 리보다 훨씬 넓게 경계를 정해 주기도 한다. 여하튼 이로써 화암사는 창건 이래 가장 큰 사역을 갖게 되며 명실상부한 대찰로서의 지위를 갖게 되었다.

하지만 호사다마랄까, 오랜 세월 동안 화암사를 괴롭혔던 화재가 이번에도 절의 발목을 잡았다. 한창 전국적인 규모의 대찰로 도약하던 1860년에 엄청난 규모의 산불이 일어나 화암사 본사뿐만 아니라 주변의 암자들까지 완전히 불태우고 말았다. 어지간한 타격이 아니었을 것이다. 하지만 화암사 스님들의 끈기는 여전했다. 여기에 좌절하지 않고 새롭게 절을 일으키는 데 온 힘을 모아 중창에 들어갔다. 화암사의 여러 스님들이 전국 곳곳을 만행(卍行, 스님들이 수행을 위해 여행하는 일)하며 시주를 모았고, 이번에도 왕실의 도움을 받을 수 있었던 게 큰 도움이 되었다. 드디어 본사와 암자인 안양암을 다시 일으킬 수 있었던 것이다. 그런데 화마의 손길은 아직 끝나지 않았는지, 불과 4년 뒤인 1864년 다시금 산불 속에 휩싸였다. 겨우 불길에서 벗어난 것은 승당 하나뿐이었다. 스님들은 여기에 임시 법당을 마련했지만 불상 하나 제대로 갖추지 못하고 겨우 지장탱화·신중탱화·현왕탱화를 조성해서 봉안하는 데 그쳤다.

이렇게 화암사는 수백 년 동안 화재에 시달려야 했다. 보다 못해 화암사 스님들이 다른 곳에 비해 불이 자주 일어나는 까닭을 따져보았다. 그 결과 절 남쪽에 있는 '수바위(秀巖)'의 수맥이 맞은편에 있는 '코끼리 바위'의 맥과 서로 밀고 당기는 형국이라 절에 화기가 세기 때문이라고 결론지었다. 본래 가람의 배치는 남에서 북으로 이어지는 축선 상에 놓이는 게 정석인데, 아래쪽 수바위에서 뿜어내는 열기가 아주 커서 이로 인해 불이 자주 난다고 해석한 것이다. 문제의 원인을 알았으면 그것을 해결할 방책도 나온다. 긴 세월 동안 내내 끊이지 않고 찾아오는 화재를 면할 수 있는 방책을 찾았다. 화기가 충만한 절 주변의 수암과 코끼리 바위의 맥이 부딪치는 자리를 피하여 본래의 절터에서 밑으로 훨씬 내려간 자리에다 새롭게 절을 짓기로 결정했다.

그래서 1872년 새로운 터를 잡고 여기에 법당·영각(影閣)·누각·요사를 지어 절을 중건하였다. 이것이 지금까지 화암사 자리가 되고 있다. 그리고 1882년에는 자허(秄虛)와 선월(船月) 스님이 철원 장구사(長久寺)에서 아미타여래좌상과 약사여래좌상을 모셔와 봉안했다.

1893년 이번에는 불이 아니라 물에 의한 큰 피해를 입었다. 여름철 폭우가 내린 탓에 산사태가 나 산내암자인 안양암을 그대로 덮쳤던 것이다. 하지만 이듬해 안양암을 중수했고, 1909년 영운(影雲) 스님이 여기에 칠성각을 새로 지었다.

근대에 들어와서 화암사는 약간의 변화를 맞게 된다. 일제강점기에 전국의 사찰이 행정적으로 통제되기 시작했는데 이 무렵인 1912년 고성 건봉사의 말사가 되었다. 한편으로는 이전에도 더러 썼던 '禾巖寺'를 절의 공식 명칭으로 바꾸었다. 1915년 9월 화암사는 또다시 불타버렸고, 두 해가 지난 1917년에 중건하였다. 그 뒤 6·25전쟁으로 크게 파손되어 겨우 건물 1동만 남으며 일대 위기를 맞았다. 이 때문에 화암사에 고태 가득한 유물이 많이 사라진 게 자못 아쉽다.

휴전 후에는 건봉사 극락암에 있던 비구니 스님들이 화암사로 와 절을 꿋꿋이 지켜 완전히 쇠락되지 않을 수 있었고, 이후 힘이 될 때마다 하나씩 전각을 새로 지어나갔다. 1991년 제17회 '세계 잼버리대회'가 고성에서 열리면서 절도 도약의 계기를 맞았다. 이때 여러 기관과 사람들에게서 활발한 지원을 받아 다시금 절이 커지게 되었고, 이후 다시금 대찰의 면모를 회복할 수 있었다.

화암사의 가람배치

일주문을 지나 길을 따라 경내로 향하면 왼쪽에 별도로 마련된 공간이 보이는데 여기가 부도밭이다. 안에 조선시대 화암사에 머물렀던 여러 스님들의 부도와 부도비가 모아져 있다. 춘담대법사(春潭大法師)의 비를 비롯하여, 화곡(華谷), 영담(影潭), 원봉(圓峯), 청암(淸巖) 등의 부도 15기가 모셔져 있어, 이를 통해 화암사의 위용과 오랜 역사를 짐작해 볼 수 있다. 대부분 석종형 부도로 조선시대에 건립된 것으로 추정된다. 부도는 앞서 갔던 이들에 대한 기억과 존경의 표현이라는 점에서 부도밭은 곧 소중한 회상의 공간인 것 같다.

부도밭을 나와 옆에 흐르는 개울 너머 금강교를 건너 조금 더 올라가면 널찍하게 펼쳐진 화암사 경내가 나타나기 시작한다. 금강교 뒤로 누각인 금강루와 요사가 나오는데, 금강교는 아래로 세 개의 홍예를

화암사 부도밭

만들고 그 위로 보도를 만들어 경관이 좋다.

화암사 가람은 산사답게 나지막한 경사가 이어진 위에 들어서 있어 전각과 건물들이 자연스럽게 이루어진 아래 위의 두 단의 층단에 놓여 있다. 절 입구인 아래쪽은 생활공간으로 전통찻집 난야원과 요사 아미타전, 해우소 등이 있다. 높다란 계단을 따라 계속 올라가면 신앙과 수행의 공간으로 들어선다. 금당인 대웅전을 중심으로 좌우에 명부전과

화암사 금강교

화암사 대웅전

종무소가 있다. 종무소 맞은편 아래가 잘 내려다보이는 곳에 종각이, 또 대웅전 뒤편으로 삼성각과 요사가 있다.

화암사 대웅전

금당인 대웅전은 경내 맨 뒤쪽에 자리한다. 6·25전쟁으로 화암사 건물이 모두 사라져 대웅전을 비롯해 화암사의 목조건물들은 모두 현대

화암사 명부전

에 지은 건축물이지만 전통 사찰건축의 양식을 잘 이어받아 지어 산사의 풍취가 잘 보이고 있다. 대웅전은 1991년에 지었으며 앞면과 옆면 각 3칸씩의 팔작지붕 건물로 가람구조와 규모에 잘 어울리고 있다.

안에는 석가불상을 중심으로 좌우에 보살이 자리한 삼존상이다. 그런데 보통 대웅전에는 문수·보현 보살의 삼존상이기 마련인데, 화암사 대웅전은 미륵·제화갈라 보살이 석가불상의 좌우로 배치되어 있다. 이런 배치를 '수기삼존불(授記三尊佛)'이라고도 부르는데, '수기'란 현재는 보살이지만 장래 부처가 되리라는 일종의 예언을 말한다. 미륵보살은 도솔천에서 수행한 이후 이 세상에 내려올 때 미륵불이 되고, 제화갈라 보살은 석가모니가 수행자이던 시절 장래에 부처님이 될 것이라고 수기를 준 정광여래의 화신이기에 이렇게 부른다.

화암사에 전하는 전설, 수바위와 욕심쟁이 이야기

화암사 남쪽 300m 지점에는 왕관 모양의 우람한 '수바위'가 있다. 진표율사를 비롯하여 화암사의 역대 고승들이 좌선수도 하였다고 전해지는 이 수바위 꼭대기에는 길이 2m, 깊이 20cm 정도 되는 우물이 있다. 극심한 가뭄에도 이 물만은 마르지 않는다고 하며, 오히려 가뭄이 심할 때 이 물을 떠서 주위에 뿌리고 기우제를 올리면 비가 온다는 말이 전해지고 있다. 이 마르지 않는 우물 때문에 이 바위를 '水巖'으로 쓰기도 하는데, 바위 모양이 워낙 빼어나 이런 이름이 붙은 것이니 '秀巖'이라고 해야 한다고도 한다. 이 수바위에는 욕심 많은 이에게 교훈을 주는 전설이 전해지고 있다.

화암사는 민가와 멀리 떨어져 있어 스님들이 시주를 구하기가 쉽지 않았다. 어느 날 이 절에 있던 두 스님은 백발노인이 나타나는 꿈을 동시에 꾸었다. 백발노인은 수바위에 있는 조그마한 구멍을 일러주면서, 끼니때마다 그 구멍에 지팡이를 대고 세 번을 흔들라고 하였다. 잠에서

화암사 수바위

깨어난 두 스님이 이른 아침 수바위로 달려가 노인이 일러준 대로 하였더니 두 사람분의 쌀이 쏟아져 나오는 것이었다. 그 뒤 두 스님은 식량 걱정 없이 수행에만 열중할 수 있었다.

몇 년이 지난 어느 날, 화암사를 찾아온 객승은 이 신기한 사실을 알고 욕심을 일으켰다.

'세 번 흔들어서 두 사람분의 쌀이 나온다면, 삼백 번 흔들면 이백 사람분의 쌀이 나올 것 아닐까!'

객승은 몰래 수바위로 올라가 쌀 구멍에 지팡이를 대고 수도 없이 흔들어 버렸다. 그러나 쌀이 나오기는커녕 구멍에서는 피가 흘러나왔고, 그 뒤로는 수바위에서 쌀이 나오지 않았다고 한다.

사람이면 누구나 욕심을 낸다. 욕심 때문에 괴로워하고 때로는 곤욕도 치르는 게 인생 아닌가. 이 전설의 무대를 수바위에서 세상 일로, 등장인물을 욕심쟁이 객승에서 보통 사람으로 바꾸어도 하등 이상해 보이지 않는다. 이 객승을 크게 나무라고 싶은 생각이 들지 않는 건 바로 내 모습일지 몰라서인 것 같다. 객승의 분수 모르는 욕심이 잘했다는 게 아니라, 그게 인지상정 아닌가 싶은 생각이 드는 것이다⋯.

꽃절 화암사

경내를 나와 처음 오던 길로 되돌아나가며 뒤를 돌아다보았다. 절을 둘러보고 가는 길은 앞서 했던 일을 되돌아보는 반추라는 점에서 의미를 두어도 괜찮을 것 같다. 인생이 직선인 것 같지만 한편으로 보면 곡선의 모습이 또 얼마나 많은가. 곡선을 굴곡으로 보지 말고 이렇게 반추와 쉼의 시간으로 생각하면 나름대로 얻는 것도 많을 텐데. 일상과 닮은 것 같다.

봄이 무르익은 때 찾아서인지 절 주변에 꽃이 가득하다. 화암사 절 이름의 '화'는 벼[稻]를 뜻하는 글자이지만, 꽃들이 활짝 핀 주변이 워낙 아름다워 '꽃절'이라고 해도 그럴 듯한 것 같다.

이 좋은 봄을 일 년 한 계절만 만나는 게 너무 아쉽다. 멀리 있다 아주 오랜만에 찾아와준 사람이 참 고맙고 그로 인해 즐겁고 행복한 것처럼, 계절도 마찬가지인 것 같다. 1년 만에 만나는 이 봄이 즐거워 시간 가는 줄 모르고 보냈다. 하지만 사랑하는 사람이 떠나가듯 5월 그리고 봄도 이제 다시 멀어져 간다. 보내야 하는 아쉬움과 섭섭함은 이루 말로 하기 어렵다. 시는 바로 그런 마음일 때 나오는 게 아닐까. 우울하고 쓸쓸할 때 붓을 드는 시인처럼, 화암사 경내를 거닐다가 보내야 하는 봄이 못내 아쉬워 하염없이 마당에 서서 마음속에 시를 짓다가 지우기를 반복하며 한참을 그렇게 보냈다.

영월 법흥사

물 좋고 산 좋은 영월

여행이 팍팍한 일상에 흐물흐물해진 몸과 마음을 푸는 이른바 '힐링'의 역할을 한다고 본다면, 사람들에게 여행은 꼭 필요하다. 인생을 살며 느낄 수밖에 없는 압박감에 눌려 지내며 매사에 스트레스를 받지만 그래도 인간으로서의 예절을 잃지 않으려 애쓰며 사는 사람들에겐 더욱 그렇다.

얽매임에서 떠나는 게 여행이라면 여행은 곧 자유다. 여행 중에서도

영월 청령포

출발부터 도착 그리고 다시 출발점으로 돌아오는 과정에서 무엇이든 스스로 결정하고 자신이 원하는 음식과 장소로 가면서, 스스로가 인생의 주인임을 확인해보는 자유의 의미를 느낄 수 있다. 이렇게 자신을 되돌아보고 다친 마음을 치유하러 가는 여행이라면 어디로 가든 상관없지만 사찰이 훌륭한 여행지임은 분명하다. 자신이 겨워하는 삶의 무게를 잠시나마 내려놓고 초심으로 돌아가겠다는 마음과 가장 일치하는 곳이 바로 절이니까. 절에서 '대자대비'를 느껴보는 것도 좋은 경험이다. 대자대비야말로 인생에서 가장 필요로 하는 '공존의 룰'이니까.

인생을 자신의 의지로 이끌고 있다고 생각하는, 매사 자신만만한 사람들에게도 여행을 하고, 기왕이면 절에 들러보기를 권한다. 절에서 불교에서 강조하는 '하심(下心)', 곧 마음 내려놓기를 느껴 일상에 돌아가서도 겸손을 행한다면 분명 삶이 더욱 여유로워질 것이다. 절에서 스님을 만났을 때도 평소처럼 딴 데 쳐다보고 그냥 지나치지 말고 가볍게 목례를 하면 좋다. 상대 스님은 허리를 깊이 꺾고 합장을 해줄 것이다. 혹시 목례를 무시하고 그냥 지나치는 스님이 있어도 섭섭해 할 필요는 없다. 그 스님은 이렇게 하면 안 된다는 것을 직접 보여주고 있는 것이니까.

영월과 법흥사

늦봄의 어느 날, 영월까지 제법 긴 여정을 잡았다. 영월은 비운의 왕 단종(端宗)이 숙부 수양대군에게 강제 양위(讓位)한 뒤 그도 모자라 얼마 안 있어 무고한 죄를 뒤집어쓰고 유배되고 세상을 하직한 곳이다. 왕이었다고는 해도 스무 살도 안 된 어린 나이였고, 또 사랑하는 아내와도 떨어진 채 멀리 이곳까지 쫓겨났다 비참하게 죽음을 맞이했으니 얼마나 억울하고 한스러웠을지 짐작하기도 어렵다.

영월 장릉

그가 유배 온 청령포에는 그의 무덤 장릉(莊陵)이 있고, 단종의 최후에 관한 이야기가 제법 많이 전하고 있다. 영월에서 단종을 애틋하게 여겼던 마음이 이런 자취와 얽힌 이야기들을 후세에 전할 수 있도록 했을 것이다. 이 중에는 정사에 보이는 내용과 같은 것도 있고 정사에는 없지만 이곳에만 전하는 이야기가 있다. 어느 것이나 단종이 비참하게 죽임을 당했고 그의 시신은 버려졌지만 어느 충신이 죽음을 각오하고 그의 시신을 수습해 남몰래 장사지냈다는, 그런 극중에나 나올 법한 이야기들이다. 하기는 어떤 사극은 바로 단종이 최후의 나날을 보낸 이곳에서부터 갖가지 이야기를 풀어나가고 있다. 덕분에 영월은 장릉을 중심으로 해서 단종의 유적지가 주요 관광지가 되고 있어 군(郡)을 알리는데 톡톡히 재미를 보고 있다. 역사는 당대에서야 슬프거나 기쁘지, 수백 년 뒤 후대 사람이 바라볼 때 역사에 보이는 눈물과 환호성은 이미 사라지고, 오직 지나간 사실(史實)로만 존재하는 것이니 어찌 보면 역사만큼 무정한 게 또 있을까 싶다.

법흥사의 전신, 흥령선원

영월에는 또 법흥사(法興寺)라는, 우리 불교사에서 아주 중요한 사찰이 자리한다. 수주면 사자산(獅子山)의 남쪽 산자락에 있는 이 사찰은 통일신라시대에 창건된 고찰이다. 특히 중국에서 한껏 선양된 선종(禪宗)이라는 종파가 9세기 무렵 우리나라에 본격 상륙하는데, 우리나라

사자산 법흥사 전경

에 처음으로 선종을 정착시킨 사람으로 도의(道義) 스님을 꼽는다. 지금 양양 진전사에 있는 도의 스님의 부도는 곧 우리나라에서 가장 오래된 부도이기도 하다. 우리나라에 선종이 들어온 이래 각 지역을 대표하는 아홉 곳의 선종 사찰을 '구산선문(九山禪門)'이라고 부른다. 그 중에서도 가장 활발한 활동을 폈던 문파가 사자산문(獅子山門)인데 이 사자산문의 핵심 사찰이 흥령선원(興寧禪院)이다.

흥령선원은 9세기 무렵 도의 스님의 제자 철감 도윤(澈鑑道允, 798~868) 스님이 창건했다. 도윤은 당에 유학하여 선종을 공부하고 귀국한 후 진전사와 전남 장흥 가지산 보림사(寶林寺)에서 설법하고 포교하며 선종을 활발하게 대중에게 알렸다. 그 뒤 도윤 스님의 제자 징효 절중(澄曉折中, 826~900) 스님이 머무를 때는 각지에서 여러 선승들이 모여 규모가 크게 번창했다. 이 두 스님은 법흥사에서는 물론이고 우리나라 선종사 전체에서 볼 때도 굵직한 역할을 했던 고승이라 뒤에서 따로 자세히 다루었다. 그 뒤로 여종(如宗)·경보(慶甫)·홍가(弘可)·이정(理靖)·지공(智空) 등이 사자상승(師資相承)하며 선풍(禪風)을 드날렸다. '사자상승'이란 스승의 고결한 학문을 제자가 뒤이어 대를 이어간다는 뜻인데, 이 말이 그야말로 가장 잘 어울리는 장면이었던 것 같다. 그리고 아마 이 때가 통일신라시대 불교의 최전성기였을 것 같다.

흥령선원은 조선시대를 거치면서 상당히 쇠락했다. 그러던 것을 1902년에 대원각(大圓覺)이라는 법명을 가진 한 신도가 여러 채의 건물을 세우면서 부흥시켰고, 이때 절 이름도 지금처럼 법흥사가 되었다고 한다. 법흥사는 종교를 넘어서 9세기 신라 지성계와 사상계에 커다란 자극을 주었던 곳이다. 이런 역사적 가치가 인정되어 1971년 강원도기념물 6호로 지정되면서 점차 발전의 기운을 얻었고 그 뒤 여러 차례의 중건을 거치면서 오늘에 이르렀다.

역사에 나오는 흥령선원의 부침

9세기 이후 신라는 왕권이 약해지면서 전국이 점차 혼돈에 빠져들기 시작했다. 강원도 지역은 특히 지방 세력이 중앙정부에 노골적으로 반기를 들던 곳이어서 이에 따라 사찰들도 영향을 받았던 것 같다. 891년 흥령선원 주지 징효 스님이 난을 피해 근처인 상주(尙州) 땅 조령(鳥領)으로 피신해야 할 정도였다. 징효는 그 뒤 다시 돌아와 흥령선원을 중창하고 여기에서 입적했다. 고려가 안정기에 접어들 무렵인 1089년에도 중수가 있었던 것 같은데, 그렇게 추정하는 이유는 2002년 강원문화재연구소가 이 절터를 지표조사 해 '大安 五年'이라는 기와를 발견했기 때문이다. '대안 5년'은 곧 1089년에 해당한다.

그 뒤 어느 때인가 흥령선원은 이름을 법흥사로 바꾸었다. 18세기에 제작된 〈해동지도(海東地圖)〉에 '원주목 사자산 법흥사'가 표기되어 있는데, 위치로 보아 옛 흥령선원이 있던 곳과 일치하기 때문이다. 전하는 말로는 지금의 충청북도 제천의 장락면과 영월 주천면·수주면에 있는 석탑 3기는 각각 흥령선원 가는 길을 알려주는 표지석 기능을 한 것이라고 한다. 석탑에 그런 이야기가 새겨져 있거나 명확한 기록이 있는 것은 아니지만, 사실 여부를 떠나서 그만큼 흥령선원이 대찰이었다는 것을 말하는 이야기다.

신라에 선종을 전한 철감국사 도윤(道允)

신라 선종의 대표적 문파 중 하나인 사자산문(獅子山門)은 철감(澈鑑)국사 도윤(道允)이 열었다. 이름에서도 알 수 있듯이 이 문파는 법흥사가 자리한 사자산을 중심으로 이뤄졌다.

도윤은 지금의 경기도 광주(廣州)인 한주(漢州)에서 태어났다. 18세에 속세를 떠나 전라북도 김제의 귀신사(歸信寺)에서 화엄의 교법과 선법을 공부하였다. 이후 바람과 구름을 따라 여기저기를 다니면서 수행하는 운수행각(雲水行脚)을 했다. 825년에 사신을 따라 중국 당나라에 들어간 뒤 중국 선종의 대가인 마조 도일(馬祖道一)의 제자 남전 보원(南泉 普願)에게서 선법(禪法)을 듣고 돌아왔다. 이는 그가 보원의 제자가 되었다는 것과 중국의 선종을 우리나라에 소개했다는 것을 뜻한다. 얼마 뒤 전남 화순에 있는 쌍봉사(雙峯寺)로 자리를 옮겨 이곳을 근거로 하여 우리나라에 선종을 널리 알리는데 매진했다. 그래서 훗날 사람들을 그를 '쌍봉화상'이라 불렀다고도 한다. 그가 쌍봉사로 내려가기 전 한동안 이곳 흥령선원에서 수도하고 제자들을 길러냈었다. 비록 그는 쌍봉사

쌍봉사 철감선사탑

에서 대부분의 시절을 보냈지만 강원도 땅에 와 선종을 알리고 법도를 세우는데 있어서 흥령선원을 근거로 해 활동했던 것이다. 고려와 조선 시대에 법흥사라는 이름으로 강원도 선종의 주요 사찰이 될 수 있었던 것도 이런 인연에 따른 것이다.

868년 "삶이란 한계가 있는 것, 나는 먼 길을 떠나야겠다. 너희들은 구름 쌓인 골짜기에 편안히 머물러서 법등을 영원히 빛나게 하라."는 말을 남기고 71세로 입적했다. 법랍은 44세였다. 이에 나라에서는 그가 이룬 법도와 우리나라에 선종을 알린 공로를 기려 '철감'이라는 시호를 내렸고, 그의 사리를 봉안한 부도탑을 화순 쌍봉사에 세웠다.

신라에 선풍을 드날린 징효대사 절중

징효(澄曉)대사 절중(折中, 826~900)은 철감 도윤의 제자로, 흥령선원을 본격적으로 발전시키고 여기에서 제자 수백 명과 함께 선종을 널리 전파하던 사자산문을 개산(開山)한 인물이다.

그는 844년 19세에 안성 장곡사(長谷寺)에서 구족계를 받은 후, 당나라에서 귀국한 철감 도윤이 금강산 장담사(長潭寺)에 있다는 말을 듣고 그를 찾아가 제자가 되어 그의 법통을 이어받았다. 징효대사는 882년 영월 사자산으로 와달라는 석운(釋雲)대사의 요청을 받고 문도들을 거느리고 사자산에서 흥령선원을 열었다. 징효대사는 불교 선진국인 중국 당나라 유학을 계획하기도 했다. 하지만 제자와 대중들을 어지러운 세상에 그냥 두고 자신만 떠나는 것도 차마 못할 일이라 생각해 그만두었다고 한다.

900년에 "이 세상 영원한 것 하나 없고 만물은 함께 고요하리. 나는 이제 떠나려 하니 너희들은 힘써 정진하여 선문(禪門, 선종)을 수호하고 종지(宗旨, 종교의 법도)를 무너뜨리지 않는 것이 곧 나의 은혜에 보답하는 것이라." 하는 말을 남긴 뒤 고요히 정적에 들었다. 제자들이 다비를 마치고 사리 1,000과를 얻었다고 한다. 효공왕은 '징효대사'라는 시호와 그의 사리를 담은 부도의 이름을 '보인지탑(寶印之塔)'이라 짓도록 했다. 비문은 924년에 짓고 그 비를 944년 흥령선원에 세웠다.

진신사리가 봉안된 적멸보궁

우리나라 여러 절에 진신사리가 봉안되어 있다. 그 중 역사적인 유래가 뚜렷하고 신앙적으로도 특별히 존숭되었던 다섯 군데를 꼽아 '5대 적멸보궁'이라고 하는데, 법흥사가 바로 그 중 한 곳이다. 그만큼 이곳의 적멸보궁은 지금의 법흥사를 상징하는 의미 있는 존재라고 할 수 있다. 우리나라에 공식적으로 진신사리가 처음 들어온 것은 643년으로, 신라의 자장율사가 당나라 오대산에서 문수보살을 친견하고 부처님의 진신사리와 금란가사를 받아 돌아와 경주 황룡사, 양산 통도사 그리고 울산 태화사에 나누어 모셨다고 한다. 이 진신사리들은 폐사

법흥사 적멸보궁

또는 전란 등으로 나중에 다시 나누어지기도 했다. 지금 통도사를 비롯해서 오대산 상원사, 태백산 정암사, 설악산 봉정암 그리고 사자산 법흥사를 우리나라 5대 적멸보궁이라 하는 것도 자장율사가 가져온 진신사리가 봉안되었을 것으로 믿기 때문이다.

적멸보궁은 부처님의 진신사리를 모셨으므로 불단은 있지만 불상이나 후불탱화를 모시지 않은 것이 특징이다. 그 대신 법당의 뒤쪽에는 사리탑을 봉안했거나 계단(戒壇)을 설치한 경우가 많다. '적멸'이란 시비와 분별이 끊어진 영원한 평화의 세계를 말하며, '보궁'이란 지혜와 자비의 공덕으로 건립된 부처님의 궁전을 말한다.

법흥사의 가람배치

법흥사를 품고 있는 사자산은 크고 넓다. '품고 있다'고 하니 여성적이고 모성적인 느낌을 줄지도 모르겠는데, 사실 늠름하고 씩씩해 남성

법흥사 극락전

영월 법흥사 191

미가 더 느껴지는 산이다. 그 옛날 자장율사로 하여금 여기에 부처님 진신사리를 봉안해야겠다고 마음먹게 한 것도 이런 산세가 작용했던 게 아닐까?

이 자리는 풍수지리로도 천하의 명당터라고 한다. 그 방면의 전문가들은 그 이유를 사자산에서 쭉 뻗어 내린 정기와 기상이 이 적멸보궁 뒤 연화봉(蓮花峰)에서 가득 머금어졌다고 말한다. 기운이 아주 좋다는 얘기다. 풍수는 그렇다 하고, 경치도 그만이다. 적멸보궁 앞에 서서 멀리 바라다보면 건너편에 아홉 개의 산봉우리가 시원시원하게 이어진 구봉대가 마주한 게 아주 멋있어 눈길을 단박에 사로잡는다. 가람의 구성이 창건 당시는 어떠했는지 알 수 없지만, 지금 절 마당 곳곳에 적멸보궁과 극락보전을 비롯해서 약사전, 조사전, 누각 등 수십 채의 전각과 건물들이 너른 마당에 자리하고 있어 규모가 꽤 크다는 느낌이 든다.

법흥사의 문화재

통일신라와 고려시대에 걸쳐 한창 번성했을 무렵의 가람 구조는 지금 정확하게 알기 어렵다. 아마도 강원도에서 손꼽는 대찰이고 무엇보다 옛날에도 진신사리를 모신 적멸보궁이 있었을 테니 참배객도 많았을 테고 당연히 경내 이곳저곳에 전각이나 건물들이 적지 않게 있었을 것이다. 발굴된 절터를 보거나 혹은 지금까지 위치가 변하지 않은 전각들을 살펴보면 요즘보다 옛날에, 특히 신라나 고려에 이르는 시기에 지은 사찰들이 가람 경영이 굉장히 짜임새 있고 법식과 규격에 잘 맞춰 배치된 것을 알 수 있다. 법흥사 역시 최고 수준의 사찰이었던 만큼 이런 절도 있고 정연한 가람배치가 잘 적용되었을 것 같다. 다만 법흥사 경내가 한번도 본격적으로 연구되지 않아서 지금으로서는 그냥 그렇게 추측만 할 뿐이다.

지금 법흥사에는 볼 만한 문화재들이 꽤 많이 남아 있다. 징효대사보인탑비(보물 612호), 징효대사 부도, 석실 옆 부도(강원도 유형문화재 73호), 석실과 석함(강원도 유형문화재 109호), 석종형 부도 2기, 연화대석(蓮花臺石), 불대좌(佛臺座), 귀부(龜趺), 사자산법흥사중건비(獅子山法興寺重建碑) 그리고 자장율사가 수도하던 토굴 등, 이들을 둘러보려는 발길이 제법 바쁠 수밖에 없다.

징효대사 보인탑비

징효대사 절중의 일생을 새긴 비석이다. 그의 행적뿐만 아니라 당시의 불교계 상황을 들여다볼 수 있는 내용이 담겨 있다. 944년에 세워졌는데, 이때는 신라가 멸망하고, 고려가 후삼국을 막 통일한 직후의 시기다. 그러면서도 미술에서는 오랜 영화를 바탕에 둔 위엄과 격조를 아직 잃지 않던 때라서 은은한 품격과 정돈된 비례미는 기본적으로 갖추고 있었다. 또 한편으로는 기존의 구태에서 벗어나 새것을 이뤄내려는 기운도 태동되기 시작했다. 그래서 10세기 중후반의 미술에는 안정되지만 낡은 옛것과 새롭지만 아직은 세련되지 못한 새것이 한 데 보인다. 이 비석에서도 역시 이러한 당대의 사회 분위기와 문화 그리고 미의식을 읽을 수 있다. 앞뒤로 3,300자 남짓한 글자 속에는 징효대사의 일대기는 물론이고 이를 통해 불교사에 많은 보탬이 되는 이야기들이 잘 녹아져 있다.

이 비석은 신라 말에서 고려 초에 유행했던 양식이 잘 반영되어 있다. 거북 모양을 한 귀부(龜趺) 위에 비신(碑身)을 세우고, 그 위에 이수(螭首)를 얹어놓은 것은 삼국시대 이래 내려온 비석의 정형이지만, 거북이 날씬한 모습에서 좀 단단한 느낌으로, 비신은 늘씬하기보다는 안정성을

징효대사 보인탑비(좌)
징효대사 부도(우)

추구하였고 그리고 이수도 화려함에서 소박함으로 변해가고 있는 게 드러나 있다. 다시 말하면 이처럼 서로 다른 두 양식의 모습이 그다지 부대끼지 않고 함께 공존하는 것, 이것이 10세기 미술의 특징이다.

징효대사 부도

절 마당 서북쪽에 징효대사의 사리를 봉안한 부도(浮圖)가 있다. 본래 부도는 탑비와 함께 나란히 놓이는 것이고 실제로 이런 경우가 대부분인데, 간혹 이처럼 서로 거리가 떨어진 채 놓이는 것도 있다. 이런 현상은 나란히 놓을 때는 부도와 비석이 같은 시기에 세워진 것이고, 그렇지 않고 제법 떨어진 채 자리한다면 부도를 먼저 세우고 나중에 시간이 흐른 다음에 탑비를 세울 때 이렇게 되는데, 주로 통일신라시대와 고려시대에 이런 현상이 보인다. 이 부도 역시 양식으로 볼 때 징효대사의 탑비가 세워진 10세기보다 한 1세기 정도 늦게 만들어진 것으로 추정된다.

이 부도의 형태는 기단부가 팔각이고 그 위에 올린 몸체는 둥근 모습인 이른바 '팔각원당형'이다. 이런 형태는 8세기에 완성된 양식으로 고려 초기까지 부도의 주류를 이룰 정도로 상당히 유행했었다. 그런데 팔각원당형은 각과 면이 많이 나오기 마련이므로 당연히 무늬와 장식을 많이 하게 되고 이에 따라 전체적으로 화려하게 보일 수밖에 없다. 이 부도를 예로 들어 말하면 옆으로 퍼져 마치 구름처럼 보이는 안상(眼象, 코끼리의 눈을 모티프로 해서 나온 무늬장식), 다양한 모습을 한 연꽃무늬와 여러 꽃무늬, 자물쇠 장식 등이 그것이다. 자물쇠 장식은 부도나 탑에 간혹 나오는 무늬인데, 탑이나 부도는 사리를 모시기 위한 것이므로 이 사리를 최상의 보배로 여겨 일종의 보물상자가 바로 이 탑 또는 부도라는 의미를 담은 것이다.

석실과 석함

적멸보궁 앞에는 나지막한 동산이 있다. 그 아래에 마치 동굴마냥 석실(石室) 하나가 마련되어 있다. 석실이 자리한 동산은 풍수에서 알아주

법흥사 석실

는 명당으로 알려져 있다. 법흥사 뒤편의 사자산 연화봉 자체가 활짝 핀 연꽃 형태로 산세의 기운이 넘치는 곳인 데다가 이곳에서 흘러나온 지맥이 이 동산에 이르러 이른바 '벌의 허리'같이 가운데가 홀쭉하게 들어간 '봉요처(蜂腰處)'라는 것이다.

이 석실은 자연석으로 석축을 쌓아 방을 만들고 그 위는 흙을 덮은 형태다. 석실 내부 모양은 입구는 좁고 안으로 들어갈수록 넓어지는 부채꼴이며 맨 뒤의 벽은 둥글게 되어 있다. 바닥 길이 203.5cm, 너비 176cm, 바닥에서 천장까지의 높이 160cm다. 용도에 대해서는 참선 기도하는 곳이라고 전한다. 또 조선시대 후기에 지어진 《범우고(梵宇攷)》에, "절 뒤쪽 1리에 토굴이 있고, 그 굴 안에 석함이 있는데 전하는 이야기로는 불경을 소장하는 석함이 있었다고 한다."라는 이야기도 있다.

부도

적멸보궁 뒤 석실 오른쪽에 부도 1기가 있다. 이를 보는 사람들은 대부분 이 부도와 석실의 관계를 궁금해 하지만, 부도의 주인공이 누구인지 전혀 알려진 바는 없다. 무슨 의미가 있어서 이 자리에 두었을 것 같은데 관련 기록은 남아 있지 않다. 크기도 크고 장식도 꽤 잘 된 편이라 법흥사에서 비중이 컸던 스님의 부도 같아 보일 뿐이다.

사각형의 지대석 위에 팔각하대석이 있고 대석의 각 면에는 안상이 음각되었고 그 안에 꽃무늬문양이 양각되어 있다. 중

적멸보궁 뒤 부도

대석은 각 면에 우주가 있고 그 위에 상대석이 놓여 있다. 상대석 측면에는 상·하 이중의 앙련(잎사귀가 위를 향하는 연꽃)이 돌아가고 위쪽 연화문 안에는 지방이 있는 4엽 화문이 조식되어 있다. 상대석 위에 탑신이 놓여있는데, 상면과 하단이 좁아지는 형태를 하고 있다. 몸체 옆면의 앞뒤에 기다란 네모꼴을 새겼고 그 안에 자물쇠가 새겨졌으며, 나머지 6면에는 입상이 조각되었다. 앞면에는 문을 새긴 '문비(門扉)'가 있고 그 양 옆으로 인왕(仁王)이, 그리고 다른 네 옆면에는 사천왕(四天王)이 새겨져 있다.

귀부

현재 경내에 세워져 있는 '소현당 시비' 옆에 거북 모양의 귀부(龜趺)가 있다. 귀부는 비석과 한 쌍으로 만들어지는 석물인데 통일신라와 고려 시대에 걸쳐 비석은 거의 대부분 귀부 위에 올려졌다. 이 귀부는 본래 이 자리에 있던 것이 아니고 길 건너편 개울가에 쓰러져 있던 것을 1995년 6월에 영월향토사연구회 회원들이 찾아내어 현재의 자리로 옮겼다고 한다. 파손이 많이 되어 있어 거북의 모양만 흐릿하게 남아 있을 뿐이다. 아마도 본래부터 흥령선원에 있던 탑비가 1925년 을축대홍수 때 떠내려가 비석은 없어지고 귀부만 남았던 것으로 추정된다.

사자산법흥사중건비

징효대사보인탑비와 나란히 선 비석이 '사자산법흥사중건비'다. 비 앞면에는 '獅子山法興寺重建碑'만 새겨져 있고 뒷면에 단정한 한글로 쓰인 본문이 나온다. 이름 그대로 법흥사가 중건된 것을 기념해 세운 것인데, 강원도 지사 이범익(李範益)이 글을 지었다. 이를 통해 옛 흥령선원 자리에 법흥사라는 이름으로 중건된 일을 알 수 있다. 비구니 대원각(大圓覺)이 1902년 30칸의 절을 중건하면서 지금의 법흥사가 시작되었고, 1912년 8월 17일 밤에 일어난 화재로 건물들이 불타 없어졌으나 1930년 중건 불사를 시작해 1932년에 완공했다. 대원각은 흥령선원을 이어 법흥사를 중창한 이듬해인 1933년 가을에 입적했다고 한다.

주천리 삼층석탑

옛날에 흥령선원을 찾는 신도들을 안내하기 위해 세웠다고 전해지는 제천 장락리 삼층석탑, 수주면 무릉리 삼층석탑을 비롯한 3기의 석탑 중 하나다. 오래 전에는 이 자리 바로 앞까지 강물이 들어와 '주천 나루터'가 있었던

사자산법흥사중건비

곳이다. 지금은 주변 지형이 변해서 논밭이 가득해 전혀 물가 앞이라고는 생각되지 않는다. 일제강점기인 1914년 10월 '산미(産米)증식계획'의 하나로 주천 들녘을 논으로 만들고 보와 제방을 쌓고 이 삼층석탑을 약 3m 가량 옮겨 지금의 자리로 옮겼기 때문이다. 이때 탑에서 금동불상이 발견되었다고 한다.

이 탑은 2층기단 위에 3층의 탑신을 올렸는데 하대석은 모서리가 떨어져 나갔으며, 각 면의 가운데와 모서리마다 기둥을 본떠 새겨 놓았다. 중대석에는 우주(隅柱)와 탱주(撐柱)가 조각되어 있고, 1층 탑신에는 우주가 조각되어 있으나 나머지 탑신에는 조각이 없고 3층 옥개석은 2층 너비와 높이가 커서 각 부분의 비례가 잘 맞지 않는다. 탑의 상륜부는 없고 옥개석의 처마곡선과 옥개받침의 모양으로 미루어 볼 때 조성연대는 고려 말기인 것 같다.

주천리 삼층석탑

무릉리 삼층석탑

명당에 서서

사람이 살기 좋고 몸과 마음이 편한 곳이 명당인데, 산사에 이런 명당이 유독 많다. 법흥사는 그런 명당 중에서도 또 알아주는 명당이고 그 핵심 자리가 적멸보궁이라고 한다. 경내를 둘러본 다음 한 번 더 적멸보궁으로 올라가봤다. 나지막한 언덕길을 조금 걸으면 주변에 솔밭이 펼쳐져 있고, 그 위로 돌계단이 나온다. 계단을 다 오르면 솟구친 듯 우뚝 솟은 자리가 나오고 여기에 적멸보궁이 그리고 그 앞에 다시 둥그스름한 동산이 솟아 있다. 적멸보궁 앞으로 갔더니 사람 몇몇이 모여 얘기하고 있다. 들으려고 한 건 아닌데, 그 중 한 사람이 "바로 이 자리로군!" 한다. 적멸보궁 계단 위 맨 왼쪽 기둥 앞에 서서 한 손에 'ㄱ'자로 굽은 쇳조각을 들고 있다. 그 쇳조각을 바라보면서, "여기에서 나오는 기운이 가장 센데." 하며 함박 웃는다. 웃음 안에 뭔가를 발견한 사람의 의기양양함이 보인다. 일행들이 "그래?" 하며 모여들었다. 가만히 보니 그냥 여행객 같지는 않고, 옷차림이나 행장 그리고 그들이 나누는 말들로 봐서는 명당 같은 데에서 기를 찾는 사람들인 것 같다. 대화를 들어보니 법흥사 기운이 대단한데, 특히 적멸보궁 왼쪽 기둥 앞이 가장 기가 잘 나온다는 얘기인 것 같았다. 내가 잘 알아들을 수 없는 얘기들을 잠시 더 나누더니 그들은 기분 좋은 얼굴들을 하고 경내로 향했다. 그들이 간 다음 나도 계단을 올라 그 자리에 서봤다. 특별히 시원하다든가 뭔가 모를 기운이 몸 안에 들어오는 느낌 같은 것은 없었다. 기라는 것도 느낄 수 있는 사람이나 느끼는 것일까. 잠시 더 있어 봤지만 마찬가지다. 기를 느끼는 일일랑 그만두고 눈을 들어 주변을 둘러보았다. 내려다보이는 경치가 참 좋아 눈이 시원하고 그제야 가슴이 좀 트이는 기분이었다.

　명당이란 무엇일까? 땅과 산이 사람에게 기운을 주는 곳이 명당이라지만, 사람도 그 자리를 고마워해야 명당도 명당 대접을 받는다. 명당에서 기운과 복 받을 생각만 말고 내가 건강히 살아가는 것 자체가 고마운 일이라고 생각한다면 마음도 활수해지고 세상을 바라보는 시선도 넓어지니 세상 어디에서든 내가 선 그 자리가 바로 명당일 것 같다. 하기는 전에는 못하던 이런 생각이 드는 것을 보면 여기가 분명 명당은 명당인가!

정선 정암사

정암사 가는 길

정암사(淨巖寺)는 정선군 고한읍 태백산(太白山) 아래에 자리한다. 이 산을 함백산이라고도 하는데, 산줄기가 멀리 태백산에서 뻗어 나온 갈래이기 때문에 옛날부터 정암사에서는 태백산임을 특히 강조했다.

정암사를 가기 위해서는 일단 영월로 들어서야 한다. 조금 더 가면 석황 삼거리가 있고, 여기에서 시루봉을 지나 사북·고한 방면으로 향한다. 고한을 지나면 상갈래 삼거리가 나오고, 여기에서 414번 지방도로 접어들면 정암사 입구까지 닿는다. 아니면 태백시로 가서 1,280m의 사리재를 넘어 고한으로 가는 방법도 있다. 고한에서 정암사까지는 약 5km 거리다.

대중교통은, 기차는 중앙선 고한역에서 내린 다음 고한읍에서 만항으로 가는 버스를 타고 정암사 앞에서 내리면 되는데, 버스는 하루 5회 다닌다. 택시로는 고한읍에서 정암사까지 10분 정도 걸린다.

자장율사의 창건

정암사는 자장율사가 창건했는데, 창건 당시에는 갈래사(葛來寺)라고

정암사 전경

했다. 갈래사라는 이름의 유래 그리고 자장율사가 창건할 당시의 상황과 그의 수행력을 말할 때마다 자주 인용되는 이야기이므로 여기에 자세히 소개한다. 이 이야기는 조선시대에 쓰인 〈갈래사사적기〉에 나온다.

  자장율사는 말년에 강릉 수다사(水多寺)에 머물렀는데, 하루는 꿈에 이승(異僧)이 나타나 말하였다.

정암사 자장각

"내일 대송정(大松汀)에서 보자."

자장율사는 꿈속의 계시대로 아침에 대송정에 가보았더니 문수보살이 내현하여

"태백산 갈반지(葛磻地)에서 만나자."

하고는 사라졌다. 자장율사는 다시 태백산으로 들어가 갈반지를 찾다가, 어느 날 큰 구렁이가 똬리를 틀고 있는 것을 보고는 제자에게 이곳이 갈반지라고 이르고 석남원(石南院)을 지었는데, 이 절이 바로 정암사이다.

창건에 관한 또 다른 일설에는 자장이 처음 사북리 불소(佛沼) 위의 산정에다 진신사리탑을 세우려 하였으나, 세울 때마다 붕괴되므로 간절히 기도하였더니 하룻밤 사이에 칡 세 줄기가 설상(雪上)으로 뻗어 지금의 수마노탑, 적멸보궁, 그리고 사찰터에 멈추었으므로 그 자리에 탑과 법당과 본당을 세우고, 이 절을 '갈래사'라 하고 지명을 '갈래'라 하였다고 전한다.

갈래사의 창건과 함께 이 절에는 세 탑이 세워졌다고 한다. 곧 정암

정암사 내경과
멀리 보이는 수마노탑

사의 북쪽으로 금대봉이 있고 남쪽으로 은대봉이 있는데, 그 가운데 금탑·은탑·수마노탑의 3보탑을 세웠다는 것이다. 이 중에서 우리가 볼 수 있는 탑은 수마노탑뿐으로, 현재 적멸보궁 뒤쪽 봉우리에 위치해 있다.

정암사의 역사, 수마노탑과 함께 한 천 년

자장율사의 창건담 외에 정암사의 초기 역사는 거의 전해지지 않는다. 별 수 없이 훌쩍 건너뛰어 조선시대 후기부터 나오는 단편적인 기록으로 갈 수밖에 없다.

정암사의 역사는 절의 상징인 수마노탑과 관련해서 읽을 때 그 맥락이 더 잘 이해된다. 그만큼 이 탑이 갖는 의미는 절대적이다. 1713년 절에서 수마노탑을 중수했으나 그 해 8월 벼락이 떨어져 탑 일부가 부서졌다. 한참을 손을 못 쓰다가 6년 뒤인 1719년에 다시 탑을 중수할 수 있었다. 1788년과 1858년에 적멸보궁을 중창하면서 탑도 함께 보수했다. 기록이 잘 남아 있지 않아서 그렇지, 이렇게 탑은 100년 안 되어 한 번씩 수리할 게 나오곤 한다. 이 수마노탑 외에 다른 절의 탑들도 대략 50년에서 100년 사이에 수리하곤 했던 기록을 가끔 볼 수 있다.

일제강점기에는 근대의 고승 효봉(曉

효봉 스님

峰) 스님이 조선총독부의 요주의 인물로 감시를 받았는데, 그들 몰래 정암사에서 3년 이상 머물며 수행 정진했다고 한다. 해방 후에도 지월(指月)·서옹(西翁) 스님을 비롯, 현대 우리 불교계의 정신적 지주였던 스님들이 이곳에서 수행했다. 정암사가 갖는 고즈넉한 분위기와 자장율사라는 신라의 대석학이 창건했다는 역사적 배경이 이들을 이끌었는지 모르겠다.

현대에는 1972년 나라에서 나서서 수마노탑을 대규모로 중수했는데, 이때부터 이 탑은 정암사뿐만 아니라 강원도를 대표하는 문화재로 대중의 관심을 끌기 시작했고, 이는 곧 현재 정암사의 발전과도 곧바로 이어졌다.

정암사, 그 청아한 가람

정암사의 가람은 남북으로 흐르는 계곡물을 따라 자연스럽게 두 공간으로 나누어진다. 천의봉 자락에 위치한 수마노탑과 그 아래 담장으로 둘러싸여 자리 잡은 법당, 곧 적멸보궁이 자리한 공간이 그 하나인데 말하자면 수행과 기도의 공간이라고 할 수 있다. 또한 일주문을 지나 계곡에 이르기까지 펼쳐진 금대봉 자락에 위치한 문수전, 육화정사, 범종루, 목우당, 요사 그리고 그 윗부분 산자락에 들어앉은 관음전, 삼성각과 자장각이 이루는 공간이 다른 하나로 주로 생활공간이 된다.

정암사 가람은 각각의 전각과 당우들이 시원스럽게 배치되어 있어 그저 '넓지도 않고 좁지도 않은', 참으로 넉넉한 공간이구나 하는 느낌이 든다. 청아(淸雅)하다는 게 바로 이런 느낌일까.

관음전

육화정사

적멸보궁

약간 경사진 절 입구를 지나 경내에 들어서면 '열목어서식지' 개울이 흐르고, 아담한 다리를 건너면 오른쪽으로 적멸보궁이 자리한 공간이 나온다.

우리나라 숱한 절에서 자장율사가 창건주로 나오거나 그에 관련된 전설이 있다. 전설도 물론 중요하지만, 기록이 함께 하면 더할 나위 없이 좋다. 자장 스님이 창건하거나 머물렀던 절 중에서 강원도 정선에

적멸보궁

적멸보궁 앞
자장율사 주장자 고목

자리한 정암사(淨巖寺)만큼 자장 스님의 자취가 뚜렷이 남아 전하는 곳도 없는 것 같다. 그리고 그 중에서도 수마노탑과 적멸보궁은 그 핵심이다.

  정암사 적멸보궁은 자장율사가 진신사리를 수마노탑에 봉안하고 이를 참배하기 위해 건립한 법당이다. 수마노탑에 불사리가 봉안되어 있기 때문에 적멸보궁에는 불상을 모시지 않고 있다. 이 보궁 안에는 선덕여왕이 자장율사에게 하사하였다는 금란가사(金襴袈裟)가 보관되

정선 정암사   207

어 있었으나, 1975년 11월에 도난당했다고 한다.

적멸보궁 앞에는 고목(枯木) 한 그루가 외롭게 서있다. 왜 이렇게 가냘프고 시든 나무가 여기에 있을까 궁금해 가까이 다가가보면 다름 아닌 정암사를 창건한 신라의 자장율사가 짚고 다니던 지팡이가 자랐다는 그 나무다. 나무 주위에 석단을 마련해 놓아서 이를 '선장단(禪杖檀)'이라고 부른다. 심은 뒤 처음 수백 년 동안은 계속해 자랐으나 어느 때인가 시들기 시작했고, 지금은 완연한 고목으로 남아 있다. 신기한 점은 고목이 옛날 모습 그대로 손상됨이 없다는 것인데, 다시 이 나무에 잎이 피면 자장 스님이 재생한다고 전해져 내려오고 있다.

수마노탑

'수마노탑'이란 이름은 자못 이색적이다. 왜 이런 이름이 붙은 것일까? 수마노는 마노(瑪瑙)의 한 종류로 표면이 매끈해 광택이 좋아 옛날부터 보석의 한 가지로 보았다. 그렇다면 과연 수마노탑의 재질은 마노석인가? 최근 광물학자들이 이 탑을 조사한 결과 '돌로마이트(dolomite)'로 판정했다. 돌로마이트는 석회암이 마그네슘을 함유한 용액과 반응하여 생긴 광물로 백운암과 비슷한 것이다. 전설처럼 마노는 아니지만, 돌로마이트 역시 유리광택 또는 진주광택이 나는 게 여느 돌보다는 훨씬 귀한 것이니 옛날 사람들이 본 것처럼 넓은 의미의 '보석'인 것은 틀림이 없다.

이 탑은 높이 9m의 7층 모전(模塼)석탑이다. 전탑은 흙을 구워 벽돌로 만든 다음 이것으로 쌓았다. 모전석탑이란 재질은 돌인데 외양을 마치 전탑처럼 표현한 것을 말한다. 맨 아래 지대석은 모를 죽인 화강암재로 6단을 쌓아 올렸고, 탑신부를 받치기 위하여 모전 석재를 그 위에 올린 모습이다. 탑신을 구성한 석재를 깎은 수법이 아주 정교하고 표면도 잘 정돈되어 있어 가까이 가서 보지 않으면 전탑과 구분이 잘 안 될 정도다. 기단부 중앙에 문 모양의 감실(龕室)을 달아냄으로써 여기에 불사리가 봉안되었다는 상징이 더욱 뚜렷하게 드러난다. 7층탑 옥개석 위에 얹힌 상륜부는 고려시대에 만든 것을 기본으로 해서 후대에 부분적으로 보수된 모습을 하고 있다. 이 탑은 주변 지형에 조화롭게 알맞은 크기를 하고 있으며 형태가 잘 정제되었고 수법도 정교하다. 특히 옥개 우각(隅角) 추녀 아래가 위를 향해 살짝 쳐든 모습에서 고려시대의 양식이 남아 있고, 청동제 상륜의 투각수법 또한 같은 시대 특징을 보여주고 있다. 탑 앞에는 배례석이 놓여 있는데, 여기에 새겨진 연화문이나 안상문 등도 고려시대의 특징을 아주 잘 나타내고 있다.

수마노탑의 의미를 좀 더 선명하게 하고 싶다면 다음의 세 가지 관점에 입각해서 바라보아야 한다. 첫 번째는 이 탑에 담겨있는 불교적 의미이고, 두 번째는 문화재로서 갖는 아름다움의 실체이며, 세 번째는 역사 자료로서의 가치다. 먼저 불교적 의미를 보면 맨 처음에 말한 것처럼 신라에 불사리 신앙이 본격적으로 유행하게 된 흔적이 고스란히 남아 있으니 그 가치는 아무리 말해도 부족할 판이다. 또 불교미술 면에서는 그 예가 드문 모전탑이고 재질도 아주 드문 석재로 구성된 데다가, 외형에서 삼국시대 탑의 잔영이 그대로 남아 있다는 점은 아주 가치 있게 보아야 할 부분이다. 끝으로 이 탑의 역사 자료적 가치는 어떨까? 미술사에서는 작품 자체가 사료인데 이 탑은 여기에 더해 자체로 여러 기록물까지 갖추고 있으니 이만한 자료가 또 없는 것 같다. 여기서 말하는 자료란 1972년 보수할 때 탑의 여러 곳에서 발견된, 조선시대 중·후기에 걸쳐 이뤄졌던 탑의 보수에 대한 기록인 탑지석(塔誌石)을 말한다. 전부 다섯 장이 발견되었는데 1653·1719·1779·1874년 수리할 때마다 넣어진 것이다. 탑지석 하나하나가 다 역사자료인데 다섯 장이나 고스란히 전해져 오는 건 유일한 예로, 사료적 가치로만 말한다면 우리나라 탑 중에서 가치가 가장 크다고 할 수 있다.

수마노탑과 탑 세부

수마노탑에 얽힌 전설

정암사 수마노탑의 이름에 얽힌 전설은 다음과 같다.

자장율사가 643년(선덕여왕 12) 당나라에서 돌아올 때 서해 용왕이 자장율사의 도력에 감화되어 마노석을 배에 싣고 동해 울진포를 지나 신력으로 갈래산에 잘 보관해 두었다가, 자장율사가 이 절을 창건할 때 이 돌로써 탑을 건조하게 하였다고 한다. 이에 물길을 따라 마노석을 들여와 만든 탑이라 하여 '물 수(水)'자를 앞에 붙여 수마노탑이라 부르게 된 것이다. 이 탑은 전란이 없고 날씨가 고르며, 나라가 복되고 백성이 편안하게 살기를 염원하면서 세워졌다고 전해져 오고 있다.

그런데 세 탑 중 수마노탑은 돌로 세웠으므로 세인들이 볼 수 있으나, 금탑과 은탑은 자장율사가 후세 중생들의 탐심(貪心)을 우려하여 불심이 없는 중생들이 육안으로 볼 수 없도록 비장(秘藏)하여 버렸다고 전하여진다. 자장율사는 그의 어머니에게 금탑과 은탑을 구경시키기 위하여 동구에 연못을 파서 연못에 비친 탑 모습을 보게 하였는데, 지금의 '못골'이 그 옛터이며, 그 못 옆에는 삼지암(三池庵)이 있었다는 전설이 전하고 있다.

정암사와 수마노탑, 그리고 자장율사 – 국보의 자격

정암사처럼 자장 스님의 체취가 자세히 남아 있는 경우도 참 드물다. 전설로 전하는 경우는 다른 데도 많지만 여기처럼 가시적으로 확인할 수 있는 경우가 별로 없기 때문이다. 우선 그가 중국에서 가져온 불사리가 봉안된 탑이 있고 여기에 상응해 오랜 옛날부터 적멸보궁이 있어 왔고, 마당 한편에는 그가 짚고 다니던 지팡이가 자란 것이라는 고목도 있다. 이만하면 자장 스님의 자취는 적어도 정암사에서만큼은 전설

정암사 일주문

이 아니라 역사인 셈이다.

그래서 정암사의 상징이랄 수 있는 수마노탑이 1964년 일찌감치 보물 410호로 지정된 것은 당연했다. 그런데 근래 정암사와 정선군에서는 수마노탑의 의미와 가치가 사람들에게 좀 더 널리 알려지기를 희망해 '국보'로의 승격을 위해 노력하는 중이다. 2016년 12월의 '정암사 수마노탑의 문화재적 가치' 심포지엄 등을 포함해 이미 여러 차례 관련 학술회의를 열어 이 탑의 학술적 의미를 알려왔고, 2017년 11월에도 관련 학술회의가 열릴 예정이다. 이에 따라 문화재청에 국보 승격 신청을 꾸준히 해오곤 있지만, 아직은 그 같은 소망이 이뤄지지 못하고 있다. 일부 학계에서 이 탑이 조선시대에 여러 차례 수리된 까닭에 고려시대의 원 모습이 바뀌었을 것으로 추정하고 국보로서의 자격에 부정적인 시각을 던지는 게 그 중요한 이유 같다. 그렇지만 최근 이 탑의 건립연대를 신라시대로까지 올려다보는 시각도 나올 만큼 학술적 가치가 높은 것은 누구나 인정하지 않을 수 없는 사실이다.

정암사 수마노탑이 우리 불교사와 문화사에서 차지하는 비중이 압도적이고 여간 중요한 게 아니다. 정암사 자체는 물론이고 신라의 중요한 역사 한 자락이 이 탑에 그대로 투영되어 있는 것이다. 그러니 명실공히 국보로 자리매김 되어 그 의미와 가치를 되돌아볼 수 있게 된다면 다행스런 일이 아닐까.

특히 수마노탑은 불교사·신앙·미술·기록 등 다양한 면에서 중요한 가치를 골고루 갖추고 있으니, 이만하면 우리가 사랑하고 나아가 다른 나라에도 자랑할 만한 '국보'로서의 자격이 충분히 있다고 생각된다.

철원 도피안사

　산 깊고 험한 강원도에서 흔치 않게 너른 들녘을 가진 곳이 철원(鐵原)이다. 우리나라에서 가장 넓다는 호남평야처럼 수평선이 까마득하게 보이지는 않아도 여기서도 논들이 제법 넓게 펼쳐져 있는 걸 볼 수 있다. 강원도를 다니다보면 한시도 눈가에 지워지지 않는 게 산인데, 그래도 그 산들이 철원평야에 서면 신기하게도 멀찌감치 물러앉아 넓고 평평한 들판을 허락해 주고 있다. 강원도 사람들이 먹을 곡식은 여기서 다 나오는 게 아닌가 싶기도 하다. 사실 이곳은 후삼국 시절 개경에서 일어나 태봉의 궁예(弓裔) 밑에서 점차 세력을 넓혀 가던 왕건(王建)이 결정적으로 힘을 얻게 된 곳이다. 궁예를 제거하고 철원평야를 차지함으로써 여기서 군량미를 든든히 댈 수 있었기 때문이다. 물산이 넉넉하고 풍부하면 사람이 넘치는 법, 그런 까닭에 고려시대에 다른 어느 유서 깊은 고장에 못잖게 문화가 세련되고 발전되었다. 하지만 고려의 수도가 개경으로 낙점되고 이후 권력과 사람들의 중심이 한쪽으로 쏠리면서 그만큼 계속된 발전을 못했다. 또 조선시대에 와서는 아예 수도가 한양으로 내려가면서 상대적으로 좀 더 넓고 풍요한 경기 이남의 평야를 낀 지역들이 주목을 받게 됨에 따라 더욱 철원은 잊혀 갔다. 그런데 최근에 이곳이 신도시로 낙점되어 사람들의 이목을 한껏 끌었고, 서울

철원평야 전경

과의 인접성도 강조되며 그에 따라 땅값도 수십 배로 뛰기도 했다. 후삼국 시대처럼 활짝 피던 시절은 아니겠지만 다시금 철원의 가치가 높아지게 된 건 사실이다. 과연 역사는 돌고 또 도는 것인가….

비보사찰의 창건

도피안사(到彼岸寺)는 철원군 동송면 화개산(花開山)에 자리한다. 얼마 전까지만 해도 이른바 민간인통제구역이라는 곳에 위치한 관계로 일반인의 출입이 쉽지 않았지만 지금은 아무런 제한 없이 출입할 수 있다. 절 이름인 '到彼岸'이라는 말에는 모든 중생을 피안의 해탈 세계로 건너가게 한다는 뜻이 담겨 있다.

도피안사는 통일신라시대인 865년에 처음으로 산문(山門)을 열었다. 당대의 고승 도선(道詵)국사가 향도 1,500여 명과 함께 이 절을 창건하여 철조비로자나불좌상을 봉안하고 삼층석탑을 건립하였다는 것이다.

《유점사본말사지(楡岾寺本末寺誌)》에 수록되어 있는 사적기에는, 도선

도피안사 전경

도피안사 대적광전

국사가 철조비로자나불상을 조성하여 철원의 안양사(安養寺)에 봉안하려고 하였으나, 운반 도중 불상이 사라져서 찾았더니 도피안사 자리에 안좌하고 있었으므로 절을 창건하고 불상을 모셨다고 한다. 도선국사는 이 절을 나라의 번성을 기원하는 이른바 '비보국찰(裨補國刹)' 중의 하나로 삼았다. 그런데 화개산이 풍수적으로 볼 때 물에 떠 있는 연약한 연꽃의 모습을 나타내고 있기 때문에 석탑과 철불로 산세의 약점을 보완하여, 국가의 내실을 굳게 다지고 외세의 침략에 대비했다고 한다.

근현대의 도피안사

　도피안사는 창건 이후 천여 년 동안 계속해서 국가의 비보사찰로서 명맥을 이어왔다고 하는데 다만 자세한 중건중수의 역사는 전하지 않는다. 조선 말 1898년 봄에 큰 화재로 모든 건물이 불타 버리고 비로자나불좌상도 비바람 속에 노출되어 있었다고 전해지며, 그 뒤에 3칸 법당을 지어 불상을 봉안했다.
　그러나 6·25전쟁으로 절은 완전히 소실되어 버리고 불상은 땅속에 묻히고 말았다. 그런데 하마터면 영원히 사람들의 기억에서 사라져버릴 뻔했던 이 불상은 극적으로 세상에 나타나게 되는데 여기에는 전설 같은 이야기가 있다. 1959년 육군 제15사단장 이명재(李明載) 장군이 하루는 도피안사의 부처님이 나타난 꿈을 꾸었다. 그 다음날 전방시찰을 나갔던 이 장군은 갑자기 갈증을 느껴 한 민가에 들어갔다가, 그 집 안주인의 모습이 꿈에서 얼핏 본 여인과 꼭 같은 것을 보고 깜짝 놀랐다. 이 장군은 꿈에서 본 절터의 모습을 설명하고 그 여인으로부터 그 자리를 인도받아 장병들과 함께 절을 중건하였던 것이다. 이후 1985년 사찰관리가 완전히 민간에 이관되기까지 군에서 관리를 맡았다.

철조 비로자나불좌상

　대적광전에 봉안된 이 불상은 9세기에 만들었다는 글자들이 몸체에 새겨져 있고 재질도 통일신라시대 말에 막 유행하기 시작했던 철불이라는 점에서 중요한 자료로 꼽힌다. 무엇보다도 이 작품이 이룬 예술미는 다른 데서 찾아보기 어려울 정도로 뛰어나니 이래저래 국보 63호라는 위상에 걸맞은 우리의 소중한 문화재인 것이다.
　불상의 등에 양각으로 된 글자들, 곧 조성기(造成記)가 있는 점이 이 불상의 가치를 더욱 높인다. 조성기의 내용은 865년에 철원군의 백성

1,500명이 참여하여 조성했다는 내용이 주를 이루고, 그 밖에 이 불사에 참여한 여러 주요 인물들의 이름도 나와 역사적으로도 귀중한 자료를 제공하고 있다.

높이 91cm로 광배는 사라졌고 지금은 대좌와 불신만 남아 있다. 머리카락을 표현한 나발(螺髮) 하나하나는 유난히 또렷하게 돌출되어 있는 반면, 정수리에 솟은 육계(肉髻)의 표현은 거의 없다시피 한 점, 어깨는 아주 움츠린 모습이 아니지만 지권인(智拳印)을 취하기 위해 두 손을 앞으로 모았기 때문에 약간은 앞으로 쏠렸으며 결가부좌를 취한 무릎의 폭은 어깨에 비해 다소 좁은 편이라는 요소 등이 양식의 주요 특징으로 꼽힌다. 하지만 대부분 책에 나오는 것처럼 '전체적 윤곽이 매우 길고 섬약하다'든가 또 '하부가 다소 빈약하다', '신체는 평판적이고 섬약한 편이다' 등의 표현은 이 불상을 전혀 잘못 보고 하는 말이다. 오히려 그 반대로 튼튼하고 힘찬 기운이 불상 전체에서 풍기고 있다. 아마도 9세기라는 시대, 어지러워진 사회에서 벗어나려는 새로운 움직임의 태동이 이 불상에 반영되었다고 보는 게 이 불상을 좀 더 역사적으로 이해하는 올바른 시각이 아닌가 싶다.

불상을 받치고 있는 대좌 또한 불상의 양식적 특징과 동일하다. 전체 형태는 이 시대에 가장 많이 유행된 팔각연화대, 곧 면을 팔각으로 하고 그 곳곳을 연꽃으로 장식하는 디자인으로 하였고 전체는 상·중·하대로 이루어졌다. 상대는 연꽃잎이 아래를 덮는 듯한 앙련(仰蓮), 중대는 팔각형, 하대는 연꽃잎 한 장을 위로 향하게 놓는 이른바 '단판복련(覆蓮)'으로 구성되어 있다. 이 대좌에서 특별히 지적할 점은 긴 귀꽃과 중대받침의 능형과 안으로 굽은 몰딩 처리로, 이것은 이 시대 대좌의 가장 대표적인 형식적 특징이다. 특히 귀꽃은 통일신라시대에 들어와 성행된 패턴이었다. 이와 함께 전체 형태의 섬세하고 평판적인 양식에서 불상과의 조화를 충실히 따르고 있다.

철조비로자나불좌상

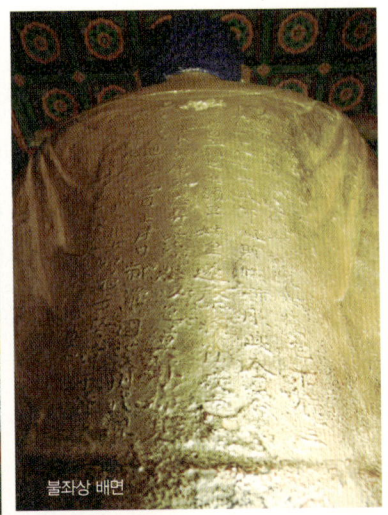
불좌상 배면

불좌상 대좌의 귀꽃과 팔각연화대

도피안사 삼층석탑

높이 4.1m이며, 팔각의 기단 위에 3층의 탑신을 형성하고 그 위에 상륜부를 올려놓은 특이한 형식의 석탑이다. 현재 보물 223호로 지정되어 있다.

이곳이 6·25전쟁 때의 격전지이었음에도 불구하고 탑의 상륜부와 3층 옥개석의 일부만이 손상되었을 뿐 전체적으로 양호한 상태로 보존되어 있는 건 아주 다행이었다.

탑의 구조는 정사각형의 지대석(地臺石) 위에 팔각형의 기단을 축조하였는데, 하층기단은 8각의 각 면에 안상(眼象)을 조각하였고, 그 위에 갑석(甲石)은 같은 돌로 이루어져 있다. 갑석 위에는 하나의 돌로 조성한 높직한 팔각연화대석이 놓여 있고, 단엽(單葉) 16판(十六瓣)의 복련(覆

도피안사 삼층석탑

삼층석탑의 기단부

蓮)을 새겼으며, 그 위로 낮은 각형(角形) 2단의 굄을 각출하여 상층기단 면석을 받치고 있다. 한 개의 돌로 만든 이 팔각형의 중대 면석에는 아무런 조각도 새겨져 있지 않다. 상대석의 갑석에는 아랫면에 낮은 각형 2단받침과 단엽 16판의 앙련(仰蓮)을 조각하여 하대석의 복련과 대칭을 이루고 있다. 갑석 윗면에는 높직한 사각형의 3단 굄을 마련하여 탑신부를 받치고 있는데, 끝이 살짝 들린 반전(反轉)형식으로 높직하게 표현한 굄대는 9세기경 석탑에서 간혹 볼 수 있는 특이한 형태다.

탑신부는 일반형 석탑에서와 같이 사각형인데, 옥신과 옥개석이 각각 한 개씩의 돌로 되어 있다. 각 층의 옥신석에는 양쪽으로 우주(隅柱)가 새겨져 있을 뿐 다른 표면장식이 없으며, 옥개석의 아래쪽 받침은 초층이 4단이고 2층과 3층은 3단씩이다. 낙수면은 평평하고 얇으며 받침이 낮아서 다소 묵직하고 둔중하다는 평도 있지만, 네 귀퉁이의 전각 부분에 반전이 뚜렷하여 전체적으로 경쾌한 느낌을 준다. 상륜부는 노반(露盤)만 놓여 있고 그 위에 얹혀졌던 다른 부재는 사라지고 없다.

이 석탑의 기단부는 여느 탑의 기단부와는 다르게 마치 불상의 좌대와 거의 차이가 없는 양식을 보이고 있는 게 특징이다. 이는 탑이 곧 부처님의 법신(法身)을 모신 것으로 불상처럼 봉안하려 했던 인식이 드러난 좋은 자료이기도 하다. 그리고 옥개받침이 4단·3단으로 섞여 있는 등 각 부의 양식에서 과도기인 통일신라시대 말의 시대적인 특징을 보이고 있다.

대적광전 철조비로자나불좌상에 새겨진 '咸通六年乙酉'라는 글씨로 볼 때 이 석탑도 865년에 불상과 함께 건립되었으리라고 추측되며, 석탑 자체의 양식 수법으로 볼 때도 이 시기로 추정되고 있다.

피안은 어디일까

도피안사를 떠올릴 때마다 그 이름에서 느껴지는 어감이 참 서정적이구나 하는 생각을 하곤 한다. 절 이름은 대개 불교적 이상이나 지명과 관련되어 지어지는 경우가 많은데 도피안사는 굉장히 감수성을 자극하는 의미도 담겨 있어서다.

'도피안'은 '피안에 건너가다'라는 뜻이다. 피안은 사람이 사는 이 세상인 차안(此岸)에 상대되는 말로 저 세상, 곧 사람이 죽어서 가는 세상을 말한다. 여기서의 저 세상이란 극락을 말하니 도피안이란 곧 저 세상 극락으로 건너감을 뜻한다. 불교에서 이 세상을 고해(苦海)라고 표현하는데, 꼭 불교적 표현임을 떠나서 사람은 대부분 인생살이가 참 고달픈 것임은 살아봐서 잘 안다. 그래서 어떻게든 이 힘들고 고단한 세상을 잘 지내 죽어서는 좋은 곳으로 건너가서 거기서 영원히 머물고픈 게 사람의 마음이다.

그래도 피안이 꼭 죽어야 가는 곳일까 하는 생각을 할 때가 있다. 세상살이가 고해인데 기왕 사람으로 태어난 바에야 어찌 하겠는가. 바다에 좀 있어봐서 바다가 얼마나 막막하고 무서운 곳인지, 그 한복판에

도피안사 일주문

떠 있을 때의 걷잡을 수 없는 두려움을 좀 안다. 사막에서 길 잃은 것도 무섭겠지만 그래도 땅은 갑자기 꺼지거나 뒤집혀지지는 않지 않은가. 바다에서는 말 그대로 언제 집채만한 파도가 머리 위를 덮칠 지, 언제 내가 탄 이 알량한 배가 심연으로 가라앉을지 알 수가 없다. 그래서 생각한건, 왜 내가 이 바다에 떠있어야 하는지 그 까닭이야 알 수 없지만 아무튼 고해 중에 떠 있게 되었다면, 걱정과 두려움에만 사로잡혀 있을 게 아니라 어떻게든 이 고해를 잘 건너려고 마음을 다 잡아야 하겠다는 것이다. 피안이 차안이고, 차안이 곧 피안이라고 여기고 용기 내어 살아가는 수밖에 없다. 이성(理性)을 돛 삼아 방향을 똑바로 잡고 지성(知性)을 노 삼아 힘차게 저어나가면 고해라는 거대한 바다에 떠 있는 한 조각 작은 배에 탄 인생일지언정 언젠가는 피안에 닿지 않을까 하는 것이다.

철원 심원사

책상 위에 아담한 지구본 하나가 놓여 있다. 크기가 야구공보다 조금 큰 정도라 가까이 봐야만 나라 이름을 볼 수 있으니 실용성보다는 장식성에 더 가까운 셈이다. 글을 쓰거나 책을 보다가 지루해지면 이 지구본을 들여다본다. 장식용이라고는 해도 굳이 비좁은 책상 한쪽을 차지하게 둔 것은 늘 여행을 꿈꾸며 사는 탓인지 모르겠다. 이 지구본을 들여다보면 이 작은 곳에 그 많은 사람들이 살아가고 있고 그 속에 나도 존재함이 신기롭기까지 하다. 그러다가 지구본에 손가락을 대고 힘껏 빙 돌린 다음 아무 데나 짚어서 세운다. 손가락 아래에 자리한 그 나라를 보면 괜스레 마음이 진지해진다. 미술을 공부해 그런지, 그러다 문득 사찰에 자리한 문화재가 떠오른다. 문화재도 내 손가락 아래의 이 작은 나라처럼, 세상에 널리 알려진 것 외에 사실 그 가치를 모르며 지나치는 보석 같은 존재도 많지 않을까? 더 나아가 생각하면, 결국 눈에 들어올 듯 말 듯 저만치 있는 돌덩이가 보배보다 더 중요할 수도 있음을 깨닫는 게 인생의 묘미 아닐까라는 생각도 든다. 이런저런 상념에 빠지다 보니, 지구본에 나오는 저 나라까지는 아니더라도, 어디론가 좀 떠나보고 싶다는 마음이 불쑥 솟았다.

철원 심원사 전경

두 곳의 심원사

심원사(深源寺)는 철원군 동송읍 상로리 72번지, 깊숙한 산자락에 자리한다. 서울에서 찾아간다면 수유리 시외버스터미널에서 '관인'행 직통버스를 탈 수 있고, 동서울터미널에서는 동송 방면으로 가면 된다. 철원읍에서는 동송 읍내나 관전리에서 직행버스를 이용하여 심원사까지 갈 수 있다.

심원사는 지장보살 신앙이 깊은 도량으로 널리 알려졌다. 지장보살은 인간 사후세계를 주관한다고 믿어지니, 사람들이 지장보살을 특별히 믿는다는 건 이미 죽은 이나 혹은 자신이 죽은 이후 지옥에 떨어지지 않도록 기원하는데 정성스런 기도를 올린다는 뜻이다.

심원사는 철원 심원사와 경기도 연천 원(元)심원사 등 두 곳이 있다. 전국에 이름이 같은 절은 많지만, 이 두 심원사는 사실 한 뿌리에서 나왔다. 천 년 전 창건 당시의 심원사 자리는 경기도 연천군 신서면 내산리 일대였다. 오랫동안 역사가 이어오다가. 1950년에 일어난 6·25전쟁으로 폐허가 되면서 지금의 자리로 옮겨와서 심원사의 법등을 이은 것이다. 여러 사찰의 역사를 들여다보면 절이 제대로 운영되기 어려울 때 이렇게 자리를 옮겨 새로운 기운으로 중창하는 경우가 꽤 많다. 이유는 여러 가지다. 산불 같은 화재나 전쟁 같은 파괴가 가장 흔한 원인이고, 혹은 못된 관료나 욕심 많은 지역 유지들이 절 자리를 뺏기 위해 일부러 폐사시키는 경우도 많았다. 심원사는 옛 자리가 오래도록 빈터로 있다가 근래 '원심원사'가 들어서 복원불사가 한창 진행 중인데, 이곳도 최근 문화체육관광부에 의해 전통사찰로 지정되었다. 강원도와 경기도라는 행정구역은 다르지만 두 절 모두 같은 보개산(寶蓋山) 자락이다. 산이 워낙 크고 넓어 강원도 철원, 경기도 연천과 포천의 경계에 두루 걸쳐 있어서다. 그래서 심원사와 원심원사가 같은 산 아래 있고 거리상으로 보면 사실 아주 멀리 떨어진 것도 아니지만 행정구역으로는 각각 강원도 철원과 경기도 연천으로 구분되어 있다.

철원에서도 깊숙이 자리한 심원사

철원은 군사요충지라 그 동안 다른 지역과의 소통이 쉽지 않았다. 이 점은 아직도 철원의 발전에 걸림돌로 남아 있고, 특히 심원사가 있는 지역은 DMZ에 가까워 그런 면이 더욱 짙었다. 그래서 심원사는 대중과 가까이 가는데 특별한 노력을 하고 있다. 예를 들면 매주 영어 교실을 여는 게 그것이다. 도회지에서 흔히 보는 학원에서 하는 입시를 위한 영어가 아니고, 간단한 기초영어와 생활회화를 강습하는데 의외로 지역 주민들의 반응이 좋다고 한다. 무엇보다 산사가 스스로의 고색창연함에 머물기만 하지 않고 외부와 무언가를 나누고 함께 하려는 자세는 참 신선하다. 또 이런 일들을 통해 자연스럽게 불교문화를 사람들에게 알릴 수도 있으니, 괜찮은 착상이고 바람직한 방향 같아 보인다.

심원사의 창건과 연혁

심원사는 창건 당시 무려 250여 칸의 건물들과 석대암(石臺庵) 등 부속암자 4개를 거느리던 대찰이었다. 그 역사는 금강산의 대찰 유점사의 역사서 《유점사본말사지》에 자세히 나온다.

심원사는 삼국시대인 647년 영원(靈源)조사가 흥림사(興林寺)라는 이름으로 창건했다. 흥림사는 720년에 새로운 전기를 맞았다. 심원사 하면 곧바로 지장보살 기도처를 금세 떠올릴 만큼 지장도량으로 유명한데, 이런 사격(寺格)이 바로 이때 마련된 것이다. 이 산에서 사냥으로 업을 삼던 사냥꾼 이순석(李順碩)이 어느 날 자신이 해왔던 살생의 죄를 크게 뉘우치고 지장보살의 감화를 입어 참회하고자 흥림사를 석대암(石臺庵)으로 바꾸어 중창했다. 이 석대암이 나중에 심원사로 발전하게 된다. 석대암에 대해서는 뒷부분에서 더 자세히 말하겠다.

859년에는 강원도 일대 사찰에 그 이름이 많이 전하는 고승 범일(梵日, 810~889)국사가 절을 중창하고 천불(千佛)을 조성했다. 이듬해 성주암(聖住庵)·남암(南庵)·지장암(地藏庵) 등 암자들을 세우며 나라 안의 손꼽는 대찰이 되었다. 범일은 우리나라에 선종(禪宗)이 크게 유행했던 신라말에 자리 잡은 이른바 구산선문(九山禪門), 곧 아홉 곳의 선종 대찰 중 사굴산파(闍堀山派)를 연 사람이다. 그가 이곳을 중창한 것도 이런 선종의 진흥책과 직접 관련이 있을 것이다.

고려시대에 들어와서는 자신의 호를 '불법(佛法)을 좋아하는 사람'이라는 뜻의 법희거사(法喜居士)로 할 만큼 불교에 박식했던 저명한 학자 민지(閔漬, 1248~1326)가 1307년 사적기를, 1320년에 사적비를 세웠다. 전

연천 원심원사 내경

대에 이어 여전히 석대암은 보개산의 대표적 사찰로 법등을 이어왔음을 알 수 있다.

조선시대에 들어 1393년 3월에 불타버렸으나, 무학(無學)대사가 1395년 중건하고 지금처럼 절 이름을 심원사로 바꾸었다. 이전까지 절의 중심이었던 석대암은 암자로 바뀌었다. 1398년 무학대사가 성주암을 중창하고, 1400년 석대암을 중창했다. 그러나 심원사는 1592년에 일어난 임진왜란으로 불타 버렸는데, 전쟁 중인 1595년 인숭(印崇)·정인(正仁) 등이 소규모로 중건해 법등이 끊어지지 않게 이어나갔다.

왕실의 원찰이 되다, 축성암과 석대암

임진왜란 이후에도 중건의 불사는 끊임없이 이어졌다. 1689년 오층석탑을 세웠고, 1807년에 축성암(祝聖庵)을 창건했다. '축성'이라는 암자나 전각은 이곳뿐만 아니라 조선시대 후기 전국의 사찰에서 더러 보이는데 이는 임금의 만수무강을 기원하고 기도하는 체제가 갖추어졌음을 의미한다. 전각 운용의 특성상 축성암은 왕실과 사찰 간 사전 교감

연천 석대암

이 이루어진 다음에 지어졌을 것 같다. 따라서 심원사 역시 이때 축성암을 창건하면서 왕실에서 직간접으로 상당한 유대와 지원이 있었음을 알 수 있다. 왕실의 지원은 축성암에 그치지 않았고, 1861년 철종이 내탕금(內帑金, 궁실 운영 비용)을 지원해 석대암을 중건케 했다. 우리 불교사에서 '왕실 지원'이라는 말은 반드시 왕과 왕비 혹은 왕자나 왕녀 등 '로열 패밀리'에만 국한되지 않고, 상궁들의 참여도 여기에 포함된다. 그녀들은 왕과 왕비의 심복들이었으므로 종종 이들이 매개가 되어 왕실과 사찰이 이어지기도 했기 때문이다.

심원사 본사도 1887년에 김 상궁의 시주를 받아 석대암을 중건했다. 석대암은 1893년에 일본 범종을 봉안했다. 군산 동국사처럼 일제강점기에 일본 범종을 가져오는 경우가 더러 있었는데, 이처럼 조선 말에 일본 범종이 들어온 것은 아주 이례적이다. 아마도 일본 범종이 들어온 가장 최초의 예로 기록될 것 같다. 1889년 계선(戒善) 비구니가 남암(南庵)의 대웅전을 중건한 것은 근대 불교사에서 비구니사 관련 자료로 활용할 만하다.

왕실과의 밀접한 관계는 계속 이어져 1903년에 사역(寺域)의 경계를 위해 정계비(定界碑)를 절 입구에 세우도록 허락 받았으며, 1906년에도 법명이 대련화(大蓮華)라는 임(林) 상궁이 왕실을 대신해 나라를 위한 치성을 여기서 올리면서 72,269평의 땅을 절에 시주했다고 한다.

근대의 굴곡, 일제강점기 속에서의 부침

왕실의 지원을 받아 착실하게 발전하던 심원사였지만 시대의 흐름을 벗어날 수 없었다. 구한말이 되면서 나라는 급격히 쇠락했고, 그에 따라 심원사도 큰 타격을 받았다. 그 중 가장 커다란 사건이 1907년 9월 11일 일어난 의병전투였다. 일본에 맞서 일어났던 이 지역 의병들은 심원사를 거점으로 투쟁했는데 이날 의병 300여 명과 일본군과의 대규모 전투가 벌어져 250칸의 건물과 1,602위의 불상이 모두 불타버리는 최대의 참사를 맞고 말았다.

하지만 1909년부터 다시 복구 작업을 시작했고, 이듬해에 함경남도 북청군 대동사(大同寺)에서 목조 불상 8위를 옮겨 모셔와 향공(香供)이 끊이지 않게 하였다. 또 1918년 천불을 봉안하고, 1925년에 산내 곳곳에 흩어져 있는 석비와 부도들을 절 입구의 영원교(靈源橋) 부근 광장으로 옮겨 세웠다. 대중 교육에도 힘을 쏟아 1927년 보통강습소를 설립하여 인근의 고아들을 모아 글을 가르쳤다. 이듬해 영원교를 비롯한 반야(般若)·불이(不二)·신흥교(新興橋)를 세웠다. 이렇게 교육이나 홍수를 대비해 튼튼한 다리를 놓아 지역 주민들의 편의를 도모한 점 등은 근대 당시 일부 깨친 절들에서 앞장섰던 일종의 근대화 작업으로, 마치 고성 건봉사에서 했던 일들과 아주 비슷한 점이 눈에 띈다.

1935년 석대암에서 박선심화(朴善心華)가 박대선화(朴大善華)와 함께 화응(華應) 스님을 법사로 하여 백일기도를 드리던 중 한밤중 법당에서 환한 빛이 뻗치는 서광(瑞光)의 이적을 보고 감동해 이후 석대암의 중창에 큰 힘을 보태게 되었다. 박선심화는 무관으로 한일합방 때 일제가 남작의 작위를 주었으나 거절하고 저항했던 독립운동가 한규설(韓圭卨, 1848~1930)의 부인이다. 두 자매는 공부하는 스님들을 위한 공간을 짓기로 뜻을 모았다. 그해 절에 약 5만 평을 기증하고 교과용 불경을 인쇄했으며, 이듬해 철원군 월정리에 농장을 매입해 매년 100석의 쌀을 화산경원에 보내는 등 안정적인 운용을 할 수 있도록 했다. 이 해 9월 1일 드디어 공부할 공간이 완성되니 이곳이 화산경원(華山經院)이다. 이곳에서는 경학연구뿐만 아니라 능력 있는 승려들을 외국으로 유학시켰는데, 현대의 이름 있는 승려 중 화산경원 출신이 매우 많았다고 한다. 이는 근대 불교사에서 무척 중요한 의미를 갖는 일이었다. 어려운 시절임에도 한 사찰에서 체계적으로 공부하고 수행할 수 있는 환경을 갖추어 나갔다는 것은 특기할 만하다.

일제강점기에서도 이렇게 사세를 유지해 나갔던 심원사와 석대암은, 그러나 6·25전쟁 때 잿더미로 변했다. 전쟁 이후에도 이 지역이 비무장지대(DMZ)에 속하게 됨에 따라 민간인의 출입이 통제되어 활동에 커다란 제약을 받았다. 이에 1955년 4월 철원의 지금의 자리로 옮겨 오늘에 이르렀다.

심원사의 문화재

보개산 끝자락이 나지막이 내려앉은 상로리 일대의 평지에 자리한 심원사는 사방으로 평야를 낀 평지가람을 이루고 있는 적당한 규모의 가람이다. 명주전(明珠殿)은 우리나라 유수의 지장보살 도량으로 알려진 심원사의 핵심 전각이다. 1962년 창건되었다가 2003년 같은 자리에 다시 새로 지어졌다. 명주전은 나지막한 언덕을 남산으로 동남쪽을 향

명주전

대웅전

보제루

하고 있으며, 그 앞면에 누각 보제루가 있다. 또 명주전을 중심으로 왼쪽에 신축한 극락보전과 삼성각·대웅전이 나란히 자리하며, 오른쪽에는 근대 경학연구 기관이었다가 현재는 수도처로 사용되고 있는 화산경원이 자리하고 있다.

석조지장보살상

명주전 안에는 예로부터 '살아있는 지장보살'이라 하여 기도인의 발길이 끊일 날이 없었던 석대암의 지장보살좌상이 봉안되어 있다. 이 상은 720년에 사냥꾼 이순석이 석대암을 중창할 때 조성한 것으로 전한다. 이후 석대암의 지장보살은 수많은 이적을 남겼으며, 그 영험들로 인해 가히 '살아있는 지장보살'로 받들어졌다. 그러나 6·25전쟁으로 석대암은 폐허화되었고, 지장보살상도 실종되어 그 행방이 묘연

명주전 내부

석조지장보살상

하게 되었다. 그 뒤 한 불자가 서울에 은닉되어 있는 이 불상을 되찾아 심원사에 모시게 되었다고 한다.

부도

연천 원심원사로 향하는 길 입구에 고승들의 사리를 봉안한 12위의 부도와 3기의 비석이 있다. 일제강점기에 발간된 《심원사지》에 의하면 1925년 심원사 동쪽에 있던 4기의 비석과 20기의 부도를 지금의 위치로 옮겨온 것이라 한다. 6·25전쟁으로 이 중 몇 기는 파손되거나 밀반출되기도 했다. 17세기 전반에 활동하던 제월당(霽月堂)·취운당(翠雲堂)·풍담당(楓潭堂)·호연당(浩然堂)·청하당(靑霞堂)·청심당(淸心堂) 등 휴정의 법맥을 이은 스님들이 부도의 주인공들이다. 제월당 경헌대사비는 1636년에 세웠는데 옆면에 안상(眼象)을 새긴 받침돌 위에 비신을 세운 후 구름과 용을 조각한 4각의 옥개를 얹은 모습이다. 비문은 광덕대부 동양위 신익성이 짓고, 의창군 이황의 글씨와 전액으로 되어 있으며, 음기의 추기는 제월당의 제자 밀언의 글과 글씨로 되어 있다. 가장 왼쪽

원심원사 부도밭

원심원사 제월당대사비

에 자리한 취운당 대사의 비는 1652년에 세웠다. 다듬지 않은 자연석을 받침돌 삼아 그 위에 비신이 있는데, 비신은 위로 올라갈수록 넓어진 마름모꼴을 하고 있다. 비문은 홍문관 교리 정두경(鄭斗卿)이 짓고, 글씨와 전액은 윤노웅(尹魯雄)이 썼으며, 음기는 광혜 스님의 글씨다.

보개산을 내려오며

철원이 고려 초기에 풍부한 인적 또는 물적 자원을 지원해 나라를 건국한 원동력이 되었음은 잘 알려진 역사다. 현대에 들어오면서 중앙, 다시 말해 서울이 정치와 경제 그리고 사회의 거의 오직 한 곳뿐인 중심지가 되어 버려 지방에 대한 관심과 이해가 사라지고 말았다. 그래서 강원도는 더욱 먼 산골의 이미지만 각인되어 있고 그 중에서도 철원은 어디 먼 세상에 있는 오지(奧地)처럼 느껴지는 사람도 적잖은 것 같다. 특히 보개산 자락에 있는 원심원사는 차로 들어가기도 어렵고 산길을 제법 걸어 올라가야 경내에 닿을 수 있다. 차로 어디든 갈 수 있고 또 길도 잘 닦여져 있어 아무리 멀어도 두 시간 나들이 시간이 익숙한 요즘 사람들 거리감과 감각으로는 쉽게 다가가기 좀 어렵게 느껴질지도 모르겠다. 그래도 요즘은 서울에서 철원 가는 길이 잘 닦여져 많이 가까워졌고, 언젠가는 경전철까지 들어설 계획도 있다고 하니 지금보다도 훨씬 빠르고 편하게 갈 수 있을 터이니, 철원에 깃든 역사와 문화가 좀 더 잘 알려질 기회가 늘어날 것이다.

철원의 명산은 이론의 여지없이 보개산이다. 일부러 갔든, 아니면 누구의 권유를 받아 간 것이든 한번 철원에 들러 보개산을 올라본 사람은 대부분 그 깊고 그윽하며 넉넉한 산의 품에 반해 다시 찾는 경우가 많은 것 같다. '보개'는 '보배 같은 지붕'을 뜻하는데, 이 말 자체는 산개

(傘蓋), 곧 귀한 사람이 쓰는 우산을 말한다. 석대암에서 나와 보개산 능선을 넘어가는 길에는 마침 울창한 나무 사이로 멀리 철원평야가 내려다보이는 바위가 있었다. 다리도 쉴 겸 조망도 할 겸 올라가 보니 이 산이 왜 보개라고 이름 붙여졌는지 알 것 같다. 히말라야 산이 세계의 지붕이라더니, 철원의 지붕은 바로 보개산이었다. 그 옛날 후삼국시대에 궁예(弓裔)는 철원을 근거로 삼아 태봉(泰封)을 세우고 한때 왕성한 세력을 자랑했다. 그도 아마 이 보개산에 올라 자신의 나라가 철원만이 아니라 세상을 아우르는 지붕이 되기를 바랐을 것이다. 꿈은 이뤄지지 않았고 또 세상은 일변했지만, 그게 바로 인생 아닌가. 그렇기는 해도 지나온 역사의 흔적은 보개산에 그리고 이 산에 자리 잡은 심원사에 남아 있으니 인생은 무상이되 역사는 세월의 험한 변천에도 눈 하나 꿈쩍 않고서 그 자리에 그대로 앉아 사람들을 보고서 슬며시 미소 짓는 것 같다.

보개산 전경

춘천 청평사

탈속과 은둔의 사찰, 춘천 청평사

    스무 번도 넘게 다녀온 춘천이지만 갈 때마다 어김없이 마음이 설렌다. 쭉 뻗은 경춘가도를 달리는 고속버스, 혹은 경춘선의 덜컹거리는 기차의 차창 너머로 휙휙 지나가는 풍경을 보면 까닭 모를 편안함이 느껴지곤 했다. 지금도 춘천의 중심가 명동의 소박한 도시적 정경, 소양강의 고적함과 소양댐 주변의 잔잔한 호반, 남이섬의 정취를 머릿속에 떠올릴라 치면 대도시에서 부대끼며 살아온 삶이 도통 부질없어 보

소양댐 주변의 호반

인다.

그래서일까, 춘천의 대표적 사찰인 청평사의 인상은 탈속과 은둔으로 다가온다. 유독 나 혼자만 그러는 건 아닌 것 같다. 청평사를 노래한 시마다 어김없이 이런 분위기가 보이는 것이다. 사찰을 말하면서 이런 이미지만 떠올리는 게 꼭 바람직한 것은 아니다. 저잣거리의 소란스러움이나 새벽 재래시장에서 맛보는 펄떡펄떡 뛰는 싱싱한 활력을 기대해서야 물론 안 되겠지만, 사찰이 고통과 괴로움을 구원하는 곳이라면 응당 그에 걸맞은 기쁨과 즐거움의 이미지도 함께 있어야 하기 때문이다. 어쨌든 청평사처럼 탈속과 은둔의 이미지가 짙게 드리워 있는 곳도 드물 것 같다.

춘천의 고찰 청평사

춘천은 강원도 여러 지역 중에서도 외부 사람들에게 가장 친근하게 느껴지는 도시일 것 같다. 춘천하면 가장 먼저 떠오르는 절이 청평사(淸平寺)가 아닐까. '春川'이란 이름 그대로 봄날의 시냇물과 같은 잔잔한 이미지와 또 오봉산 아래 자리한 산사의 정취를 함께 간직한 곳이 청평사다. 춘천의 명물 소양호를 앞에 두고 있는 청평사는 그 이름만큼이나 맑고 고요한 절이다.

아름다운 오봉산을 베개로 삼고, 맑디맑은 소양호에 발을 담그고 있는 청평사는 절 입구에 펼쳐진 고려정원(高麗庭園)으로도 사람들에게 잘 알려져 있다. 청평사에 대해 왠만큼 안다는 사람 중에서도 여기가 고려시대 불교의 새로운 장을 펼친 역사의 현장이라는 것까지 알고 있는 경우는 드물다.

청평사는 고려시대인 973년 중국의 영현(永賢)선사가 오봉산의 옛 이름인 경운산(慶雲山)에 지은 백암선원(白岩禪院)이라는 참선도량에서 비롯된다. 그러나 얼마 있지 않아 백암선원은 폐사가 되었다. 1068년에 춘천의 옛 이름인 춘주도(春州道)의 감창사(監倉使)로 부임한 이의(李顗)는 경운산을 사랑하여 백암선원의 옛터에 절을 짓고 보현원(普賢院)이라 하였다. 이의는 아마도 자신이 세상을 잊고 편하게 은거하기 위해 이곳에 자리 잡았던 것 같다. 그런데 청평사가 전에 비해 비약적인 발전을 이룬 것이 바로 그의 아들로 인해서이니 발전의 씨앗은 이의가 뿌린 셈이다.

청평사의 전신, 이자현의 보현원

이 절이 역사상 유명한 사찰이 되고 대찰의 면모를 갖춘 것은 이의의 아들 이자현(李資玄, 1061~1125)이 머물고부터다. 1089년 과거에 급제했지만 얼마 뒤 벼슬을 버리고 아버지가 세웠던 보현원으로 들어갔다. 남들은 하지 못해 안달인 벼슬이지만 관직 생활이 그다지 맞지 않았고 또 세상의 영달에도 그다지 관심이 없었던 모양이다. 아무리 형편이 넉넉했다 하더라도 개인으로서 절을 운영하려면 상당한 재력이 뒷받침되지 않으면 안 되었을 것이다. 그의 성격이 본래 번잡한 것을 싫어해 그랬기도 했겠지만, 직업을 버리고 자연에 은거하는 게 쉽지 않은 건 옛날이나 지금이나 마찬가지일 것이다.

어쨌든 그는 보현원에 들어와 주변을 새롭게 바꾸었다. 아마도 오지였던 이곳을 자신이 갖고 있는 영향력과 정성으로 나름대로 잘 정리했던 것 같다. 당시 이곳에 들끓던 도둑과 호랑이가 그가 들어오자마자 모두 자취를 감추었다는 말도 곧 그가 이 일대를 말끔하게 운영했음을 뜻할 것이다. 물론 그가 이곳에서 경험했던 종교적 이적(異蹟)도 이곳이 유명해지는 데 큰 영향을 주었다. 여기서 은거하면서 문수보살의 진신(眞身)을 두 번이나 친견했다고 하는데, 이 말은 곧 이 보현원이 문수 신앙을 근거로 이뤄졌다는 의미도 되는 것 같다.

그 뒤 이자현은 모든 것이 맑게 평정된 산이라 하여 산 이름을 청평산(淸平山), 문수보살의 크나큰 지혜로 불법의 가장 요긴한 뜻을 깨달아 얻는 도량이라는 뜻으로 절 이름을 문수원(文殊院)으로 바꾸었다. 그리고 경내에 여러 전각을 짓고 견성암(見性庵)·양신암(養神庵)·칠성암(七星庵)·등운암(騰雲庵)·복희암(福禧庵)·지장암(地藏庵)·식암(息庵)·선동암(仙洞庵) 등 여덟 암자를 창건했다.

이곳에서 이자현은 나물밥 먹고 베옷 입으며 청빈한 생활을 하며 선(禪)을 즐기는 한편,《능엄경》을 연구하면서 수도했다고 한다. 그래서 그는 우리나라 능엄선(楞嚴禪)의 개창자요, 교학 중심의 고려시대에 선학을 일으킨 공로자로 평가받는다. 그를 존경했던 예종은 사람을 시켜

청평사 전경

차와 향 그리고 갖가지 패물 등을 보내며 여러 번 궁궐로 청하였으나, 끝내 응하지 않고 평생을 수도생활로 일관해 더욱 더 사람들의 존경을 받았다.

그 뒤 고려 말의 고승 원진(圓眞)국사 승형(承逈)이 여기에 와서 이자현의 유적을 찾다가 '능엄경은 마음의 본바탕을 밝히는 지름길'이라는 이자현이 남긴 〈문수원기(文殊院記)〉를 읽고 마음 깊이 감명을 받아, 이곳에 머물면서 《능엄경》을 공부하였다. 그 뒤 승형은 불법을 선양할 때 언제나 《능엄경》을 으뜸으로 삼았다. 우리나라 선종에서 《능엄경》을 근본경전으로 삼게 된 것은 이자현이 첫 등불을 켜고 승형 스님이 심지를 돋운 덕분이라는 평가가 있으니, 다시 말해서 청평사는 우리나라 능엄선의 뿌리를 심은 절이라고도 할 수 있다.

1327년 원나라 황제 진종(晉宗)의 황후가 불경과 함께 돈 만 꾸러미를 시주하고 거기서 나오는 이익으로 황태자와 왕자들의 복을 빌고,

이자현 부도(좌)
〈진락공중수 청평산 문수원기〉(우)

그들의 생일에 승려들에게 공양을 올리는 반승(飯僧)을 행하도록 했다. 이를 기념한 비도 세워졌는데 현재 비는 남아 있지 않지만 그 비문의 내용은 이제현의 《익재난고(益齋亂藁)》 권7과 《동문선》 등에 〈유원고려국청평산문수사시장경비(有元高麗國淸平山文殊寺施藏經碑)〉라는 제목으로 전한다.

1367년 당대의 고승 나옹(懶翁) 스님은 공민왕의 청에 따라 여기서 2년 동안 머물렀으며, 8암자 중 복희암에서 특히 많은 시간을 보냈다고 한다.

조선시대 이후의 청평사

조선시대에 들어와서는 생육신(生六臣)의 한 사람인 김시습(金時習)이 승려가 된 뒤 이 절의 단향원(端香院)에서 머물렀으며, 그 때 지은 시 6수가 《매월당집》에 있다. 1555년 판선종사(判禪宗師) 보우(普雨) 스님은 왕명으로 주지로 부임한 다음, 2년에 걸쳐 대대적 중창불사를 이룩하였다. 스님은 능인전(能仁殿)을 보수하고 극락전을 비롯하여 회전문(廻轉門) 등 모든 건물을 새로 지었고, 절 이름도 청평선사(淸平禪寺)로 바꾸었다. 현재 그 때의 건물로는 회전문밖에 남아 있지 않지만, 일본 교토의 고메이지(光明寺)에는 1562년 보우 스님이 명종과 인순왕후(仁順王后)·문정왕후(文定王后) 등 궁중 일가의 성수를 기원하며 조성한 지장보살탱화가 전하고 있다.

조선시대 후기인 1711년에는 당대 최고의 강백(講伯, 교학을 강의하는 스님)으로 이름이 높던 환성(喚惺)이 중수했고, 1728년에는 각선(覺禪)이 삼존불상을 조성했다. 1861년 대웅전이 불타버리자 이듬해 그 자리에 요사를 지었고, 1880년 다시 불탔으나 또 새로 지었다. 1900년에는 문의 좌우로 행랑채 10칸을 연이어 세웠고, 1923년 신도 박정명(朴貞明)이 논 19두락과 밭을 불량답(佛糧畓)으로 헌납하였으며, 1932년 주지 청암(靑庵) 스님이 불상을 개금하고 가사불사(袈裟佛事)를 하였다.

그러나 1950년에 일어난 6·25전쟁 때 국보로 지정되어 있었던 극락전을 비롯하여 대방, 산신각, 요사 등이 사라졌다. 그 뒤 한동안 쇠락되어 있었으나 1977년 극락보전과 삼성각을 중건하였고, 1979년 해탈문과 적멸보궁을, 1984년 요사와 청평루(淸平樓), 서향원(瑞香院) 터에 누각을 다시 지었다. 이어서 1988년 대웅전을 중건했으며 또 관음전·나한전 그리고 요사들을 새로 지으며 지금에 이른다.

청평사의 문화재

조선시대 후기의 단아함을 간직한 대웅전

앞면과 옆면 각 3칸씩의 맞배지붕으로 조선시대 후기의 건물이다. 일반적으로 중심법당은 팔작지붕을 취하기 마련인데, 대웅전 위쪽에 있는 먼저 지은 극락보전을 의식했음인지 맞배지붕의 구조로 되어 있다.

대웅전 중앙 불단에는 석가여래좌상과 연꽃을 든 문수보살·보현보살좌상이 삼존불을 이루고 있으며, 뒤쪽으로는 영산회상도가 걸려 있다. 삼존불 위의 보궁형(寶宮形) 닫집 중앙에는 구름 사이를 날아다니는 가릉빈가가 묘사되어 있고, 대체로 중앙에 두는 용을 앞쪽에 묘사한 것이 특이하다. 그리고 불단을 향해 오른쪽 벽에는 1991년에 봉안한 천불탱이 있으며, 그 오른쪽으로는 대예적금강신 밑에 동진보살을 묘사한 신중탱이 있다.

이 대웅전 앞쪽으로는 주춧돌 등 여러 석재들이 흩어져 있는데, 이는

청평루

대웅전

극락보전

대웅전 석가삼존상

옛 청평루와 선당(禪堂)·승당(僧堂)의 터로 보이며 일명 구광전(九光殿) 터라고 한다. 특히 대웅전 계단의 양쪽 모서리 돌에는 연꽃무늬와 태극무늬가 함께 섬세한 조각으로 새겨져 있어 눈길을 끈다.

금당인 대웅전 뒤로 언덕을 올라가면 또 하나의 법당 극락보전이 있다. 앞면과 옆면 각 3칸씩의 팔작지붕 건물로 조선시대 후기에 지었는데, 내부의 상설(像設)은 근래에 조성했다. 예전 청평사 가람과 관련해 생각해보면 이곳 극락보전까지가 모두 경내 주요 지역이었을 것 같다.

대웅전 계단석과 양쪽 모서리의 태극, 연꽃 무늬

춘천 청평사 243

해탈문과 적멸보궁 터 옆 바위에
새겨진 '淸平息庵' 글씨

지금보다 훨씬 컸을 청평사 영역을 짐작해 본다.

청평식암

대웅전에서 500m가량 걸어 올라가면 2기의 부도와 해탈문(解脫門)이 있고, 해탈문에서 다시 10분가량 오르면 적멸보궁(寂滅寶宮) 터가 있다.

무엇보다 중요한 것은 적멸보궁 터인 이 자리가 옛날 이자현이 즐겨 머물렀던 식암(息庵)의 옛 터라는 것이다. 그리고 보궁 터 바로 옆의 바위에는 '淸平息庵'이라는 글씨가 커다랗게 새겨져 있다.

고난을 벗어나게 해주는 회전문

경내 출입문으로 조선시대에 지었고 현재 보물 164호로 지정된 회전문(廻轉門)이 있다. 이 회전문은 본래 천왕문(天王門)의 기능을 가졌던 청평사 제2의 산문(山門)이었다. 앞면 3칸, 측면 1칸의 단층 맞배지붕이며 중앙의 1칸을 넓게 잡아 통로로 하고, 좌우의 비좁은 협간(夾間)에는 벽을 쳐서 내부에 사천왕상을 안치할 수 있도록 하였다.

건물의 성격에 맞게 간소하게 꾸며져 있는 이 문의 천장 가구(架構)는 대들보와 마룻대공만으로 조립되어 있으며, 처마에는 부연(附椽)도 달지 않았다. 내부의 중앙 좌우에 기둥을 하나씩 세워서 대들보를 받치도록 하고, 그 상부에는 홍살문(紅箭門)처럼 살대를 가로로 배열하여 금문(禁門, 일반인이 함부로 드나들지 못하도록 한 문)임을 나타내고 있는 조선 중기의 건물이다.

이름이 회전문이라 사람들은 곧잘 오해하지만, 출입문이자 천왕문의 역할을 할 뿐이지 기능 면에서 우리가 떠올리는 빌딩의 회전문하고는 아무 상관이 없다. 그런데도 건물의 이름이 회전문으로 불리게 된 것은 고통과 생사의 세계를 끊임없이 흘러 다니며 유전(流轉)하는 중생들의 삶을 되돌려[廻] 해탈의 세계로 들어가게 하는 문이라는 뜻을 담고 있다. 물론 이 말에는 유래가 있으니, 청평사에 전하는 유명한 '공주와 상사뱀'이라는 설화가 그것이다.

중국 원나라 순제(順帝)의 딸은 매우 아름다운 미모를 갖추고 있었다. 궁중을 출입하는 자들은 하나같이 연정을 품고 있었지만, 신분의 차이가 있어 감히 마음을 표하지는 못하였다. 어느 날 한 말직의 청년 관리는 궁전 뜰을

상사뱀과 공주상

회전문

거니는 공주의 꽃 같은 모습을 보는 순간 짝사랑에 빠져들고 말았다. 공주에게 사랑의 고백조차 할 수 없었던 그는 마침내 상사병을 앓다가 죽고 말았다. 청년은 죽는 그 순간 맹세를 했다.

"이 세상에서 이루지 못한 사랑, 내 죽어서라도 그녀와 함께 하리라."

어느 날 낮잠에서 깨어난 공주는 아랫도리가 이상하여 살펴보다가, 난데없이 뱀이 몸을 휘감고 있는 것을 보고 기겁을 하였다. 뱀은 밤이고 낮이고 떨어질 줄 몰랐다. 이 사실을 알게 된 왕과 왕후가 갖은 방법을 동원하여 뱀을 쫓으려 하였지만, 그것도 잠시일 뿐 다시 공주의 몸을 휘감는 것이었다. 죽고만 싶었던 공주는 마침내 궁중을 뛰쳐나왔고, 죽기 전에 명산대천이나 유람하겠다며 중국 천지를 다 돌아다녔다. 그리고 배를 타고 고려로 와서 금강산 구경 길에 올랐다가 청평사가 유명하다는 소문을 듣고 참배하고자 하였다.

청평천을 건너 회전문 앞에 이르렀을 때 상사뱀은 공주가 걸음을 걷지 못하도록 요동을 쳤다. 10여 년 동안을 함께 있었지만 한 번도 이와 같은 일은 없었으므로 공주는 이상히 여기며 타일렀다.

"나는 지난 10여 년 동안 한 번도 너를 거슬려 본 적이 없었다. 그런데 너는

회전문 천장 가구

어찌하여 내가 좋아하는 절 구경을 못하게 하느냐? 만일 들어가기 싫거든 잠깐만 여기에 떨어져 있으라. 속히 절 구경을 하고 돌아와서 너와 함께 가리라."

이 말을 들은 뱀은 곧 몸에서 떨어져 나왔고, 10년 만에 홀몸이 된 공주는 궁송폭포를 맞으며 몸을 씻고 절 안으로 들어갔다. 법당과 절의 이곳저곳을 살피던 공주는 가사를 만들기 위해 아름다운 비단과 바늘이 널려 있는 방을 발견했다.

문득 이 세상에서 가장 거룩한 옷인 가사를 만들고 싶다는 충동이 일어나 아무도 없는 그 방으로 들어간 공주는 열심히 바느질을 했다. 그리고는 황급히 뱀이 있는 곳으로 돌아갔다.

뱀이 다시 공주의 몸을 감으려는 순간, 갑자기 비바람이 몰아치면서 벼락이 떨어져 상사뱀을 새까맣게 태워 죽여 버렸다. 공주의 고난은 청평사 문을 들어섰다 나오는 순간에 그 근원이 다 녹아 없어졌던 것이다.

마침내 뱀으로부터 해방된 공주는 부왕에게 이 자초지종을 아뢰었고, 순제는 부처님 은덕에 감사하며 이 절에 공주탑을 세웠다고 한다.

삼층석탑

일명 공주탑(公主塔)으로 불리는 이 석탑은 청평사 조금 못미처 있는 구송폭포를 오른쪽으로 내려다보며 개울을 건너서 경사가 심한 작은 고개 중턱의 바위에 오르면 볼 수 있다. 옛날에는 환희령(歡喜嶺)이라 불렀던 이 작은 고개를 넘어 청평사에 왕래했다고 한다.

현재 높이 3.08m인 이 석탑은 화강암으로 만들어졌다. 2중의 기단 위에 3층의 탑신(塔身)을 올려놓았으며, 상륜부는 모두 없어졌다. 비록 지금은 각 층의 비례가 맞지 않고 조각 또한 일관성이 결여되어 있지만, 이 탑에는 '공주와 상사뱀'으로 알려진 원나라 공주의 전설과 함께, 원나라 순제가 진신사리를 봉안하고 탑을 세웠다는 사연이 깃들어 있다.

공주탑(삼층석탑)

고려시대 이자현과 조선시대 스님들의 부도

경내에 들어가기 전 왼쪽에 별도로 마련된 대지가 있고, 여기에 1089년 과거에 급제했으나 관직을 버리고 청평산에 들어와 선을 즐기며 은둔했다는 이자현의 '진락공(眞樂公) 부도'가 있다. 해탈문으로 가는 산길 중간에는 고려시대 때 이 절에 머물며 수도했던 환적당(幻寂堂)과 설화당(雪花堂)의 부도도 있다.

환적당과 설화당 부도

우리나라에서 가장 오래 된 정원, 고려정원

이자현이 문수원, 곧 지금의 청평사를 중건하면서 경내 이곳저곳을 한국 전래의 독특한 방식으로 꾸민 정원이 바로 고려정원(高麗庭園)이다.

소양댐에서 유람선을 타고 청평사 입구에 이르면 문수원을 중창한 이자현이 선을 닦는 여가에 조성한 고려정원이 펼쳐진다.

지금까지 밝혀진 우리나라 정원 중에서 가장 오래된 것으로, 일본 교토(京都)의 사이호지(西芳寺)의 고산수식(枯山水式) 정원보다 200여 년 앞선 것이다. 원형 그대로 보존되어 있는 전형적인 고려시대의 영지(影池)와, 거기서 400m쯤 떨어진 청평사 계곡 하류의 정원조성용 암석 및 석축, 그곳에서 다시 2km쯤 떨어진 상류에는 이 정원을 만든 이자현이 새긴 '청평식암(淸平息庵)'이라는 글씨가 바위에 새겨져 있어 기록상에 나타나 있는 영지 중심의 대규모 고려정원임을 입증하고 있다.

또한 구송폭포에서 식암까지 2km에 이르는 9,000여 평의 방대한 지역에는 계곡을 따라 주변의 자연경관을 최대한으로 살려 수로를 만들

청평사 영지

고, 계곡의 물을 자연스럽게 정원 안으로 끌어들여 영지에 연결시키고 그 주위에 정자와 암자를 세우는 등 자연의 섭리에 순응하여 선(禪)을 익히는 정신수양의 도량답게 짜임새 있는 구성을 보이고 있다.

영지는 청평사 뒤의 오봉산이 비치도록 되어 있으며 연못 가운데에는 삼신산(三神山)을 상징하는 세 개의 큰 돌이 있고, 그 사이에 갈대를 심어 단순하면서도 아름답게 꾸몄다.

이 고려정원에는 우리나라 정원만의 '참맛'이 보인다. 예를 들어 중국의 정원은 대자연의 산악, 폭포, 계곡, 동굴 등을 모방하여 만들어 놓음으로써 마치 대자연의 축소판처럼 느껴지게 한다. 또 기암괴석을 늘어놓고 문, 창살, 난간, 담장 등에 너무나 많은 변화를 주어 보는 사람을 현란하게 한다. 그리고 일본의 정원은 많은 제약과 규칙을 두어 정원 속에 인공적인 멋을 나타내고자 했던 의도가 너무나 짙게 나타나는 게 흠으로 지적된다.

그에 비해서 우리나라의 정원은 자연 그대로를 보고 즐길 수 있게, 또 사람이나 건축물 모두가 자연의 일부가 되도록 꾸며져 있다. 청평사의 고려정원을 걷노라면 자연의 순리에 따르고 자연 그대로를 살리고자 했던 우리나라 정원의 멋을 그대로 느낄 수 있다.

청평사를 노래한 시

한적하고 풍류적인 청평사의 이미지는 이자현에 의해 틀이 잡혀졌다는 느낌이 크다. 앞에서 든 청평사 역사에 관한 글을 보아도 그런 면을 충분히 이해할 수 있을 것 같다.

그는 문장가가 많기로 유명한 고려 후기 당시에도 손꼽히던 작가였던 데다가, 그의 할아버지가 왕의 장인이자 최고 권세가였던 이자연이라 그 든든한 후광도 있어 그의 앞길에는 최고의 영달과 출세가 보장되어 있었다. 하지만 그는 홀연히 권세를 버리고 청평사에 들어와 세상을 떠날 때까지 홀연한 은둔에 들어갔다. 그가 하필 청평사로 들어온 특별한 이유는 잘 모르지만, 아버지 이의가 한때 춘천의 고위 관료였던 인연도 있었을 것 같다. 어쨌든 이자현의 은둔을 바라봤던 당시 사람들은 커다란 호기심을 가졌을 것이고 그가 들어간 청평사에 대해서도 신비감 가득한 시선으로 바라봤을 상황이 넉넉히 짐작된다.

이자현 스스로 청평사를 읊은 시에도 청평사의 아름다움, 거기에서 지내는 한적함이 담겨 있다. 예를 들면 과거시험을 함께 봤던 곽여(郭輿)가 지은 〈청평산에 사는 이 거사에게〉라는 시에는 그런 부러움이 가득 묻어 있다.

산골짜기에 봄이 찾아오니　　　　　　　　　　　　暖逼溪山暗換春
문득 신선의 지팡이가 은자를 찾아갔네　　　　　　忽紆仙仗訪幽人
......

언제나 벼슬 놓고 속진을 씻어낼까	掛冠何日拂衣塵
어찌하면 여기에 함께 숨어지내며	何當此地同棲隱
불사신의 경지를 얻을까나	養得從來不死身

시인의 감수성은 저마다 다르겠지만 청평사를 찾을 때만큼은 대개 이자현의 그것과 일맥상통했던 것 같다. 고려는 물론이고 조선시대의 후배 시인들도 청평사를 찾으면 으레 '이자현 류'의 이런 감상에 젖곤 했는데, 그중에서 조선 중기의 유명 시인 미수(眉叟) 허목(許穆, 1595~1682)의 〈청평사〉가 대표적이다.

청평사 푸름은 사위에 빛나고	淸平積翠連四明
맑은 하늘엔 깎아 세운 부용이 솟았어라	天晴削出靑芙蓉
석문에 안개 걷히자 동천은 고요하고	石門烟開洞天靜
선궁의 푸른 기와 영롱히 빛나네	禪宮碧瓦光玲瓏
……	
이자현은 지금 없으나	希夷老人今不在
내 그의 남은 자취 따르려 하네	我來可以追遺蹤
평생 세상의 영화에는 고개 저었으니	平生頭掉世間榮
이 한 몸 구름과 솔 사이에 깃들고파라	且欲白首巢雲松

허목의 시가 청평사의 정취를 서정적이고 긍정적으로 묘사한 데 비해 다음에 소개하는 시는 그와 정반대의 감수성이 극명하게 드러나 있다. 바로 조선시대 비운의 천재 시인이라 불리는 김시습(金時習, 1435~1493)의 〈청평산(淸平山)〉이라는 시다. 제목은 '청평산'이지만 이는 곧 '청평사'와 같은 말이다. 청평산이 곧 청평사이고, 청평사가 바로 청평산이니까.

청평산 빛깔 옷자락에 물들고	淸平山色映人衣
애처로운 연기 사이로 저녁놀은 지네	慘淡煙光送落暉
바위에 떨어지는 물방울 허공으로 사라지고	巖溜洒空輕作霧
봄 덩굴나무를 휘감아 푸른 휘장 둘렀네	春蘿拱木碧成幃
옥 같은 모래와 풀, 세상을 멀리하고	玉沙瑤草人間遠
유리 같은 나무와 꽃, 근심 없어라	琪樹瓊花世慮微
지금이라도 산꼭대기에 초가집 짓고	只好誅茅棲絶頂
세상과 멀어져 아름답게 살고파라	從今嘉遯莫相違

이 시는 김시습이 청평사 서향원에 머물 때 지은 것으로 알려져 있다. 이자현과 허목의 시에서 보이던 청평사의 산뜻한 아름다운 이미지는 간 곳 없고 처연함이 시 전편에 흐르고 있다. 시인에게는 은둔조차도 이자현식의 평안과 안식이 아니라 부조리한 세상에 대한 부정(否定)의 수동적 자기방어로 바뀌어 있다.

그래서 이 시에서 가장 핵심 되는 글자를 하나 고른다면 마지막 연의 '遯'일 거라고 생각한다. '달아나다', '피하다'는 뜻을 갖는 이 글자야말로 시인의 심정을 함축하고 있어서다. 김시습은 세조가 어린 조카 단종을 몰아내고 왕위에 오른 것에 절망하며 평생 세상을 등진 채 떠돌며 숨어 살았던 인물이다. 김시습의 이 시에서 그의 염세주의와 어느 곳에서도 안주할 수 없었던 떠돌이의 처연한 숙명이 가슴에 와 닿는다.

청평사에서 느끼는 인생유전

불교 설화에서는 가끔 인생의 고단함이 그대로 묻어 있는 게 있다. 《삼국유사》에 나오는 '조신의 꿈'이 그렇고 청평사 회전문에 얽힌 설화가 또 그렇다. 특히 이 두 이야기는 모두 '짝사랑'과 관련된 고통을 다루고 있다는 점에서 다른 설화들과 다르다. '조신의 꿈'에서는 낙산사의 조신 스님이 관음상 앞에서 꾼 꿈 이야기다. 스님이 고을의 처녀를 짝사랑 해 누구에게도 호소하지 못하고 혼자만 애태우다가 어찌어찌해서 소원대로 그녀와 결혼했지만, 잘못된 염원으로 시작한 탓에 인생의 온갖 고초를 다 겪게 되다가 결국 늙어서 어쩔 수 없어 서로 헤어지고 삶의 고통에 울부짖다가 꿈에서 깨어났다. 늦은 밤 관음상 앞에서 기도하다가 어른거리는 촛불이 심지까지 다 타는 동안 꾸었던 한바탕의 꿈이더라는 이야기다. 비록 현실이 아니라 꿈속의 일이었지만 거기서 대오각성한 조신은 이후로 사람이 확 달라지고 인생을 다 살아봤던 사람마냥 초탈한 마음으로 오로지 수행에만 정진했다. 청평사 회전문 설화 역시 그에 못잖은 고단한 인생살이를 담고 있다. 다른 점은 조신의 꿈이 짝사랑의 고뇌에 못 이기던 남자의 마음을 주제로 한 데 비해 회전문 설화는 짝사랑한 사람의 원한 때문에 일생을 고통 속에 살았던 여인의 이야기다. 둘 다 종교적 믿음과 자비로 마지막에 고통에서 벗어나 구원을 받았다. 그래도 그들이 받았을 마음의 상처와 아픔이 설화 속에 너무나 생생하게 담겨져 있어 어쩐지 비감에 차있다는 느낌도 있다. 인생은 이렇게 자신의 의지와는 상관없이 어려움 속에 흘러가는 것 같다. 하지만 하나로 정해지지 않고 변화무쌍한 게 인생 아닌가 싶기도 하다. 인생유전. 삶은 굽이치는 계곡물마냥 돌고 또 돌아 흐르는 것이니, 힘들어도 꾹 이겨내면 어느 순간 벗어날 때도 있지 않겠는가. 청평사 회전문으로 들어갔다 다시 이 문으로 나오며 느낀 생각이었다.

홍천 수타사

여행이란 것

요즘 사람들에게 여행은 그다지 드문 경험은 아닌 것 같다. 우리나라의 문화가 '관광'에 커다란 가치를 두는 풍조로 바뀌어 그런지 지방자치단체마다 모두 자신의 시군에 있는 관광거리 홍보에 애쓰고 있다. 또 사람들의 여행 취향도 바뀌어서 배낭여행은 물론이고 제법 돈 드는 해외여행도 많이 떠나는 걸 본다. 그런데 이렇게 현대인의 삶에 스며든 여행이란 건 도대체 뭘까?

나는 여행의 목적을 세 가지 정도로 나눠볼 수 있다고 생각한다. 첫 번째는 목적지가 분명하고, 그곳의 경치와 경관 감상을 빠뜨리지 않는 여행이다. 이런 여행은 관광이라는 말로 바꿔도 크게 다를 게 없다. 여러 사람이 함께 하는 단체여행은 목적지뿐만 아니라 그곳에 갔다 오는 여정 자체를 즐기는 경우가 많다. 두 번째는 치유(治癒)라는 목적을 갖는 여행이다. 요즘 잘 나오는 말이기도 한데, 일상에서 얻은 마음의 상처를 여행을 통해 치유하겠다는 것이 주목적이다. 병원에서 처방해 주는 약에 의지하지 않고 여행을 하면서 다친 마음을 회복하겠다는 뜻인데 여행엔 분명 그런 효능이 있으니 그럴 만도 하다. 다만 '치유를 위한 여행'이라는 말이 근래 너무 자주 그리고 쉽게 나오는 게 아닌가 싶기는 하다. 그렇게 민감한 심리 치료를 여행을 통해 이루려면 그에 상응할 만큼의 세밀한 심리학적 프로그램이 나와줘야 그만한 효과를 볼 수 있다. 무조건 떠난다고 해서 돌아올 때 치유되는 건 아니어서다. '치유를 위한 여행'은 말처럼 그렇게 간단하지 않은데 이 말을 너무 자주 써먹는 것 같아, 나로선 이게 좀 우려된다.

세 번째는 일상에서 고독과 지루함이 유난히 가슴에 가득할 때 떠나는 여행이다. 여행이 마음의 불균형을 되찾게 해주고 활력을 가져다준다는 것은 수많은 경험자들의 얘기를 들어도 알 수 있다. 특별한 목적이 있는 게 아닌 이런 개인 여행은 그때그때의 기분에 따라 장소를 정하는 게 좋은데, 강원도의 묵직함은 특히 단체보다는 혼자 또는 단출하게 떠나는 여행지로 제격인 것 같다.

수타사의 역사, 원효 스님의 창건 그리고 풍수

수타사(壽陀寺)는 홍천군 동면 공작산(孔雀山) 아래에 자리한다. 전하기로는 옛날에는 산 이름과 절 이름이 모두 지금과 달라서, 산은 우적산(牛跡山)이었고, 절 이름도 일월사(日月寺)였다고 한다.

조선시대 기록에 일월사는 원효 스님이 창건했다고 나온다. 그런데 원효 스님이 입적한 해가 686년이니 연대가 맞지 않는다. 이를 두고 창건자 또는 창건연대 중 한 가지는 잘못 전해졌을 가능성이 크다고 하기도 하지만, 708년에 원효 스님의 제자가 창건했을 수도 있다.

일월사는 창건 이후 영서 지방의 명찰로 이어져 왔다가, 1568년 지금의 자리로 옮기면서 수타사(水墮寺)로 절 이름을 바꾸었고, 산 이름도 공작산이라고 불렀다. 이름을 이렇게 바꾼 것은 아마도 화재와 관련한 풍수적 의미가 담겨 있는 것 같다. '일월'은 해와 달이니 밝고 환하기는 해도 화기(火氣)가 많다. 반면에 '水墮'는 '물이 떨어진다'는 뜻이니 수기

(水氣)가 가득하다. 단순히 이름에만 그런 기운이 있는 게 아니라, 지금의 수타사 자리는 이른바 공작포란지지(孔雀抱卵之地)라는 명당이다. 또 주위에 동용공작(東聳孔雀)·서치우적(西馳牛迹)·남횡비룡(南橫飛龍)·북류용담(北流龍潭) 등 모두 물과 관련 있는 길지가 자리하고 있어서 이렇게 지었다고 한다. 절은 생활용수는 물론이고 언제나 일어날 수 있는 화재에 대비하기 위해 물의 확보가 절대 필요하기에 이렇게 물과 관련된 이름을 지었을 것이다.

임진왜란으로 절은 완전히 불타버려 40여 년 동안 폐허로 남아 있었다가 1636년 중창을 시작해 법당을 지으며 비로소 다시 역사를 잇게 되었다. 이어서 1644년에 선당(禪堂), 1650년 정문(正門)을 지었고 1658년 흥회루(興懷樓)를 짓는 것으로 이제 완전히 다시금 틀을 갖춘 가람으로 거듭 났다.

지금 이름인 '壽陀寺'로 바뀐 때는 1811년으로, 아미타불의 무량한 수명을 상징한다고 한다. 1878년 동선당(東禪堂)을 다시 세우고 칠성각을 새로 지었다.

수타사의 문화재

공작산 기슭에 자리한 수타사는 산사라고 믿기지 않을 정도로 경내가 언덕이나 기울어진 곳 없이 평탄하고 또 아주 널찍하다. 그러면서도 산사 특유의 맑은 기운과 고즈넉함도 넉넉히 느낄 수 있다. 창건 때의 터에서 이 자리로 옮긴 것은 화재가 자주 일어나 물길을 좀 더 확보하기 좋은 곳을 찾기 위해서였다. 다른 절에서도 이런 현상은 자주 있었다. 낙산사 화재가 아직도 생생하니, 지금도 화재는 절마다 걱정하지 않을 수 없는 문제다.

수타사 내경

수타사 봉황문

수타사 홍회루

수타사 대적광전

지금 수타사의 가람구성은 금당 대적광전을 중심으로 원통보전, 삼성각, 봉황문, 흥회루, 심우산방, 백련당, 보장각, 장판각, 선원, 일월암, 옥수암, 종각 등의 건물이 가득 들어서 있다. 산사로서의 짜임새가 잘 갖춰져 있다. 심우산방 옆에는 강원도 보호수 166호로 수령 5백년, 높이 5m에 이르는 주목(朱木) 한 그루가 있어 고태를 더해준다.

수타사에는 고려부터 조선시대에 걸친 여러 문화재들이 가득하다.

수타사 대적광전 비로자나불

삼성각 칠성탱화

보물 745-5호《월인석보》를 비롯해서 영산회상도, 지장시왕도 같은 불화들은 모두 조선시대 후기 수타사의 역사와 문화를 알려주는 소중한 작품들인데, 2005년 박물관인 보장각을 세우면서 여기에 보관하고 전시하고 있다.

부도밭을 지나 울창한 숲길을 지나고 수타교를 밟으며 맑은 시냇물을 건너면 드디어 여러 전각들이 멀찌감치 시야에 들어온다. 수타교 너머에는 삼층석탑 1기가 있다. 이 일대가 예전 일월사 당시의 절터라고 전한다. 석탑은 지금은 여러 부재가 사라져 원래의 모습을 온전히 갖추고 있지 못하지만 고려시대 후기에 세운 고탑임은 분명하다. 봉황문을 들어서면서 본격적인 절 탐방이 시작된다. 봉황문은 1674년에 지었고 안에 1676년에 새긴 사천왕상이 늘어서 있다.

수타사 경내는 흥회루에서 시작한다. 흥회루는 1658년에 지은 단층의 누 건물로, 안에는 목어·법고가 있다. 흥회루 아래로 해서 썩 걸음을 내딛으면 원통보전이 먼저 시야에 들어오고, 이어서 금당인 대적광전의 고풍스런 자태에 눈길이 머물게 된다.

대적광전은 조선시대 후기의 사찰 전각 양식을 잘 갖추고 있어서 현재 강원도유형문화재 17호로 지정되어 있다. 불단에는 조선시대의 목조 비로자나불과 근래에 조성한 영산회상도 후불탱화가 있다. 본래 1762년 진찰(震刹) 금어가 그린 후불탱화가 있었는데 지금은 보장각에 별도로 보관하고 있다. 또 불단 오른쪽 벽에 있었던 1776년 설훈(雪訓) 금어 등이 그린 지장탱화도 역시 보장각에서 볼 수 있고, 본래 걸렸던 자리에는 각각 근래 새로 그린 불화가 대신 자리해 있다.

원통보전은 1992년에 지었으며, 관음보살상을 봉안했다. '원통보전'이란 관음보살상을 모신 전각이 금당 격일 때 부르는 이름이고, 금당 외에 따로 관음상을 봉안할 때는 관음전이라고 한다. 원통보전과 대적광전 사이에 삼성각이 자리하는데 안에는 1895년에 그린 칠성탱화를 중심으로 좌우에 1900년에 그린 독성탱화·산신탱화가 있다.

가을이 아름다운 절

어느 산사인들 자연이 아름답지 않은 곳이 있을까마는, 수타사는 특히 가을을 즐기기에 좋은 곳이다. 절로 들어가는 길도 너무 길거나 험하지 않아 주변에 펼쳐진 숲과 시내를 감상하며 천천히 걷기에도 괜찮을 것 같다. 가을이면 법당 뒤에 맞닿은 듯 가까이 자리한 산자락에 고운 단풍이 들어 그야말로 그림 속의 한 장면이 되곤 한다. 설악산이나 내장산처럼 우리나라 굴지의 단풍 명산은 아니어도 수타사가 있는 공작산 단풍도 꽤 일급이다. 수타사 경내 주변에 가득한 나무들의 울긋불긋 자연스럽게 물든 잎들을 바라보며 또 다른 세상에 와 있는 황홀함을 맛보는 사람들도 많다. 공작산이 이름 그대로 아름다운 날개를 활짝 편 모습을 떠올리게 되어 과연 산 이름이 괜스레 지어진 게 아니

수타사 전경

구나 하는 생각도 든다.

　경내에 연꽃 단지도 있어 비록 화사하게 활짝 핀 연꽃은 못 보더라도 단풍이 물든 산 빛이 물 위에 떠 있는 광경을 보는 것도 가을 정취에 참 잘 어울린다. 마치 조선시대 선비들이 자연과 하나가 되기 위해 꾸민 아담하고 정갈한 정원에라도 온 듯한 느낌도 든다. 이쯤 되면 가을에 떠나온 여행이 헛되지 않았구나 싶어 스스로 뿌듯한 마음이 든다. "아! 이런 맛에 여행을 하는구나." 하고 속으로 생각하며. 수타사를 나오니 돌아서는 발걸음이 전보다 훨씬 가벼워졌음을 깨닫는다.

원주 구룡사

획획 지나는 차창을 내다보니 버스가 막 미사리를 들어서고 있다. 여기저기 올드 팝 또는 1970~1980년대를 의미하는 '7080'을 써 붙인 간판들이 현란하다. 미사리 카페 촌, 이른바 흘러간 노래와 가수들이 공연하는 곳이다. 그 모습들을 보자니 문득 옛날 생각이 떠올랐다. 열일곱 살 때 음악다방에서 DJ를 잠깐 한 적이 있었다. 고등학생 신분이었지만, 머리는 학교에서 '바리깡' 벌초를 면할 만큼만 기른 채 대충 다듬어서 뮤직 박스 안에서 음악을 틀었다. 주로 5시에서 6시까지, 그러니까 주점이 문을 열고 얼마 안 된 시각이다. 이 무렵엔 손님이 많지 않지만 그래도 통기타 가수들로 유명한 곳이니 신청곡을 틀어줄 보조 DJ가 필요했던 것인데 우연한 기회에 그 자리에 '픽업'되었던 건 순전히 목소리가 들을 만하다는 이유에서였다. 그곳에서 내 시간을 마치고 대기실로 돌아오면 바로 돌아가지 않고 메인 DJ가 나서는 9~10시 무렵까지 가수 대기실에서 시간을 보냈다. 대기실에는 당시 최고 인기가수인 송창식(호칭을 생략한 걸 이해하시길, 오히려 이렇게 이름만 부르는 게 더 친근하게 느껴지기 때문이니까)을 비롯해 막 인기를 끌기 시작했던 김정호, 아직까진 무명이었지만 뒤에 〈너〉라는 노래로 스타가 되었던 이종용 등의 통기타 가수들이 자기 시간을 기다리고 있었다. 톱스타인 송창식과는 말도 못 붙여 봤지만, 이종용이나 김정호 등과는 '형'이라고 부르며 서로 우스갯소리 나눌 정도로 편하게 대하기는 했다. 늘 작은 베레모를 쓰고 청바지만 입은 채 나타나는 이연실은 너무 예뻐서 흘끔흘끔 쳐다보지 않을 수 없었다. 히트곡인 〈조용한 여자〉처럼 얌전히 의자에 앉아 기타 줄만 튕기며 연습하다가 무대에 올랐다 끝나면 바로 돌아가는 스타일이었는데 호리호리하고 작은 체구에서 어떻게 그런 깊은 소리가 나오는지 들을 때마다 신기했다. 그들 말고도 여러 가수들을 봤는데 그 중 가장 인상적인 사람은 작고 삐쩍 마른 채 호수 같은 커다랗고 아름다운 눈을 지닌 김정호였다. 말수가 적은 편이라 남과의 대화는 별로 하지 않았던 것으로 기억된다. 그가 의자에 앉아 혼자서 기타 튜닝을 하며 조용히 차례를 기다리는 모습이 눈에 선하다. 그렇다고 말 건네기 불편할 정도로 까다로워 보이지는 않았지만 혼자 있기를 좋아하는 성격인 것 같아 별다른 대화는 나누지 않았다. 그래도 가끔씩 나와 이종용이 두는 '이발소 바둑'을 신기한 듯 쳐다보곤 했다. 얼굴만 봐도 정이 많은 성격임을 금세 알 수 있었는데, 무대에 올라가 노래 부를 때만큼은 얼마나 혼이 넘치게 부르는지 매번 감동하지 않을 수 없었다. 한 번은 '대전 브루스'를 불렀는데, 그리도 애절하게 부르는 노래는 처음이라 눈물이 날 뻔했다. 그의 노래를 무협소설식으로 표현하자면 그야말로 절세내공의 고수였다. 그렇건만 병으로 요절해 버렸으니, 천재는 과연 우리 곁에 머무는 시간이 짧은 게 숙명인가 보다.

   강원도 가는 길, 미사리를 지나는 차 안에서 40년 다 되어 가는 일들이 머리속에 주마등처럼 흘러갔다. 그다지 자랑할 만한 기억이 못 되건만 강원도 여행이 마음을 말랑말랑하게 해 첫 걸음부터 오랫동안 잊고 있던 옛 기억을 끄집어내 버렸다….

구룡사 숲길

황장금표

구룡사 입구에 서서

구룡사(龜龍寺)는 원주시 소초면 치악산(雉岳山)에 자리한다.

구룡사 주변에 영동고속도로가 지나가고, 절도 치악산 국립공원 내에 위치해 있어 비교적 쉽게 찾아갈 수 있다. 영동고속도로의 새말 나들목을 나와 우회전한 후 치악산 국립공원으로 향하여 약 2km 정도 가면 학곡리 삼거리에 도착하게 되는데 여기에서 좌회전 한 후 계곡을 따라 5km 정도 가면 치악산 국립공원 입구가 나온다.

치악산은 예나 지금이나 울창한 숲과 길고 맑은 계곡으로 유명하다. 숲이 워낙 깊어 아주 다양한 수종(樹種)이 들어서 있는데, 특히 조선시대 왕실 건축용으로 사용했던 황장목(黃腸木)이 유명하다. 황장목은 소나무의 일종으로 요즘은 금강송이라는 이름으로 많이 알려져 있다. 단단하고 곧은데다가 속 색깔이 금빛을 띠어 고급 건축용 자재로선 그만이었다. 그래서 나라에서 함부로 벌채하는 일을 금지하기 위해 산 곳

구룡사 내경

곳에 '황장목을 베지 말 것'이라는 경고 표시로 비석에 '황장금표(黃腸禁標)'라는 글자를 새겼다.

화려했던 창건, 그러나 아쉬운 역사 전승

구룡사는 668년에 의상(義湘) 대사가 창건했고 이후 도선(道詵)국사가 중건했다. 신라의 대표적 두 고승이 200년을 사이에 두고 구룡사를 이 지역 최고의 절로 만든 것이다. 이어서 조선시대에 들어와서도 태조 이성계의 정신적 스승이었던 무학(無學) 대사, 임진왜란 때 승군을 일으켜 구국에 앞장섰던 서산(西山) 대사 등이 머물면서 명찰의 명성을 이어갔다. 지금 구룡사에서 이 절을 '호국(護國) 도량'이라 부르는 것도 이런 역사적 사실과 전통이 있기 때문이다.

그러나 아쉬운 것은 그 밖에 다른 역사는 거의 전하지 않는다는 점이다. 분명 문헌은 그동안 숱하게 있어왔겠지만 임진왜란이나 6·25전쟁 같은 재난에 모두 사라져버린 것 같다. 비록 남은 기록은 없지만, 근래 경내에서 1706년에 해당하는 명문이 적힌 기와가 나온 적이 있고,

구룡사 원통문

또 지금 구룡사에 있는 건물들의 양식을 보면 숙종 때 이후 세워진 것으로 추정되어 이런 유물과 유적으로 짧은 역사나마 흔적은 짐작할 수 있는 건 그나마 다행이다.

최근에는 1966년 보광루를 해체 복원했고, 1968년 심검당과 요사, 1971년 삼성각 등을 새로 지으며 다시금 대찰의 면모를 되찾아가고 있다. 1977년 치악산 주봉인 비로봉에서 연 호국기원대제는 이후 연중 이어지며 구룡사뿐만 아니라 이제는 원주 지방의 중요행사로 자리 잡았다는 평가를 받는다.

창건 설화

구룡사의 역사는 자세하지 않지만, 창건의 배경과 절 이름의 유래 그리고 주변 지명에 얽힌 이야기 등이 담긴 설화가 전한다. 구룡사와 관련해서 유명한 설화라 소개한다.

본래 지금의 절터 일대는 깊은 소(沼)로서 거기에는 아홉 마리의 용이 살고 있었다. 의상 스님이 못을 메우고 절을 지으려 하자 용들은 이를 막기 위해 뇌성벽력과 함께 우박 같은 비를 내려 온 산을 물에 잠기게 만들었다. 그러나 스님은 아랑곳 않고 비로봉과 천지봉을 밧줄로 연결하여 배를 매 놓고 배 위에서 태연히 낮잠을 즐겼다. 이제는 스님이 물에 잠겨 죽었을 것이라고 생각한 용들이 비를 멈추자, 잠에서 깨어난 스님은 부적 한 장을 그려 못 속에 넣었다. 얼마 안 있어 연못에서 더운 김이 무럭무럭 오르더니 물이 부글부글 끓기 시작하는 것이었다. 뜨거움을 참다못한 용들은 뛰쳐나와 한달음에 동해로 달아났으나 그 중 한 마리는 미처 못 피하고 절 위쪽의 구룡폭포 아래 용소(龍沼)에 숨었다. 용들이 달아나자 의상 대사는 못을 메우고 절을 창건하였다고 한다. 한편 동해로 달아나던 용들은 얼마나 다급하였던지 구룡사 앞산을 여덟 개로 쪼개어 놓으며 도망갔다고 하는데, 지금도 구룡사에서 동해로 향한 능선은 여덟 골짜기로 형성되어 있다.

구룡사 가람 구성과 문화재

구룡사 올라가는 숲길은 우리나라의 여러 유명한 산길 중에서도 산책로 혹은 삼림욕의 최적지로 손꼽는 길이다. 이 길을 한참 걷다 보면 개울이 나오고 그 위로 구룡교가 걸려 있다. 다리를 건너 다시 산을 오르면 일주문 격인 원통문이 눈에 들어온다. 여기를 지나면 세염 초운(洗染楚雲, 1735년), 뇌파 영주(雷波靈珠, 1773년), 충허(沖虛) 등 조선시대 구룡사의 역사를 장식했던 스님들의 부도와 탑비들이 한데 모아진 부도전이고, 좀 더 가면 국사단(局司壇)이 나타난다. '국사'란 절터를 가리키며, 절터를 지키는 신을 모신 전각이 국사단이다. 그래서 우리나라 절 중에는 이렇게 국사단이 있는 곳이 더러 있다. 합천 해인사의 경우는 봉황문 지나서 바로 국사단이 있다. 국사단 근처에 있는 은행나무는 보호수로 지정된 고목이다.

구룡사 경내에 들어서면 먼저 누각인 보광루(寶光樓)가 탐방객을 맞이하고 이어서 사천왕문이 자리한다. 보광루는 강원도유형문화재 145호인 조선시대 건물로 안에 우리나라에서 가장 크다는 짚 멍석이 깔려 있는 것으로 유명하다.

전각으로는 금당인 대웅전을 비롯해 지장전, 관음전, 응진전, 조사전, 삼성각 그리고 적묵당, 심검당, 서상원, 설선당 등의 요사가 있다. 본래 구룡사에는 대웅전 등 조선시대 후기에 지은 전각이 즐비했는데 2003년에 일어난 화재로 그만 대부분 불타 없어져 버렸다. 지금의 전각들은 그 직후 예전의 모습대로 복원된 것들이다.

구룡의 뜻

치악산 꼭대기에 올라 그 아래 하염없이 펼쳐지는 산과 들을 바라보았다. 원주는 물론이고 좋은 산 많기로 유명한 강원도에서도 손꼽는 명산이라는 찬사가 과연 명불허전임을 느끼게 할 만큼 장관이었다. 이 산 아래 구룡사가 자리하고 있으니 명산에 명찰이라는 말이 틀린 게 하나도 없다. 치악산에는 출중한 자연경관과 더불어 보호수림, 은행나무, 구룡소, 세렴폭포 등도 놓치면 아까운 볼거리들이다. 또 구룡사에도 갔다면, 무엇보다 절 이름의 의미를 곱씹어 보는 것도 절을 이해하는 데 요긴한 일이다. 그러면 절의 이모저모가 좀 더 잘 보이고 이해되기 때문이다.

절 이름의 '구룡'은 처음 절을 지었을 때는 '九龍'이었다가 근래 '龜龍'으로 바뀌었다. 구룡은 글자 그대로 '아홉 마리의 용'이라는 뜻으로 불교에서 아주 의미 있는 단어로 쓰인다. 석가모니가 태어났을 때 하늘에서 아홉 마리 용이 나타나 입으로 맑은 물을 뿜어 막 세상에 태어난 석가모니를 목욕시켰다는 이야기가 있어서다. 사월초파일 '부처님 오신 날' 행사 때 빠지지 않는 중요한 의례로 참배객이 모두 작은 바가지로 물을 길어 아기 부처 머리 위에 붓는 '관욕(灌浴)'이라는 것이 있는데, 바

구룡사 국사단

구룡사 대웅전

로 여기에서 유래했다. 구룡이 훗날 석가모니가 되는 이 아기의 탄생을 축하하며 감로수처럼 맑고 단 정수(淨水)로 목욕시킨 일로 절 이름을 삼은 건 참 아름답다는 생각이 든다. 지금처럼 '龜龍'으로 바뀐 건 절 근처의 거북바위와 관련 있는데, 거북은 용과 더불어 옛날부터 전통문화에서 상서롭게 여기던 동물이었으므로 역시 그 나름의 의미가 있을 것이다.

 절과 관련된 문화에는 역사나 문화재 외에 구룡사에서처럼 절 이름

구룡소

구룡사 사천왕문

에도 갖가지 의미와 상징이 담겨 있으니, 이런 것을 꼼꼼히 챙겨보면 좀 더 그윽한 사찰 탐방이 됨을 새삼 느낀다.

원주 상원사

상원사 풍경

원주 치악산 상원사(上院寺)는 마당이 참 아담하고 고즈넉하다. 산 정상 가까이에 자리해서 그런지 탐방객이 한꺼번에 많이 몰리는 적도 별로 없고, 갈 때마다 산을 사랑하는 사람들이 늘 겸손한 것처럼 소란스럽지 않게 조용히 절을 둘러보는 모습만 눈에 띈다. 가끔 상원사의 역사와 문화재를 더 알고 싶어 하는 사람들이 종무소를 찾는 것을 보았다. 전각과 문화재마다 앞에 해설판을 두고 있지만 여기 적혀 있는 것보다 더 많은 것을 알고 싶어 하는 호기심 많은 사람들이다. 그럴 때마다 절에서는 싫어하지 않고 자근자근 설명해 주었다. 묻는 사람이나 기꺼이 방에서 나와 설명해 주는 사람이나 모두 마당에 선 그들이 절과 한데 잘 어우러지며 한 폭의 풍경화 같다는 느낌을 받았다.

상원사의 위치와 가람배치

'원주의 절' 하면 가장 먼저 떠올리는 곳이 상원사다. 역사 오랜 고찰이고 그에 걸맞은 유적과 재밌는 전설도 전한다.

치악산 국립공원 성남매표소에서 약 2km쯤 가면 주차장이 나온다.

이곳에서 차를 놓고 상원사까지 걸어 올라가야 하는데, 거리는 매표소에서 5.2km다. 절이 위치한 지대가 해발높이로만 따질 때 우리나라에서 다섯 손가락 안에 들 정도로 높아 올라가기 전에 미리 준비를 확실히 해놓고 가야 한다. 하지만 산길이 험하지 않고 등산로가 잘 닦여져 있어서 충분히 시간을 갖고 여유 있게 주변의 멋진 경관을 감상하면서 오른다면 어느새 경내에 발길을 내딛는 자신을 발견하게 된다.

상원사의 역사

상원사는 7세기 신라 문무왕 때 당시 원효 스님과 더불어 불교계를 이끌었던 의상(義湘) 대사가 창건하고, 신라 말에 무착(無着) 대사가 중창했다고 전한다. 아쉬운 건 이에 관한 문헌 등 오래된 기록이 없다는 것인데, 그렇다고 이처럼 내려오는 창건담을 애써 멀리할 필요는 없다. 창건담에서 문서로 전하지 않는 사찰의 역사가 담겨 있는 경우를 흔하게 보기 때문이다. 사적기(事蹟記)나 여러 참고자료를 보면 원효와 의상이 창건한 절은 각각 수백 개가 넘는다. 한 사람이 자신의 생애동안 이만한 숫자의 절을 창건하는 게 물리적으로 가능한가 하는 부분은 별도로 생각할 문제고, 그만큼 두 스님이 우리 불교사에서 차지하는 비중은 다시 말할 필요가 없다.

창건주 의상 스님은 누구나 아는 고승이고, 중창주인 무착대사는 신라의 마지막 임금 경순왕의 왕사(王師)였다고 하니 왕실과 밀접한 연관을 갖고 있었을 것이고 이런 면이 상원사 중창에 여러 역할을 했을 듯하다. 무착대사는 중국 당나라에서 공부하다 귀국해 평창 오대산 상원사에서 수도하며 문수보살에게 기도드리고 나서 관법(觀法)으로 이 절을 중창했다고도 한다.

원주 상원사 원경

고려에 들어와서는 나옹(懶翁) 스님이 중창했다고 전한다. 조선에서는 왕실에서 국태민안을 기도하였으니 치악산 상원사는 여전히 이 지역의 명찰로 널리 알려졌던 모양이다.

하지만 1950년 6·25전쟁 때 폐허가 되었다가, 1968년에 이르러서야 중창이 시작됐고, 1988년 대웅전을 지은 것을 비롯해 이 무렵에 삼성각, 독성각, 범종각 등 여러 전각들이 세워졌다.

사역(寺域)에 들어서 일주문을 지나 계단을 오르면 앞쪽의 심검당이

원주 상원사 내경

대웅전
심우당
독성각
범종각 원경

먼저 보이고, 그 좌우에 종무소 건물과 창고가 있다. 맨 위쪽에는 지은 지 얼마 안 된 산신각이 자리한다. 오른쪽으로 길을 터 조금 가면 계단이 나오고 올라서면 경내다. 대웅전을 중심으로 그 맞은편에 종각이 있고, 종각 앞마당에는 광배 조각이 있다. 그리고 광배 좌우 동서로 삼층석탑이 있다. 대웅전 왼쪽에는 심우당, 오른쪽에는 독성각, 그리고 그 뒤쪽으로는 새로 지은 요사가 있다.

종각은 다른 곳과는 달리 절벽 끝에 지어졌다. 범종각의 형태는 여느 종각과 다른 점이 없고 범종도 특별히 다른 점은 없다. 그런데 범종 옆에 걸린 판자에 새겨진 조각이 눈에 들어온다. 오래된 조각 그림이어서가 아니라, 신라 말 상원사를 중창한 무착대사와 까치, 그리고 구렁이에 얽힌 전설이 담겨 있기 때문이다.

원주 상원사 범종 옆
〈까치의 보은〉 판각화

선비를 구해준 까치

상원사를 말할 때 빠지지 않고 소개되는 유명한 설화다. 설화 제목이 '꿩의 보은', '치악산 유래담', '은혜 갚은 까치' 등 소개하는 책자마다 달라서 까치가 꿩으로 설정되거나 뱀도 구렁이로 바뀌어 있는 등 장면과 내용에 조금씩 차이가 나기는 하지만 설화의 배경이 상원사이고, 주제가 목숨을 구해준 사람의 은혜를 갚고 죽은 새의 이야기를 다룬 이른바 '동물보은담'이라는 점은 한결같다. 여기서는 《고전 설화(古傳說話)》〈까치의 보은〉에 나오는 내용을 소개한다.

옛날 어느 선비가 길을 떠나가던 중 어디에서 신음소리가 나는 것을 듣고 살펴보았더니 큰 뱀이 까치둥지 안의 까치새끼들을 잡아 삼키려고 하고 있었다. 선비는 재빨리 활을 꺼내 뱀을 쏘아 까치들을 구해주고 갈 길을 재촉하였다.
산속에서 날이 어두워져 잘 곳을 찾다가 마침 불빛이 있는 곳을 발견하고 그곳을 찾아갔더니 예쁜 여자가 나와 극진히 대접하였다.

한 밤중에 자다가 갑갑해진 선비가 눈을 떴더니 여자가 뱀으로 변해 목을 감고는 "나는 아까 너에게 죽은 남편의 원수를 갚으려고 한다. 만약 절 뒤에 있는 종이 세 번 울리면 살려 줄 것이고, 그렇지 않으면 너를 죽이겠다."고 했다.

선비는 '이제 죽었구나!' 생각하고 절 뒤의 종을 울리기 위한 갖은 궁리를 하였다. 그때 갑자기 절 뒤에서 종소리가 세 번 울렸다. 그러자 뱀은 곧 용이 되어 승천했다.

이상하게 생각한 선비는 날이 밝자마자 절 뒤의 종각으로 가 보았더니 까치 세 마리가 머리에 피를 흘린 채 죽어 있었다.

결국 선비에게 은혜를 입은 까치가 선비를 위해 목숨을 버리면서까지 은혜를 갚았다.

상원사의 오랜 역사를 말해주는 동서 삼층석탑

대웅전 앞마당에는 동서로 나란히 서 있는 삼층석탑 2기가 자리하고 있다.

양식으로 보아 통일신라 후기에 세운 것으로 보이는데, 당시의 연혁이 기록으로 전하지 않고 있기 때문에 중요한 사료로 인정된다. 이 석탑은 상륜부에 둥근 연꽃 봉오리 모양을 새겨 일반 탑에서 보기 어려운 양식을 나타내고 있다. 동쪽 탑 바로 앞에는 화염문을 보이는 섬세한 불상의 광배와 연화대석이 있어 원래 이 절에 석불이 봉안되어 있었음을 추정할 수 있다. 동탑은 일부 부재가 없어져서 근래에 보완하였다. 현재 강원도유형문화재 25호로 지정되어 있다.

고불을 장식했던 석조 광배편

범종각 앞에 통일신라시대에 만든 불상의 광배조각이 있다.

광배는 부처님의 신비함과 위대함을 장엄하게 하기 위하여 발산되는

대웅전 앞
동삼층석탑(좌)
서삼층석탑(우)

빛을 표현한 것으로 불상의 뒷면에 세워 놓는 것이다. 불상의 머리에서 나오는 빛[頭光]과 몸에서 나오는 빛[身光]을 함께 표현한 광배로 신광은 파손되었다. 중앙에는 연꽃과 당초무늬를 양각하였고, 테두리에는 불꽃무늬를 새겨놓아 세련된 모습을 보여주고 있다. 광배의 양식과 조각수법이 매우 뛰어나 광배의 주인공인 불상의 조각 역시 매우 뛰어났을

범종각 앞 광배조각

것으로 추측된다. 동서 삼층석탑과 더불어 신라시대 상원사의 역사 고증에 매우 중요한 사료다.

상원사 마당에 있는 바위와 나무

독성각 앞에 커다란 바위가 있고 여기에 윤영신(尹榮信, 1831~?)의 이름이 새겨져 있다. 윤영신은 조선 말기의 문신으로 강원도 관찰사를 지냈는데 그가 상원사에 온 것도 강원도 관찰사 시절이었다. 이때 그의 이름이 바위에 새겨진 것 같다.

독성각 앞 '관찰사 윤영신'명이 새겨진 바위

대웅전 오른쪽에는 고목 세 그루가 있는데 계수나무라고 한다. 중앙의 나무가 가장 크고, 양쪽으로 그보다 작은 나무 두 그루가 서있다. 전설에 따르면 무착 대사가 중국에서 가져온 묘목을 심은 것이라고 한다. 그 가운데 큰 것은 높이 17m가 넘는다. 특이한 것은 보통의 계수나무와는 달리 낙엽송보다 조금 넓은 잎의 일부가 가을부터 겨울 사이에 노란색으로 변했다가 이듬해 봄에 다시 청색으로 바뀌는 점이다. 그러나 계수나무 껍질에서 나오기 마련인 향이 전혀 나지 않는 것도 특색 가운데 하나다.

상원사 대웅전 옆 계수나무

보은을 생각하다

앞서 전설을 소개했듯이 원주 상원사 하면 은혜와 은혜갚음, 곧 보은(報恩)이 떠오른다. 사람이 살면서 남에게 도움 받지 않을 때가 어디 있겠는가? 자신은 아니라고 하더라도 혹은 미처 생각하지 못해도 남의 도움 덕에 어려움을 이기고 살아나가게 된 게 한두 번이 아니다. 남에게 은혜를 받았으면 갚아야 하는 게 도덕이고 도리다. 미물이라는 새도 힘써 그러하거늘 하물며 사람으로서야…. 하지만 반대로 생각해보면 실제로는 그게 잘 안 되고 하기 어려우니 이런 전설도 생겨난 모양 같다. 종각 앞에 서서 절 앞을 내려다보다가 고개를 돌려 범종 옆의 은혜를 갚은 까치 전설의 장면이 새겨진 판자를 보며 생각해봤다. 나 역시 여태 내가 잘나서 이렇게 살아왔다고 여기고 남이 베푼 도움은 모르고 있는 건 아닌가? 아니면 애써 모른 체 하는 건 아닌지?

절에 와서 딱딱한 도덕교과서를 읽는 마음을 가질 건 아니지만, 상원사에서만큼은 이런 생각이 자연스럽게 떠오른다. 뒤로 돌아서서 다시 한 번 지금까지 올라온 산길을 내려다봤다. 아까는 여기까지 헉헉거리며 힘들게 오느라 까치 보은 설화를 소개한 판자를 보면서도 다른 건 생각 못했는데, 이제 한숨 돌려서 그런지 마음에 좀 여유를 되찾았다. 사람들이 얼마나 자기만 생각하고 남에게 입은 도움은 외면하기에 까치까지 나서서 보은의 마음을 일깨웠을까. 나만해도 저 먼 길을 걸어 올라 이 높은 곳에 올 때까지 뒤에서 밀어준 게 한둘이 아닐 텐데 한 번도 고마워하지 않았지 않은가? 잠깐만이라도, 아니 여기 상원사 종각 앞에서만이라도 나를 도와줬던 사람들을 떠올려보기로 했다. 어쩌면 상원사를 찾은 가장 큰 수확이 이런 마음인지도 모르겠다.

평창 월정사

가을 여행

어느 때보다 폭염이 맹위를 떨쳤던 여름을 어찌어찌 겨우 보냈고, 어느 날 문득 아침저녁으로 제법 선선한 바람이 불어오자 드디어 가을이 다가왔음을 느꼈다. 여름 내내 무더위로 아무 생각도 못했던 마음이 그제야 꿈틀거리더니 코스모스 활짝 피는 들길이 그리워져 강원도로 훌쩍 떠났다. 그 길이 왜 하필 평창으로 향했는지 잘 모르겠다. 아마도 뜨거운 열기가 작렬했던 여름 내내 이곳의 시원한 메밀국수 한 그릇이 무척 그리웠나 보다.

10년 전쯤일까? 높다랗고 꼬불꼬불하게 이어지는 산길을 곡예처럼 지나다가 차창 너머 한 광경이 눈을 사로잡았다. 제철을 맞아 들녘 전부를 차지한 채 흐드러지게 핀 흰 메밀밭이었다. 차를 세우고 한 달음에 메밀밭으로 달려갔다. 그 속에 들어가 파묻히지 않고는 못 배길 것 같은 묘한 마음이 든 것이다. 메밀 밭 주위를 한참 서성이다 보니 한 국수집이 보였다. 마침 점심때라 생각할 것 없이 들어가 메밀국수 한 그릇을 주문했는데, 면이며 육수며 그렇게 시원하고 맛있을 수 없었다. 이후로는 가을만 되면 눈꽃마냥 허연 메밀밭이 떠오르곤 했다.

오대산 전경

오대산과 월정사

오대산은 금강산, 설악산과 더불어 강원도의 최고 산악으로 꼽히며, 강원도는 물론이고 우리나라의 자랑스러운 명산이기도 하다. 특히 금강산은 굳세고 화려한데 비해 오대산은 부드럽고 온유한 맛을 풍긴다. 예컨대 미술사학자 고유섭(高裕燮, 1905~1944)은 1933년 월정사를 다녀온 뒤 "금강산이 조각적 산수인 데 비해 오대산은 회화적 산수이며, 금강산이 외식(外飾)이 많다면 오대산은 내은(內隱)이 짙다. 또 금강산은 현기(衒氣)스러우나 오대산은 요조(窈窕)하다."라고 평했다. 오대산은 겉으로 드러내지 않고 안으로 품는 군자와 같은 풍모가 있다는 것인데, 이 두 산을 한마디로 잘 비교한 말 같다.

태백산맥 중심부에서 서쪽으로 길게 뻗은 차령산맥과 교차점에 자리한 오대산은 평창군과 홍천군·강릉시를 에워싸며 길고 꾸불꾸불하게 이어진다. 이 오대산의 으뜸 사찰이 월정사로, 가운데에 우뚝한 중대(中臺)를 중심으로 동대·서대·남대·북대 등의 봉우리가 병풍마냥 둘러싸 그 안에 둥글고 오목하게 마련된 명당자리에 터를 잡았다. 1975년 국립공원으로 지정된 오대산 주변에는 높이 1,563m인 비로봉을 비롯해

월정사 내경

호령봉, 상왕봉, 동대산, 두로봉 등 고봉들이 즐비하다.

오대산은 월정사가 창건된 이래 지금까지 줄곧 불교신앙의 성산(聖山)으로 추앙되어 왔다. 그래서 '오대산 신앙'이라는 말도 나왔다. 본래 오대산이란 이름은 중국 산서성 청량산의 별칭으로 월정사를 창건한 자장율사가 당나라 유학 당시 공부했던 곳이다. 문수보살이 머문다고 알려진 중국 오대산에서 용맹정진하며 기도하던 자장은 마침내 문수보살로부터 신라의 명주 땅에 1만 명의 문수보살이 산다는 계시를 받았다. 다른 곳도 아니라 바로 자신의 고국이 불국토임을 알게 되었고, 거기다가 불교에서 가장 신성하게 여기는 진신사리까지 받게 되자, 그는 한걸음에 신라로 돌아왔다. 오자마자 곧바로 중국 오대산과 꼭 닮은 이 산에 와서 문수보살을 친견했던 산과 똑같이 오대산이라 이름 붙이고 절을 지으니, 그곳이 바로 월정사다.

월정사를 창건한 자장과 범일

6세기 신라가 문화와 사회 면에서 비약적으로 발전한 데는 불교가 큰 몫을 했다. 그리고 이런 발전은 곧 국력으로 이어져 신라가 고구려와 백제와 견줄 수 있는 수준까지 올라가게 했다. 불교가 국력 신장의 바탕이 된 예는 백제나 고구려 그리고 고려에서도 찾아볼 수 있으니 삼국의 문화가 성숙하게 된 배경에 불교가 자리했던 것이다. 중국이나 중동 지역에 비해 불교가 늦게 도입된 삼국시대에 불교가 훌쩍 발전하게 된 데는 나라의 적극적 정책이 물론 컸겠고, 여기에 아울러 갖은 어려움을 무릅쓰고 인도나 중국 등 불교선진국에서 적극적으로 경전이나 교학을 들여온 유학승들의 역할도 아주 컸다.

그런 유학승 중에서 행적이 가장 두드러졌던 스님 중 한 명이 바로 월정사를 창건했던 자장율사(慈藏律師)다. '율사'란 불교의 계율을 철저하게 지키며 수행에 전념했다는 스님에게 붙이는 칭호다.

본래 왕가 출신이었던 그는 정치나 관직에 발을 담그지 않고 종교를 선택했다. 그렇지만 출가해 승려가 됨으로써 신라에 종교적으로 사회적으로 더 큰 영향을 주었다. 중국에 가서 여러 해 동안 머무르며 불교의 정수를 배우고 이를 신라에 전한 것은 그의 커다란 업적으로 꼽힌다. 그는 중국에서 돌아온 직후인 643년에 월정사를 창건했는데, 단순히 절 한 곳을 세운 것 이상의 의미가 담겨 있다. 중국에서 배워 온 고급 불교를 신라에 전파시키는 전진기지로서 월정사를 창건하고, 이를 통해 신라의 선진화를 이루고자 한 데에 그 큰 뜻이 들어있어서다.

이후 신라의 또 다른 고승 범일(梵日)과 그의 제자 신의(信義)가 힘을 모아 889년에 월정사를 중건했다. 이를 계기로 다시 한 번 비약적으로 발전하게 되었다. 범일이 구체적으로 어떤 역할을 했는지는 기록이 자세히 전하지 않지만, 주로 자장의 뜻을 이어받아 오

강릉 굴산사지 부도. 범일국사의 부도로 추정된다.

대산을 불교의 성지로 이루려 했던 것 같다.《삼국유사》에 역시 중국 유학승이었던 그가 공부를 마치고 귀국하고 얼마 안 있어 월정사에 머무르게 된 과정이 자세히 나온다.

고려와 조선시대의 월정사

고려시대의 월정사도 명찰로 널리 알려졌겠지만 관련 기록은 거의 남아 있지 않다. 다만 이런 기록의 부재는 문화재로 대신할 수 있어 다행이다. 예를 들어 팔각구층석탑을 통해 고려시대의 번성했던 모습을 유추해 볼 수 있으니, 이만한 석탑을 조성할 정도면 웬만한 사세(寺勢)로는 어려웠을 것이기 때문이다.

조선시대에 와서는 월정사보다는 상원사가 신앙의 중심이 되었다. 지금 상원사는 월정사의 산내암자이지만, 이때는 거의 별개 사찰로 운영되었던 것 같다. 하지만 그때나 지금이나 월정사는 '큰절'로서의 위상

김홍도 《금강사군첩》
중 월정사

이 있었기에 상원사의 일이라도 월정사와 직간접적인 관련이 있었음은 물론이다. 1401년 태종이 상원사 사자암을 중건해 자신의 원찰로 삼았고, 이어서 상원사에서 고려 왕실의 영혼을 위로하는 수륙재도 열도록 했다. 이런 국가적 행사를 주관한다는 자체가 당연히 절의 위상을 높이는 데 큰 효과를 냈을 것이다. 세조도 상원사에 자주 행차하였으니, 오대산 계곡에서 문수동자를 만나 괴질을 치료받고, 고양이 덕분에 자신의 목숨을 노렸던 자객의 습격을 피했던 일 등은 전설처럼 전한다. 세조는 1465년 당대에 가장 유명했던 신미(信眉)와 학열(學悅) 두 스님에게 상원사를 중창케 하고 원찰로 삼았다. 왕실의 원찰로서의 기능은 예종 대(1468~1469)에도 이어졌다. 이렇게 해서 상원사를 중심으로 오대산 신앙은 계속되었다.

《조선왕조실록》을 보면 1502년 월정사는 강원도로부터 매년 소금 수십 석을 받았다고 나온다. 태종·세조·예종 대에 이뤄졌던 지원이 이때까지 이어지며 공식적으로 관할 행정부로부터 소금을 지급받을 만큼 중요한 사격(寺格)을 지녔던 것이다. 이렇게 강원도뿐만 아니라 중앙에서도 계속 관심을 갖던 월정사였지만, 숭유억불의 대세를 이겨내기는 어려웠다. 《조선왕조실록》에는 조정에서 여러 차례 회의를 갖고 월정사의 특권을 줄이거나 없애려 했던 논의가 자주 보이는 것이다. 사람들이 삼림을 함부로 훼손하지 못하도록 월정사 주변에 대한 출입금지 및 수렵금지 정책을 폐지토록 한 것이 그런 예이다. 표면적 이유는 주민의 편의와 구황(救荒)이 목적이었지만, 사찰 소유의 토지, 곧 사유림(寺有林)을 제한하겠다는 의미가 컸던 것으로 보인다. 그래도 당시 허응 보우(虛應普雨, 1509~1565)라는 당대의 고승과 그를 후원했던 명종의 비 문정왕후(文定王后, 1501~1565)가 있어서 명찰 월정사의 전통이 유지될 수 있었던 것은 다행이었다.

오대산사고

《조선왕조실록》을 수호했던 월정사

앞서 본 것처럼 왕실에서 존중하던 절이었고, 또 오대산이라는 자연적 지형으로 인해 월정사는 《조선왕조실록》의 보관처로 지정될 수 있었다. 실록은 조선시대 역사의 가장 중요한 기록이기에 그 무엇보다 중요하게 관리되었다. 그런데 한양 한 곳에서만 보관될 경우 자칫 재난으로 한번에 사라질 수도 있으므로 이에 대비해 몇 부를 인쇄해서 전국의 명소에 나누어 보관했다.

실제로 임진왜란으로 그럴 뻔한 위기를 겪어본 조정은 전쟁이 끝난 직후 사명대사의 건의에 따라 1605년 10월 실록의 초고본을 월정사 산내암자인 영감사(靈鑑寺)에 선원보각을 짓고 보관토록 하였다. 이후 영감사는 일명 '사고사(史庫寺)'라 불리기도 했는데, 역사상의 정식 명칭은 '오대산 사고'라고 하고 역대 왕들의 실록이 여기에 보관되었다. 덕분에 병자호란 등 여러 난리통에 춘추관 사고(史庫) 등 다른 곳의 사고는 없어졌어도 오대산 실록만큼은 잘 전해질 수 있었다.

하지만 일제강점기이던 1913년 10월 조선총독부가 오대산 사고에 있던 실록을 일본 동경제국대학으로 강탈해갔다. 게다가 그마저도 1923년에 발생한 관동대지진으로 거의 불에 타버리고, 외부에 대출되었던 45책만이 겨우 남았을 따름이다. 이 책들은 해방 후 되돌려 받아 지금 서울 규장각에 보관되어 있다.

근현대의 월정사-6·25전쟁으로 인한 쇠락과 복구

불교계로서는 그 어느 때보다 혹독했던 조선시대를 견뎌냈던 월정사였지만, 근대에 들어와 1950년에 일어난 6·25전쟁 속에서 거의 모든 건물들이 그만 사라져 버렸다. 이 자리가 동부전선 최대의 격전지가 되었던 탓에 가람이 온전하게 남아나지 못하고 21개 동이나 되는 전각과 문화재들이 함께 잿더미로 변했다. 그래도 월정사 스님들은 아직 전쟁이 끝나지 않은 상황에서도 곧바로 절로 다시 돌아와 중건을 시작했다.

1964년에 현대의 고승으로 꼽히는 탄허(吞虛, 1913~1983) 스님이 주지가 되어 각고의 노력 끝에 적광전을 중건했고, 1969년에 만화 스님이 대웅전을 중건하며 다시금 명찰의 법등을 이어 오늘날의 터전을 마련했다.

탄허 스님

월정사의 가람배치와 문화재

　월정사 경내로 들어서는 길은 전혀 서두를 필요가 없다. 절까지 걸어가야 할 길이 제법 길지만 산사를 찾은 한가로움과 여유로움을 담뿍 느낄 만한 공간이기도 하다. 월정사로부터 상원사에 이어지는 10킬로미터의 계곡은 500년 된 전나무들과 고산식물, 잡목들이 우거진 숲으로 수려하고 웅장한 경관을 자랑한다. 이제는 월정사의 명소가 된 빽빽한 전나무 숲을 거닐 때면 걸음을 떼기가 아까울 정도다.

　이 월정사 숲길은 최근 각광을 받는 우리나라 산사의 산책로 중에서도 가장 유명한 길이다. 오대산 입구에서 월정사 경내 앞까지 2km 남짓한 숲길이 이어지는데, 다종다양의 숱한 나무들과 풀들이 계곡마다 빼곡히 자리하고 있다. 또 계곡과 계곡 사이를 흘러나가는 시내들도 산행의 흥겨움을 더해준다. 절로 향하는 길을 걷는 것은 곧 산사 탐방의 시작이자 끝을 장식하는 과정이라 그 절의 이미지가 대체로 이때 이뤄지곤 한다.

　전나무 숲을 지나면 일주문(一柱門)이 나오고, 여기서부터 본격적으로 사찰 경내로 들어서게 된다. 일주문 처마 아래에 걸려 있는 〈월정대가람(月精大伽藍)〉 편액은 6·25전쟁 이후 쇠락된 월정사가 다시금 명찰로서의 면모를 되찾는 데 큰 역할을 했던 탄허 스님

월정사 전나무 숲길

일주문, 천왕문
수광전, 적광전

이 쓴 것이다. 비록 이 자체가 오래된 문화재는 아니지만, 고승의 혼이 담긴 글이자 월정사의 풍모를 상징하는 편액이라 많은 사람들이 이 문을 오가며 쳐다보곤 하게 된다.

  일주문을 지나 금강교(金剛橋)를 건너면 천왕문(天王門)이 나오고, 그 오른쪽으로 난 작은 길로 가면 산내암자인 육수암과 월정사 조실(祖室, 사찰의 가장 웃어른 스님)이 기거하는 방산굴로 가는 길이 나온다. 특히 방산굴은 탄허 스님이 주로 머무르던 곳이어서 '방산굴'이라는 이름은 수행자 처소의 대명사 격으로 회자되었다.

  월정사 경내에는 금당인 적광전을 비롯해 수십 동의 전각과 요사들이 즐비해 과연 이곳이 강원도 최고의 대찰이구나 하는 느낌이 절로 들게 한다. 가람 중심인 적광전 앞의 팔각구층석탑은 월정사의 상징이고, 석탑 앞에 있던 또 하나의 월정사의 국보인 석조 보살좌상은 지금은 월정사 성보박물관 안으로 옮겨져 있다.

　창건 이래 1,300년이 넘는 역사 속에서 헤아릴 수 없이 많은 전각과 불상, 불화들이 가람을 장엄해 왔지만 아쉽게도 6·25전쟁으로 모두 사라졌고, 지금의 가람은 1960년대 이후 새로 들어선 모습이다. 조선시대 가람의 모습은 1910~1930년대에 촬영된 사진을 모은《조선고적도보》에 실린 고색창연한 흑백사진으로 볼 수 있다. 사진 속에 적멸보궁을 비롯해 칠불보전, 영산전, 광응전(光應殿), 진영각, 용선전(龍船殿), 연향각(燃香閣), 선당(禪堂), 백련당(白蓮堂), 장사보각(藏史寶閣) 등이 원경으로 자리 잡고 있다.

월정사 팔각구층석탑

팔각구층석탑

　월정사의 문화재 중 가장 오래 되었고 또 널리 알려져 있다. 월정사는 신라시대 창건 이후, 특히 고려시대의 역사나 기록이 거의 없는 상황에서 실물자료인 이 석탑을 통해 당시 월정사의 사격과 번성을 가늠할 수 있음은 무척 다행이다.

　오랜 역사 동안 몇 번의 화재가 있었지만 상륜부의 일부 장식을 제외하고 대체로 원형을 잘 갖추고 있는 고려시대 석탑의 최고봉으로 평가받아 현재 국보 42호로 지정되어 있다. 전체적 양식으로 볼 때 고려시대 중에서도 11세기 무렵에 지은 것으로 추정하는 게 일반적인데, 최근에는 그보다 이른 통일신라 때 세웠다는 주장도 새롭게 나오고 있다.

화강암으로 되었으며, 높이 15.2m이다. 일반형 석탑과 같이 사각형 기단 위에 팔각형 탑신과 옥개석을 세운 형식이다. 꼭대기에 상륜(相輪)이 있는데, 노반(露盤)·복발(覆鉢)·앙화(仰花)·보륜(寶輪)까지는 석재이고 그 위 보개(寶蓋)·수연(水煙)·보주(寶珠) 등은 금동제다. 보개 위로는 모두 근래에 복원한 모습이다.

전체적으로 이 석탑은 상하의 균형을 잘 이룬 아름다운 모습을 하고 있어 고려시대 다각다층석탑의 대표가 될 만하다. 고려 초기 월정사의 사세는 이처럼 아름답고 뛰어난 석탑을 조성할 정도로 번성하고 있었음을 알려 준다.

팔각구층석탑 사리장엄

1951년 6·25전쟁으로 석탑 일부가 손상을 입었고, 금속 상륜부가 파손되어 1970년 10월 석탑의 전면 해체보수가 진행되었다. 탑신부를 해체하는 과정에서 탑을 조성했던 당시의 사리장엄(舍利莊嚴)이 발견되어 탑의 가치가 더욱 높아졌다. 사리장엄이 놓였던 곳은 제5층의 옥개석 윗면으로, 그 중앙에 마련된 사각형으로 뚫은 구멍 안에서 은제도금 여래입상, 제1층 탑신석의 윗면에서는 보자기에 싼 원형의 청동외합과 거울 4개가 발견되었다. 청동외합 안에는 은제 사리내함이, 다시 그 속에 향나무로 입구를 막은 수정사리병과 사리 14매,《전신사리경(全身舍利經)》, 금동사각향합, 비단자수향주머니[繡羅香盒囊] 등이 들어 있었다. 이들은 고려 초기 금속·유리·섬유공예의 세련미와 문화양상을 잘 보여주는 중요한 작품들이다.

은제도금 여래입상은 높이 9.7cm로 대좌와 광배를 모두 갖추고 있다. 양식으로 볼 때 통일신라 작품으로 추정된다. 연꽃 대좌에 광배는 별도로 주조하여 불상의 뒤에 조립했다. 전체적으로 섬세한 조각과 사실적 표현 등이 돋보인다.

수정사리병은 호리병 모양으로 높이 5.5cm로, 입구를 막은 향나무가 그대로 남아 있다. 이것과 흡사한 사리병이 997년에 조성된 경기도 안성 장명사(長命寺) 오층석탑에서 발견된 바 있어, 이 수정사리병도 10세기 후반의 작품으로 추정된다. 사리병을 담았던 청동외합과 은제사리내합, 금동사각향합 등은 고려 초기에 나타난 새로운 사리장엄 양식을 보여준다.

비단향주머니는 바탕천의 직물이 불국사 석가탑에서 발견된 통일신라 직물과 동일하다. 또한 연꽃문양의 모습이 국보 196호인 신라 백지묵서《대방광불화엄경》과도 유사해 10세기 이전에 이미 만들어져 석탑에 봉안되었던 것으로 짐작한다. 청동외합에 들어 있던 4점의 거울은 모두 청동제품이다. 사리장엄에 거울을 봉안했던 경우는 석가탑을 비롯하여 충주 칠층석탑, 경주 창림사 탑 등이 있다.

《전신사리경》은 당나라 때인 8세기 중엽에 중국의 불공 삼장(不空三藏, 705~774) 스님이 한역한 경전으로 《보협인다라니경》이라고도 한다. 탑에 이 경을 봉안하면 일체 여래의 보호를 받고, 탑이 있는 곳에서는 온갖 재앙을 물리칠 수 있으며 또한 수명 장수와 소원 성취 등에 영험이 있다고 한다. 나무기둥에 감은 두루마리 형태로, 발견 당시 습기 등으로 단단하게 엉겨 붙은 모습을 하고 있었다.

월정사 팔각구층석탑에서 발견된 사리장엄

석조 보살좌상

예전에 팔각구층석탑 앞에 탑을 향하여 오른쪽 무릎을 꿇고 두 손을 모은 채 공양을 올리는 모습을 한 석조 보살좌상이 있었는데, 지금은 성보박물관 안으로 옮겨졌고, 그 모작품이 탑 앞에 있다.

이 보살상의 이름에 대해서는 의견이 많은데,《법화경》에 나오는 희견보살(喜見菩薩)로 보는 견해가 많다. 희견보살은 과거 일월정명덕(日月淨明德) 부처가 현 세상에 있을 때《법화경》설법을 듣고 삼매(三昧)를 얻었다. 환희심에 가득 차 부처님께 여러 가지 공양을 올렸으나 흡족하지 않아 자신의 몸을 태우며 공양하기를 1,200년간 계속했고, 이후 환생하여 정덕왕국의 왕자로 태어났다. 일월정명덕 부처는 그에게 장차 부처가 될 것이라는 수기(授記)를 내리고 열반에 들었다. 희견보살은 부처의

성보박물관에 보관중인 월정사 석조 보살좌상(좌). 구층석탑 앞의 좌상은 모작품(우)

사리를 수습하여 8만4천의 사리탑을 세웠다. 탑마다 상륜부를 만들고, 보배로 만든 각종의 깃발과 풍경을 매달아 더없이 아름답게 장엄하였다. 여기에 그치지 않고 탑 앞에서 자신의 두 팔을 태우며 7만 2천 세 동안 사리탑을 공양하였다. 마침내 희견보살은 석가모니불 당시 약왕보살(藥王菩薩)이 되었다고 한다.

월정사 석조 보살상은 이 같은 경전 이야기와 흡사한 자세를 취하고 있다. 두 손으로 뭔가를 잡고 있는 듯한 모습인데,《법화경》과 비교해 보면 손에 향 뭉치나 손잡이가 달린 향로 등을 들고 있었을 것 같다.

머리 위에 높은 원통의 관을 쓰고 있다. 관 옆에 작은 구멍이 얕게 파져 있는 것으로 보아 관에 장식이 달려 있었던 것으로 짐작된다. 보발(寶髮), 곧 머리카락은 등 뒤로 흘러내리며 살짝 감추어져 있다. 목에는 삼도(三道)가 있고 앞가슴은 영락으로 장엄하였다. 아래로 내려놓은 오

월정사 적멸보궁

른쪽 팔꿈치 아래에는 원래 받침돌이 괴어져 있었다. 이 받침은 동자상(童子像)이다. 동자상은 왼손에 금강저처럼 생긴 지물을 들고 있는데 조각이 거칠고 둔한 점으로 보아 보살상과 동시대에 조성된 것이 아니라 후대에 추가된 것으로 보인다. 지금 이 동자상은 보살상에서 분리되어 따로 보관되고 있다.

2000년 이 보살상을 보수하면서 지하 1m 아래에서 보살상의 대좌가 발견되어 지금은 대좌 위에 앉은 모습을 하고 있다.

월정사 적멸보궁

종교에 관련된 여러 현상과 장면에는 필연적으로 '성(聖)스런' 관념이 많이 들어 있다. 불교의 문화나 미술에서도 이런 면을 빼놓고는 정확히 이해하고 감상하기 어렵다. 우리나라 절에서 가장 성스러운 단어 하나를 꼽으라면 '적멸보궁(寂滅寶宮)'일 것이다. '적멸'은 사라져 없어짐을 말하는데, 단순히 죽음을 말하는 게 아니라 괴로움의 근원인 희로애락에서 완전히 벗어나 해탈에 들었다는 의미가 들어 있다. 그래서 적멸보궁이란 적멸의 경지를 이룬 석가여래를 기리는 곳이다. 적멸보궁이라고 하면 거대한 궁전을 떠올리게 된다. 실제로 옛날 석가모니는 보리수 아래 앉아 풀로 엮은 소박한 자리에서 설법했음을 의미한다고 보면 될 것 같다. 그런데 이 세계에서 완전히 벗어나 있으니 육신이 있을리 없으므로 여느 전각마냥 불상이나 불화를 봉안한 게 아니고 보궁 바깥쪽에 사리탑을 세우거나 계단(戒壇)을 만든다. 이렇게 해서 적멸보궁은 그 앞에 있는 사리 또는 계단에서 석가모니가 언제까지나 적멸의 법을 이야기함을 상징하게 되었다.

우리나라에 적멸보궁은 실제로 자장율사가 중국에서 가져온 석가모니의 사리와 정골(頂骨, 정수리뼈)을 나누어 봉안한 곳들이다. 흔히 '5대 적멸보궁'을 드는데, 이곳 월정사를 비롯해서 인제 봉정암, 영월 법흥사, 정선 정암사, 경남 양산 통도사 등이다. 다섯 군데 중에서 네 군데가 강원도에 있는 게 눈에 띈다. 그만큼 예로부터 강원도는 불법이 전하기 좋은 곳이라고 생각했던 것 같다.

월정사 적멸보궁은 월정사의 산내암자인 사자암에 있다. 1971년 강원도유형문화재 28호로 지정되었다. 처음 자장율사가 여기에 적멸보궁을 세우고, 훗날 보천과 효명 두 신라의 왕자가 암자를 지었다. 적멸보궁 오르는 길은 사자암 경내의 향각에서부터 시작된다. 산길을 400미터 정도 오르면 용안수(龍眼水)라는 샘물이 나온다. 오대산 전체로 보면 적멸보궁 자리가 용의 머리 부분에 위치하고 이 샘물은 용의 눈에 해당해서 이런 이름이 붙었다. 또 용안수 옆에 있는 토굴을 '용의 비혈'이라고도 한다. 앞에 놓인 돌계단을 힘든 줄 모르고 올라가면 아담한 적멸보궁 건물이 눈앞에 들어온다.

이 적멸보궁은 오대산의 여러 봉우리가 병풍처럼 둘러싼 중앙의 대지에 자리 잡았다. 풍수로는 용이 여의주를 희롱하는 형국이라 최고 명당자리라고 한다. 전설에는 이 산세에 따라 용의 정골 부분에 정

적멸보궁 오르는 길

월정사 적멸보궁에서
바라본 오대산 연봉

골사리를 묻었으며, 그 지점에 표석이 드러나 보였다고 한다.

풍수에 통달하지 못한 사람으로서야 이곳이 용의 머리에 해당하는 곳인지, 그래서 용의 비혈인지가 금세 눈에 들어올 리 없다. 그래도 적멸보궁 앞에서 경치를 바라보면 그야말로 시야만이 아니라 마음까지 확 트이고 가슴이 시원해진다.

월정사를 나서며

널따란 월정사를 한곳한곳 천천히 돌아보니 어느새 햇살이 가늘어지기 시작하고, 나가는 걸음을 재촉하는데 숲 사이로 한 줄기 시원한 바람이 불어오며 땀을 식혀준다. 얼마나 오랜만에 느껴보는 서늘한 바람인지. 여기를 나서 다른 갈 데를 딱히 정해놓지 못했지만 그냥 이렇게 시원한 계절을 느끼며 걷는 것만도 즐겁다. 전나무들은 어느새 푸른빛을 많이 잃었지만 여전히 무성한 이파리들을 보여주고 있다. 숲 사이로 불어오는 시원한 바람을 맞으며 이보다 더 좋은 가을 산행이 있을까 싶을 정도다. 그 고되었던 여름을 잘 보내고 이 자리에 선 스스로가 대

견스럽기까지 하다.

 월정사 앞에 죽 늘어선 가게들을 서성이다 한 국수집에 들렀다. 막국수 한 그릇을 뚝딱 비우니, 아침 일찍 나선 고단함과 답답함이 확 가시며 머리가 맑아지고 고단한 발걸음도 금세 가벼워졌다.

 고개를 들어보니 그새 부쩍 높아진 가을 하늘 여기저기로 작은 조각구름들이 수놓아져 있다. 아, 가을! 하지만 너무나 짧은 계절인 것이 못내 아쉽다. 모든 계절은 다 추억을 남기며 떠난다. 그 지긋지긋했던 여름도 겨울의 혹한이 오면 다시 떠오를까? 여름 바다 백사장을 부지런히 쓸어내리던 푸른 파도의 포말도 이내 혼자만 남은 외로움에 쓸쓸해질 것이다. 이번 가을은 또 어떤 추억을 남기고 떠날는지. 전나무 숲길에 또 다른 가을의 추억 한 자락을 묻어놓고 월정사를 나섰다.

월정사 요사

평창 상원사

요즘은 여행을 어쩌다 누려보는 호사(豪奢)로만 생각하는 사람은 드물어졌다. 여행을 단순히 놀러가서 보고 즐기는 관광만으로서가 아니라 살다보면 어쩔 수 없이 겪는 침체의 분위기를 떨어내는 비책으로 활용하는 사람이 많다. 복잡하고 힘든 사회에 있다 보면 언제든 한 번씩은 마음이 아프고 일상에 의미를 잘 못 느끼는 순간이 찾아온다. 그럴 때면 담배를 끊어야지 다짐하건만 한 시간도 못 가 담뱃갑에 손이 가고, 일하려고 작정했지만 십 분도 안 가 머릿속은 잡념으로 가득 찬다. 저녁 술친구가 없으면 혼자라도 한 잔 하지 않고는 집에 못 들어갈 것 같다. 집에서 음악을 들어보지만 헛헛한 마음은 나아지기는커녕 이유 없이 눈물이 날 듯하다면, 다른 것 다 그만두고 여행을 떠나야 한다. 먹먹하고 흔들리며 생활에 집중하지 못하는 마음은 여행이 좋은 테라피가 될 수 있음을 경험으로 잘 안다. 산과 바다, 들 모두 좋은 여행지지만, 마음을 치유할 여행이라면 산의 넉넉함에 마음을 맡기고 산사의 정갈함으로 답답함을 씻어보는 것도 괜찮다. 이미 숱하게 이런 마음고생을 겪었던 경험자로서 진지하게 충고해본다면, 마음이 아프면 사찰로 여행을 떠나시라.

상원사의 창건

상원사는 사찰행정 면에서 월정사의 산내암자로 분류되지만 신라시대에 창건된 유서 깊은 사찰로 그 자체로 우리나라에서 손꼽은 명찰이다.

705년 신라 신문왕의 두 아들 보천과 효명태자가 창건했고, 창건 당시의 이름은 진여원(眞如院)이었다. 《삼국유사》 탑상 제4의 〈대산 오만 진신〉, 〈명주 오대산 보질도 태자전기〉, 〈대산월정사 오류성중〉 등의 이야기에 절의 창건과정이 자세히 전한다. 월정사와 관련된 이야기이므로 이에 대해서는 이 책 '월정사' 편을 참고해 읽으면 더 좋을 것 같다.

고려시대의 역사

보천태자의 창건 이후 절의 역사는 잘 알려져 있지 않다. 그렇지만 고려 후기인 1381년 무렵에 이색(李穡, 1328~1396)이 상원사에 승당, 곧 요사가 지어진 것을 기념해 쓴 〈오대상원사승당기(五臺上院寺僧堂記)〉(《동문선》 제75권)를 통해 당시 상황을 알 수 있다.

이 이야기를 소개해 보면, 때는 고려 후기를 대표하는 고승 나옹(懶翁)의 제자 영로(英露)가 오대산을 유람할 당시였다. 상원사에 들어와 보니 절에 승려들이 머물 변변한 공간이 없었다. 그는 이런 어려운 상황을 보고 깊게 탄식하며 이렇게 생각했다.

"오대산은 천하의 명산이요, 상원사는 또한 큰 사찰 아닌가? 승당은 성불하는 곳이요, 세상 곳곳에서 운수도인(雲水道人)이 모이는 곳인데 사찰에 승당이 없어서야 되겠는가?"

이에 영로는 스스로 화주가 되어 사방으로 쫓아다니며 시주를 구해

상원사 전경

여러 사람으로 하여금 좋은 인연을 맺기를 구하였다. 이 소식을 판서(判書) 최백청(崔伯淸)의 부인 안산군부인(安山郡夫人) 김씨가 듣고 기뻐하여 남편과 의논해 부부가 흔쾌히 시주했다. 이 불사는 1376년 가을에 시작하여 이듬해 겨울에 공역을 마쳤다.

그해 겨울 33명의 스님을 맞이하여 십년좌선을 시작했다. 5년째인 1381년에 중간 결산의 의미에서 성대하게 법회를 열었다. 그해 11월 24일에 이적(異蹟)이 일어났다. 해가 이미 저물어 어두웠는데, 승당이 저절로 밝아졌다. 여러 사람들이 괴이하게 여겨 그 까닭을 찾아보니, 성승(聖僧, 승당 중앙에 있던 좌상)에 있던 촛불이 저절로 앞쪽으로 쑥 나와 있었다. 사람들이 크게 놀라 그 불꽃을 산중의 여러 암자에 소중히 나누어 이어 갔다. 당시 사람들은 이러한 신령함이 김씨의 지성의 소치라 여겼다. 김씨가 그 일을 눈으로 직접 보고는 더욱 신심이 깊어져 노비와 토지를 시주하였다.

이런 이야기는 사람들의 입으로 전해져 당대의 유명한 문인 이색에게까지 들렸다. 그는 크게 감탄하며 이렇게 말했다.

"이런 일이 있었던가? 내 전에 듣지 못한 바이다. 대저 등(燈)과 초[燭]는 심지

상원사 내경

가 있고, 기름과 밀[蠟]이 있어야 한다. 그러나 반드시 불이 있은 연후에 광명이 나오게 마련이다. 이제 불을 붙이지 않아도 스스로 밝아진 것은 부처의 신령함이 아니면 어찌 이루겠는가. 부처가 비록 신령하다 하더라도 또 아무런 연유도 없이 그 신령함을 나타낼 리 없으니 지금 김씨의 이름을 전함은 지당한 일이다."

그리고 이색은 이 일을 소상히 적어 기문으로 남긴 것이다. 이것으로 볼 때, 상원사는 일찍이 결사의 도량으로 유명하였음을 알 수 있다.

조선시대의 역사, 수륙재 봉행과 세조의 지원

조선시대 들어 상원사는 국왕의 각별한 관심과 지원을 받았다. 조선은 억불숭유의 정치이념을 내세우며 새로운 사회를 만들기 위해 불교를 탄압하였다. 고려 말의 지나치게 성장한 불교계의 위상을 약화시키고 불교계가 지닌 경제적 기반을 몰수하기 위한 조처였다. 이에 따라 사찰의 많은 토지와 노비 등이 압수되었고, 때로는 사찰 자체를 폐사시키기도 하였다. 그러나 국가의 억불시책과는 달리 국왕과 왕실은 돈독한 신앙심으로 여러 사찰의 중창을 지원하였다.

상원사의 경우 절이 발전하게 된 데는 이곳이 수륙재의 주요 사찰이었다는 점과 연관 깊다. 수륙재(水陸齋)는 뭍과 물의 외로운 영혼을 천도하는 의식이다. 먼저 태조는 1398년 8월에 천재지변을 물리치는 법회를 여기서 열도록 해 이로부터 상원사는 명찰로 더욱 유명하게 되었다. 1401년 봄에는 태종이 상원사의 사자암(獅子庵, 지금의 중대)을 중창하게 도왔고, 10월에는 절에서 나라에서 주관하는 수륙재를 열었다. 1395년 10월 삼화사(三和寺)·관음굴(觀音堀)·견암사(見巖寺) 등에서 매년 봄과 가을에 국가가 주관하는 수륙재를 열었다(《태조실록》, 태조 4년 2월 24일). 이 3개 사찰은 모두 고려의 마지막 왕 공양왕과 고려 귀족들을 처형한 지역에 자리한다는 공통점이 있으니, 다시 말해서 이 세 사찰에서 법회를 연 것은 조선이 건국되는 과정에서 몰살된 고려 왕족의 명복을 기원하는 데 목적이 있었다.

상원사는 삼척 삼화사를 대신해 매년 국행수륙재를 열었다. 당시 국가의 수륙재를 개설한 사찰은 상원사를 비롯해 개성의 관음굴, 한양의 진관사, 거창의 견암사 네 사찰뿐이었다. 상원사는 국가의 수륙재 개설도량으로서 조선 건국 초부터 국가의 관심과 지원을 받고 있었던 것이다.

세조와 그의 집안은 상원사에 특별한 관심을 보였다. 세조의 둘째딸인 의숙공주(懿淑公主) 부부는 여러 불·보살상을 상원사에 봉안했고, 며느리 인수왕대비(仁粹王大妃, 昭惠王后, 1437~1504. 세조의 맏아들인 덕종의 비)는 조(租) 500석을 시주했다. 세조 자신도 공덕소(功德疏)를 지어 종친과 신하들에게 시주를 적극 권했다. 또 왕실과 고위 관료 사이에 이름이 높았던 신미 스님도 비슷한 시기에 〈상원사중창권선문〉을 써 절의 중창에 동참할 것을 권했다. 이 권선문은 지금까지 남아 국보 292호로 지정되었다.

당대의 고승 학열 스님도 직접 절 일을 맡아서 1466년에 중창 불사를 마쳤다. 신미 스님은 강릉의 전답 수백 결을 절에 소속시켜 절의 비용에 충당하도록 하였다. 또 인수왕대비는 탱화를 조성하는 데 곡식 150석을 헌납하고, 조상을 제사지낼 때마다 60석을 시주하였다. 세조는 불사가 완성되자 쌀 500석과 포 1,000필 등을 하사하고, 범패승 52명을 모아 친히 낙성회에 참여하였다. 세조와 대왕대비, 왕세자 그리고 많은 신하들이 상원사에 행차하였다.

이와 같이 상원사는 전적으로 세조의 중창으로 거듭 태어났다. 뿐만 아니라 세조는 낙성식에 친히 행차하여 예불을 올리는 등 정성을 다하였다. 1468년 세조가 승하하자 다음 해 예종은 상원사를 세조의 명복을 기원하는 원찰로 정했다. 절을 원만히 유지하기 위해 노비와 전지를 내리고 조세를 영구히 면제해 주었다.

1599년에는 절의 문수동자상을 개금하였다. 근래 동자상의 복장에서 당시의 개금불사 중수발원문이 발견되었다. 지운(智雲)·보명(普明) 등이 발원하여 문수동자상과 문수보살상, 16위의 나한상, 화엄회도, 서

중대 사자암

방회도, 원각회도, 미타회도, 비로회도, 영산회도 2폭 등의 불화, 그리고 달마대사와 나옹대사의 진영 등을 중수하였다. 이 불사에는 일학(一學)이 증명, 석준(釋俊)과 원오(元悟)가 그림을 그렸으며 학명(學明)이 기록을 맡았다.

문헌기록은 아니어도 조선 후기 상원사의 성관을 알려주는 그림이 있다. 1788년 상원사의 모습을 그린 단원 김홍도(金弘道)의 《금강사군첩》이 그것인데, 여기에 문수전을 중심으로 좌우의 행랑칸과 2층 누각, 요사 등의 단출한 가람이 사실적으로 묘사되어 있어 당시 상원사가 어느 정도의 규모였는지 어떤 기록보다도 더 정확하게 전해준다.

상원사의 전설들

태종의 상원사 중창

태종은 일찍이 오대산이 기이하고 빼어나다는 사실을 들어 알고 있었다. 오래 전부터 이곳에 원찰(願刹)을 세워 착한 인과(因果)를 짓고자 하였다. 마침 그 때 '운설악(雲雪岳)'이라는 스님이 찾아와서 산중에 신라 때 국가의 비보사찰(裨補寺刹)이었던 사자암 중건을 청하였다. 태종은 그 말을 듣고 기뻐하여 곧 일꾼을 보내 중건하였다. 3칸은 불상을 봉안하고 스님이 머물게 하였으며, 그 아래쪽의 2칸은 문과 목욕칸으로 만들었다.

규모는 작으나 지세가 적당하므로 거기에 알맞게 지었다. 이에 대해 《신증동국여지승람》에 이런 이야기가 전한다. 태종은 불사가 완공된 후, 그해 11월에 친히 행차하여 낙성식을 개최하였다. 얼마 후 대제학 벼슬을 하던 권근(權近, 1352~1409)을 불러 명했다.

김홍도 《금강사군첩》
중 중대

"내가 상원사에 불사를 일으키게 한 것은 대개 세상을 먼저 떠난 이의 명복을 추념(追念)하고 후세에까지 이로움이 미치게 하여, 남과 내가 고르게 부처의 은덕에 젖고 유명(幽明)이 함께 의지하기 위함이다."

그리고 기문을 써서 이 일을 오랫동안 후세에 알리도록 하였다고 한다.

세조와 문수보살 – 날 만났다는 얘기는 하지 말게

산이 깊고 골이 깊으면 전해지는 이야기도 많은 법. 하물며 오대산 월정사와 상원사처럼 오랜 역사를 자랑하는 절집에 전해오는 이야기야 한둘이 아닐 터. 하지만 그중에서도 가장 많은 사람들의 입에 회자되는 것은 아무래도 세조와 문수보살의 만남이 아닐까?

세조는 조카인 단종의 목숨을 빼앗고 왕위를 차지한 것 때문에 늘 마음의 부담이 컸다. 비록 정치적으로는 신흥 국가의 왕권을 안정시키고 정치·경제·사회·문화적으로 조선을 발전시켰지만 언제나 마음 한 구석에는 죄책감이 자리를 잡고 있었고 잠자리도 늘 편치 못했다.

어느 날, 밤새 뒤척이다 설핏 잠이 든 세조의 꿈에 단종의 어머니이자 문종의 왕비인 현덕왕후가 나타났다. 현덕왕후는 세조를 향하여 눈을 부릅뜨고 소리를 쳤다.

"그까짓 권력이 탐나 어린 조카의 목숨을 빼앗는단 말이냐. 이 천하에 불한당 같은 놈!"

그리고 현덕왕후는 세조를 향해 침을 뱉었다.

그날부터 현덕왕후가 침을 뱉은 자리에 종기가 돋기 시작했다. 용하다는 의원들을 모두 불러들였지만 병은 점점 심해지기만 했다. 온몸을 짓무르게 하는 심한 종기 때문에 도저히 정사를 돌볼 수 없게 된 세조는 마침내 병을 고치기 위해 전국의 용하다는 약수란 약수를 모두 찾아다녔다. 속리산, 금강산을 거쳐 오대산에까지 이른 세조는 상원사에 머물며 온 정성을 다해 부처님께 불공을 드리며 치유를 빌었다. 그러던 어느 날, 고양이 한 마리가 법당에 들어가려는 세조의 옷자락을 물고 늘어지는 것이었다. 아무리 어르고 달래도 고양이는 좀체 떨어지지 않았다. 고양이와의 실랑이 때문에 세조의 인내가 한계에 달할 때쯤, 문득 법당 문이 열리더니 낯선 괴한 둘이 번개처럼 뛰어나갔다. 세조를 죽이기 위해 기다리고 있던 자객들이

상원사 고양이 석상

었다. 부처님 혹은 문수보살께서 고양이의 모습으로 나타나 세조의 목숨을 구해주었던 것이다. 세조는 목숨을 구해준 고양이를 위해 상원사 인근의 땅에서 나는 소출을 고양이 양식으로 쓰도록 했는데 이를 '고양이논[猫畓]'으로 불렀다고 한다.

그럭저럭 시간이 흘러 고양이 사건을 잊을 때쯤 세조는 시종도 거느리지 않은 채 홀로 오대천을 찾아 맑은 물에 몸을 담갔다. 이 역시 종기를 고치기 위한 하나의 방편이었다. 때마침 길을 가던 동자승이 다가와 물었다.

"혼자 목욕을 하시는 게 보기 안쓰럽습니다. 소승이 등을 밀어드릴까요?"

철없는 동자승이 감히 임금의 옥체에 손을 대겠다고 나서는 모습이 우습기도 하고 종기가 덕지덕지 앉은 등을 밀어준다는 것이 고맙기도 했던 세조는 종기가 가득한 등을 선뜻 내밀었다.

조심조심 종기 자국을 피해 등을 미는 동자승에게 세조가 짐짓 능청을 떨며 말했다.

"스님, 어디 가서 임금의 옥체에 손댔다는 말은 하지 마시오. 혹 불경죄로 크게 경을 칠까 걱정이 되어 그렇소."

이윽고 등을 다 밀어준 동자승이 손을 닦고 합장한 다음 빙긋 웃으며 인사를 건넸다.

"임금께서도 어디 가서 문수보살이 등을 밀어주었다는 말은 하지 마시오. 임금이 거짓말쟁이가 될까 걱정이 되는구려."

깜짝 놀라 정신을 차려보니 동자승은 간 곳이 없고 종기가 씻은 듯이 나은 것이 아닌가. 세조의 불공에 감읍한 문수보살의 가피로 지긋지긋한 피부병이 치료가 된 것이었다. 세조는 즉시 화공을 불러 오대천에서 만난 동자의 모습을 그려 목각상으로 만들도록 했다. 바로 오늘날 국보 221호로 사랑을 받고 있는 상원사의 문수동자상이다.

상원사 문수동자상(좌)
상원사 문수보살상(우)

상원사 후원으로 병을 고친 세조

조선 초기부터 나라의 명찰로 유명하였던 상원사는 세조(재위, 1455~1468)의 중창으로 다시 한 번 명찰로 거듭나는 계기를 마련하였다. 1466년 세조는 절에 나한전, 청련당, 종각 등을 건립하고 절의 각종 물품을 마련해 주었다. 그 자세한 이야기가 김수온(金守溫, 1410~1481)이 1475년에 쓴 〈오대산 상원사 중창기〉에 전한다. 그 이야기의 대강을 간추려 설명하면 다음과 같다.

1462년 4월 세조는 열흘이 넘게 병고에 시달리고 있었다. 대왕대비는 세조의 병환을 우려하여 내관을 보내 혜각존자 신미, 대선사 학열 스님 등에게 말하였다.

"내가 명산승지에 한 사찰을 창건하고자 특별한 곳을 원하니, 만일 국가의 안녕을 기도할 만한 곳이 있다면 추천하시오."

이 말을 듣고, 신미 등이 대답하였다.

상원사
세조의 관대걸이

"오대산은 우리나라의 명산입니다. 그리고 중대 상원사는 지덕이 더욱 기이하니 승도가 결제(結制)하면 반드시 경침(警枕)의 변이가 있을 것입니다. 1425년 12월 불행히 음식 만드는 사람이 실화(失火)하여 절이 전소되었는데, 만약 그 옛 터에 다시 건축하여, 그 규모와 법제(法制)를 넓게 하면 한 산의 명찰이 될 것입니다. 마땅히 기축(祈祝)하여 특별히 향과 예물을 내려 불사를 일으키십시오."

대왕대비는 이 말을 듣고 전지(傳旨)하여 세조에게 인도하였다. 세조는 학열 스님에게 또 이렇게 명했다.

"주된 운영과 관련한 업무는 경상감사에게 맡기고, 쌀 500석을 배에 실어 강릉부에 운반하고, 제용감(濟用監, 조선시대 왕실에서 사용되는 각종 의복 직조 등에 관한 업무를 담당하는 관청)의 비단과 베 1,000필을 불사의 시작 자금으로 하라."

이후 세조의 질병이 조금씩 나아졌다.

근현대의 상원사

근현대에 들어 상원사는 참선도량으로 거듭났다. 1904년에 선원을 개설하였고 1907년 수월화상이 주석하면서 선풍을 떨치게 되었다. 이후 한암 스님이 수행하면서 상원사는 오대산의 수행도량으로 자리매김하였다. 스님은 1925년 상원사에 들어와 1951년 입적할 때까지 27

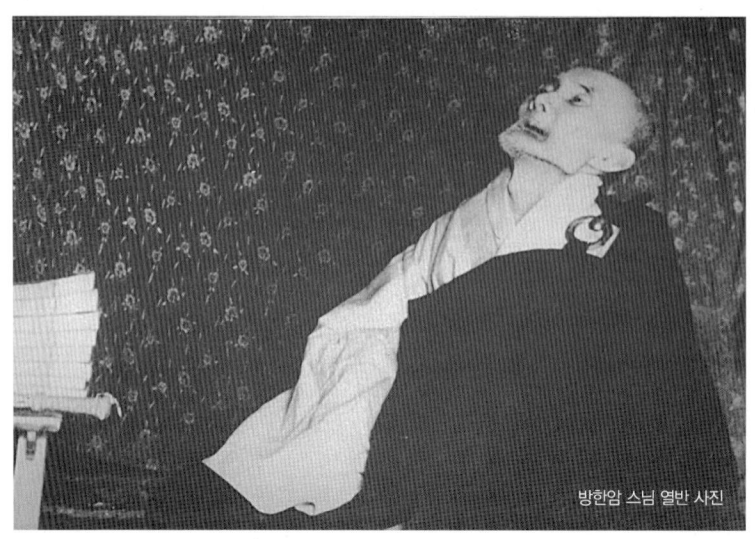
방한암 스님 열반 사진

년 간을 산문 밖에 나가지 않으면서 치열하게 참선 수행하였다. 스님이 죽음을 무릅쓰고 상원사를 수호했던 이 이야기는 초등학교 교과서에 실릴 정도로 유명한 일화다.

1951년 1월 6·25전쟁의 와중에서 국군은 북한군의 거점이 될 수도 있다는 판단 아래 오대산의 전 사찰을 소각시키고 상원사도 불태우려 하였다. 이때 스님은 가사와 장삼을 입고 법당으로 들어가 좌정하고는 자신도 함께 불태우라고 하였고, 스님의 인품에 감화된 장교는 법당의 문짝만을 태우고 돌아갔다.

한암 스님의 목숨을 건 정진으로 상원사는 무사히 법등을 이어갈 수 있었고 범종과 문수동자좌상, 〈상원사중창권선문〉 등의 귀중한 문화재도 지금까지 전할 수 있었다. 1984년에는 문수동자상의 복장물이 발견되어 절의 위상과 가치를 다시 한 번 확인할 수 있었다.

상원사 가람과 문화재

　상원사의 가람 구성은 문수전과 영산전, 청량선원, 소림초당, 동정각, 요사 등으로 이루어져 있다. 창건 당시 절에는 문수보살을 모신 전당이 있었고, 고려시대에는 33명의 스님이 모여 참선결사를 행하던 승당이 중심 건물이었다. 조선시대 세조가 중창하였을 때는 불전의 동서에 상실이 있고, 남쪽 회랑의 사이에는 5칸의 누각이 있어 범종과 반자 등을 봉안하였다. 또한 동·서의 상실과 나한전, 청련당, 재주실, 승당, 선당, 부엌과 창고, 목욕실 등 총 56칸에 달하는 큰 가람이었다. 조선 후기를 거쳐 근·현대에 이르면서 조금씩 퇴락하다가 1947년 화재로 가람 대부분이 전소되었다. 지금의 가람은 이후 중건한 모습이다.
　주요 문화재로는 범종, 목조문수동자좌상과 복장유물, 〈상원사중창권선문〉 등을 빼놓을 수 없다.

상원사 범종

　우리나라에 전하는 가장 오래된 범종으로 통일신라시대인 725년에 조성하였다. 이른바 한국종의 원형을 간직하고 뛰어난 주조기술과 조각수법을 지닌 귀중한 문화재다. 경상북도 안동(安東)의 읍지인 《영가지(永嘉誌)》에 이 종은 원래 상원사에서 조성한 것이 아니고, 안동누문에 있던 것을 1469년에 절로 옮겼다고 나온다. 이 해는 예종이 상원사를 한 해 전에 승하한 세조의 원찰로 삼았던 때이다. 원찰로 지정하여 노비와 전지를 내리고 조세를 면제해 주면서 종을 옮겨 봉안한 것이다. 그러므로 종의 원 봉안처가 어디인지는 확실히 알 수 없고, 다만 안동 인근의 사찰이었을 것으로만 짐작할 뿐이다. 종을 상원사로 옮기는데 죽령 부근에서 아무리 힘을 써도 움직이지 않다가 종유 하나를 따서 안동으로 보내자 비로소 움직이기 시작하였다는 이야기가 전한다. 본

상원사 문수전

상원사 영산전

래 범종의 종유는 9개인데 상원사의 그것은 지금 하나가 모자란 8개인 것도 그러한 까닭이라고 한다.

 종의 크기는 높이 167cm, 입지름 91cm로 국보 36호다. 몸체는 배가 약간 불룩하고 밑부분이 좁아지는 형태이다. 맨 위에는 종을 매다는 고리가 있는데, 큰 머리에 굳센 발톱을 지닌 용의 모습이다. 그 좌우에

상원사 동종 주악상

상원사 동종

70자의 명문을 음각하여 조성시기를 밝혀 놓았다. 그 아래에는 음통이 연꽃과 덩굴무늬로 장식되어 있다. 혹은 용의 등 위로 피리 모양의 길쭉한 대롱이 있는 범종도 있는데 이를 음통(音筒)이라고 한다. 모양이나 명칭으로 보면 종을 때렸을 때 나는 소리가 이 대롱으로 울려 퍼질 것 같지만, 음향학자들의 연구 결과로는 이 음통을 통해 나가는 소리는 거의 없다고 한다. 안이 텅 빈 종신 안에서 소리가 공명(共鳴)해서 이 효과로 바깥으로 멀리 퍼져 나간다고 한다.

  종 몸체의 아래 위에 있는 넓은 띠와 사각형의 유곽은 구슬 장식으로 테두리를 하고 안쪽에는 덩굴을 새겼다. 네 곳의 유곽 안에는 연꽃 모양의 종유를 9개씩 두었다. 몸체의 서로 반대되는 두 곳에는 구름 위에서 공후(箜篌)와 생(笙)을 각각 연주하는 주악상을 둘씩 나타냈다. 하늘 위로 올라가는 옷의 율동적인 선, 악기를 연주하는 자연스러운 자세, 양감 있는 표현 등은 통일신라의 조각이 지닌 사실미의 특징을 잘 보여준다. 주악상 사이에는 종을 치는 부분인 당좌(撞座)를 구슬과 연꽃무늬로 장식하였다. 전체적으로 뛰어난 조각수법을 보이는 아름다운 종으로 한국 종의 고유한 특색을 모두 갖추고 있다.

문수동자좌상과 복장유물

상원사의 문화재 중에서 가장 큰 주목을 받는 것이 바로 이 목조 문수동자좌상이다. 일찍이 신라시대인 643년 자장 스님이 오대산에 들어와 문수보살을 친견하기 위해 수행하면서 오대산은 문수신앙의 대표적인 성지가 되었다. 이 동자상은 바로 오대산 문수신앙의 상징과도 같은 존재다. 동자상은 조선 초기인 1466년에 조성되었다. 세조가 자신의 원찰로서 상원사를 중창하여 낙성한 해이다.

높이 98cm의 동자상의 모습은 고개는 약간 숙인 상태이며 신체는 균형이 잘 잡혀있다. 얼굴은 도톰한 볼을 지녀 어린아이다운 천진난만한 모습이다. 특히 머리를 양쪽으로 묶어 올린 동자머리로 나타내 동자상의 모습을 잘 나타냈다. 얼굴과 머리를 제외하면 일반적인 보살상의 모습이다. 어깨에는 왼쪽에서 오른쪽 겨드랑이로 가로질러 옷자락이 늘어져 있고, 가슴에는 구슬장식이 있다. 옷 주름은 부드럽고 자연스럽다. 오른손은 어깨 높이로 들어 엄지와 중지를 맞대었고, 왼손은 엄지와 검지가 맞닿을 만큼 가까이 붙어 있다. 다리는 왼쪽을 안으로 접고 오른쪽을 밖으로 둔 편한 자세이다. 대좌와 광배는 없는데, 동자상으로서의 특징을 나타내기 위하여 생략한 듯하다. 단독 예배의 대상으로서 동자상을 조성한 유일한 사례이다.

1984년에 이 동자상은 국보 221호로 지정되었는데, 안에서 불상 안에 넣는 복장(腹藏)이 발견되어 나중에 보물 793호로 지정되었다. 복장

중 하나인 발원문에는 세조의 둘째딸인 의숙공주 부부가 1466년에 이 동자상을 문수사에 봉안한다는 명문이 있다. 앞서 말했던 김수온의 중창기에 적혀 있듯이 세조는 상원사의 중창을 위해 〈공덕소〉를 친히 지어 왕실과 신하들에게 시주를 권하였다. 며느리인 소혜왕후(인수대비)가 시주하였고, 둘째딸 부부는 이처럼 동자상을 조성, 봉안한 것이다. 이 동자상은 설화로 전해 내려오는 세조와 문수동자와의 인연을 사실로 확인시켜주는 중요한 문화재다. 또한 조각수법이 우수하고, 연대와 발원자가 뚜렷하여 고려 후기의 불상 양식에서 조선 전기로 전개되는 양식적 특징을 살필 수 있는 귀중한 자료이다.

동자상에서 발견된 복장유물은 2개의 발원문과 복식, 전적류 등 23점이다. 첫 번째 발원문은 가로 24cm, 세로 31.5cm의 푸른 비단에 붉은색으로 글씨를 썼다. 1466년에 의숙공주와 남편 정현조(鄭顯祖)가 국왕과 왕실의 안녕을 기원하고, 득남을 위해 오대산 문수사에 여러 불·보살상을 만들어 모셨다는 내용을 담고 있다. 두 번째 발원문은 가로 29.1cm, 세로 34.6cm의 푸른 비단에 붉은색으로 글씨로 썼다. 1599년에 2구의 문수동자상과 16구의 나한상 등에 금칠을 새로 하고 보수하였다는 내용이다.

전적류는 모두 13종으로 백지묵서의 여러 진언(眞言), 《대방광불화엄경》, 《오대진언》, 《묘법연화경》 5종, 《원각경》 2종, 《육경합부》 3종이다. 그 외에 명주적삼과 생명주적삼이 각 1점씩 있다. 명주적삼에는 전체적으로 피고름이 묻어 있다. 세조가 심하게 피부병을 앓았다고 하는데, 이와 관련 있는 것으로 추정한다. 생명주적삼에는 범어로 된 천수다라니판 6개가 찍혀 있고, 안섶 안쪽에 '노씨부인(魯氏夫人)'이라는 글씨가 쓰여 있다. 이 밖에 불상에 들어간 유물들을 싸는데 썼던 황색 보자기와 사리, 구슬 3개가 함께 발견되었다. 문수동자좌상과 복장유물은 현재 월정사 성보박물관에 있다.

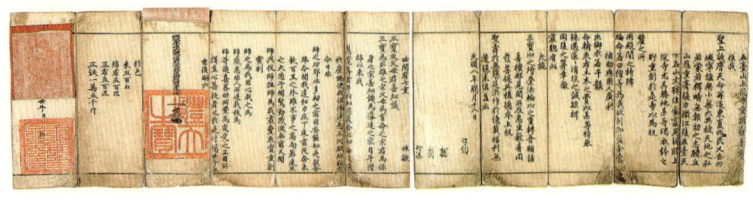

상원사중창권선문

조선 전기의 고승 혜각존자 신미와 학열·학조 스님 등이 1464년 상원사를 중창하면서 지은 권선문이다. 권선문이란 선행을 권하는 글이다. 선(善)한 인연을 맺도록 보시를 청하는 글이라는 의미에서 모연문(募緣文)이라고도 한다. 불상의 조성, 사찰의 건립과 중창, 불교전적의 간행 등에 권선문을 지어 함께 동참하도록 권하는 경우가 많았다. 〈상원사중창권선문〉은 현존하는 가장 오래된 권선문으로 이를 통해 절의 중창을 두루 권하였고, 본격적인 중창을 1465년 3월에 시작하여 1466년에 완성했던 사실을 알 수 있다.

이 권선문은 한문본과 한글본의 2종인데 내용은 동일하다. 한문본을 한글로 번역하였다. 내용은 신미 스님 등이 임금의 만수무강을 빌고자 상원사를 새롭게 중창한다는 것과 세조가 쌀, 무명, 베와 철 등을 시주한다는 이야기를 담고 있다. 신미 등이 쓴 글에는 신미, 학열, 학조 스님 등의 수결(서명)이 있으며, 세조가 보낸 글에는 세조와 세자빈, 왕세자, 신하들의 수결과 도장이 찍혀 있다. 이 문서는 최고의 권선문일 뿐만 아니라, 한글로 작성된 가장 오래된 기록으로서 보존상태도 완벽하다. 1963년에 보물로 지정되었다가, 1996년에 국보 제292호로 승격되었다.

상원사중창사적

1475년 덕종의 왕비인 인수대비가 상원사의 역사를 김수온에게 쓰게 하여 〈오대산 상원사 중창기〉가 만들어졌다. 세조 대 있었던 중창 사실과 이후 원찰의 지정 과정 등을 자세하게 담고 있다. 이 중창기를 왕실에서 상원사에 내려 보냈고, 절에서는 목판에 새겨 오랫동안 보관하였다. 1833년, 세월이 흐르면서 목판이 훼손되자 함약인(咸若仁) 등에게 종이에 옮겨 적어 책으로 만들게 하였다. 표지에 〈상원사중창사적〉이라 쓰고 오른쪽 아래에 작은 글씨로 '월정사 기실소(記室所)'라고 적었다. 책의 크기는 가로 26.6cm, 세로 34.5cm로 모두 7장이다. 책의 내용은 1902년에 편찬한 〈오대산사적〉에도 그대로 수록되었다. 현재 월정사 성보박물관에 소장되어 있다.

문수전 동진보살상

문수전 동진보살상

문수전에는 조선시대에 조성한 동진보살상(童眞菩薩像)이 봉안되어 있다. 동진보살은 제석천과 더불어 불법의 수호신이다. 부처가 세상에 나타날 때마다 먼저 설법을 청하고 언제나 부처를 오른편에 모신다고 한다. 우리나라에서는 주로 신중탱화에 창이나 검을 든 장군의 모습으로 등장한다. 또 불경을 간행할 때 권두나 권말에 동진보살상을 판각, 경전 수호의 상징으로 삼는 경우도 있다.

높이 85cm, 무릎 폭 35cm의 목조의자상(椅子像)이다. 머리에는 구름무늬의 보관을 썼고, 양 손의 수인은 함께 봉안되어 있었던 문수동자상과 같은 모습이다. 오른손을 들어 엄지손가락과 가운데 손가락을 맞대었고, 왼손은 엄지손가락과 중지를 닿을 듯 구부렸다. 옷주름은 투박하게 양 어깨에서 내려와 전신을 감쌌다. 가슴과 무릎, 다리 등 여러 곳에 구슬장식을 두었다.

목제 의자에 편안하게 앉아 두 다리를 가지런히 내렸다. 신발은 옷 밖으로 나와 있어 입체감을 더해 준다. 조선시대 초기의 미술 양식에 걸맞게 화려함보다는 단순하고 소박한 멋을 보이고 있다.

영산전 앞 탑 부재

영산전 앞에는 기원을 알 수 없는 석탑이 하나 있다. 석탑의 부재를 쌓아올린 것인데, 탑신 사방에 불보살을 투박하게 새겼다. 탑신 제1층에는 남면과 북면에 삼존불, 동면과 서면에 사존불, 제2층 이상 탑면에는 4면에 전부 삼존불이 새겨져 있다. 1구의 옥개석은 옥개받침이 없고 낙수면에는 연꽃무늬만을 나타냈다. 탑부재 자체가 많이 훼손되어 언제 조성되었는지, 몇 층인지 알 수 없다. 조선 전기 국왕의 원찰로서 번성하다가 이후 억불의 사회에서 급격히 쇠락했던 불교사의 한 면을 보는 듯하다.

영산전 앞 탑 부재

전설의 고향 상원사

　상원사에는 전설이 참 많이 전한다. 가히 '전설의 고향'이라 할 만하다. 전설이라고는 해도 상원사 발전에 결정적 역할을 한 태종과 세조에 관한 이야기 같은 것은 거의 역사서 수준으로 구체적이고 세부 묘사가 탁월해서 마치 사실을 바탕으로 구성된 것이라는 느낌이 든다.
　저 밑에서부터 좀 걸어 올라와서 그럴까, 상원사 경내에 들어서면 생각보다 조용하고 정갈한 데 놀란다. 워낙 상원사가 유명하니 관광객들이 많겠지 하고 지레짐작해서 더 그런가 보다. 주차장에 내려서 경내 올라가기 전 세조가 동자에게 등을 밀게 했을 때 옷을 걸어놨다던 관대걸이부터 시작해서 문수동자상이 있는 보장각 앞 고양이 상이 새겨진 석등 등 곳곳에 전설의 흔적이 전한다. 이렇게 전설의 흥취를 유물로 확인해보는 재미를 느껴볼 수 있는 절도 흔치 않다. 언젠가 '스토리텔링'이 꽤 유행한 적이 있는데, 단순히 이야깃거리의 재생산에 그치는 것이 아니라 문학과 예술 등 여러 방면에서 새로운 창의의 토양이 될 수 있다는 점에서 의미를 두어야 할 것 같다. 그런데 우리 불교설화는 스토리텔링의 보고라고 해도 될 만큼 아주 다양하고 흥미로운 소재가 많다. 절마다 전하는 여러 불교 설화를 대하면서 이를 창조의 바탕으로 삼으면 좋지 않을까 생각하곤 했다. 그런데 아무리 얘깃거리가 풍부해도 그에 맞는 유적이나 유물이 받쳐주지 못하면 그저 전설로만 남을 뿐, 창작의 새로운 모티프로 작용하기 어렵다. 상원사에 전하는 전설과 설화는 역사성도 갖추었고 유물과 유적도 뒷받침된다. 상원사를 돌아보면 오늘날 되살려 볼만한 이야기가 무궁무진하게 남아 전하는 걸 느끼니 예술과 문화를 사랑하는 사람들일랑 부디 여기에 와봐 한번 이런 향취에 흠뻑 젖어보기를 권하고 싶다.

인제 백담사

겨울에 더욱 빛나는 백담사

11월의 끝 무렵부터 다시 찾아온 겨울맞이를 제대로 치렀다. 한 달을 감기몸살로 끙끙 앓으며 방에서 꼼짝 못하고 드러누워 있었는데 어찌나 아픈지 눈물까지 찔끔 흘렸다. 언제부터인가 거의 매해 겨울마다 새로운 변종 '플루'가 유행하는데 반갑잖게도 그 첫손님은 늘 나였다. 한참을 앓다가 어찌어찌 겨우 감기가 나은 뒤, 텅 빈 머리를 하고서 집밖을 나서보니 가을은 저 멀찌감치 가버린 지 한참인 것 같고, 차가운 겨울이 시작되고 있었다. 달력도 달랑 한 장만 남은 12월. 그마저 넘겨지

설악산 봉우리들과
백담계곡

면 다시 한 해가 갈 것이다.

그런데 사실 이런 생각은 오래 할 일이 아니다. 굳이 낙천적인 성격이 아니더라도 세상을 좀 긍정적으로 바라보는 시각을 조금은 갖고 있어야 이 세상을 살아갈 수 있다. 그래서 되도록 즐거운 일을 떠올려 보았다. 이에 먼저 생각난 것이 여행이었다. 아직 어디 다닐 만큼 건강이 좋아진 것은 아니지만, 마음만큼은 저 멀리 향하고 있었다. 병이 나으면 일상생활에 돌아갈 것을 생각해야지 어디 여행할 생각부터 하고 있는, 천생이 어쩔 수 없는 여행 본능을 타고났다고나 해야 하나?

이런 겨울엔 가장 먼저 떠오르는 단어가 '눈'이다. 백설로 소담하게 덮인 대지와 산하를 바라보면 세상이 갑자기 더할 수 없이 깨끗해지고 아름다워 보인다(눈이 녹아버렸을 때의 진창을 생각하는 것은 현실적인 사람일지는 모르지만 다정다감한 사람은 아닐 것이다). 그리고 보니 겨울에 가고 싶은 절 중에 으뜸이 백담사(百潭寺)가 아닐까 한다. 설악산(雪嶽山) 소청봉에 하얗게 눈이 덮이고, 그 아래에 자리한 백담사 앞을 지나는 백담계곡의 물결이 햇빛을 받아 수정같이 영롱한 빛을 내면 환상적인 분위기가 연출되곤 한다.

백담사 전경

겨울에 찾으면 더욱 흥취 넘치는 백담사

 백담사는 인제군 북면 용대2리 690번지 설악산에 자리한 대한불교 조계종 제3교구 본사 신흥사의 말사다. 미시령 방면 46번 국도로 가다가 헌병 교통초소가 있는 한계리 삼거리에서 12.3km를 가면 외가평 삼거리에 이르게 된다. 외가평 삼거리에서 우회전을 하여 1.5km 정도를 더 가면 설악산 국립공원 관리소인데, 백담사는 여기에서 7km 거리다. 일반 관람객 차량은 여기에서 통제를 하므로 매표소에서 백담사까지 운행하는 셔틀버스를 타거나 걸어가야 한다. 대중교통은, 서울 동서울 터미널에서 백담사 행 직행버스가 있고, 강원도 원통에서 갈 경우 간성을 경유하여 속초로 가는 직행버스 또는 시내버스가 있다.
 설악산에서 가장 수량이 풍부하다는 원시상태의 백담계곡은 찾아드는 사람들의 발길이 끊이지 않은 곳이지만 아득한 옛날의 모습을 여전히 지키고 있다.

창건과 역사

 백담사는 647년에 자장율사가 창건했으니, 근 1,400년이 다 되어 간다. 그러나 창건 당시에는 절이 지금 자리에 있지 않았다. 자장율사는 한계령 부근의 한계리에 절을 세우고 아미타삼존불을 봉안한 다음, 절 이름을 한계사(寒溪寺)라 하였다.
 창건한 지 40여 년 만인 690년(신문왕 10)에 한계사는 불타버렸고, 30년 가까이 빈터만 전하다가 719년(성덕왕 18)에 중창하였다. 그 뒤 785년(원성왕 1)에 다시 불탔으며, 종연(宗演)·광학(光學) 스님 등이 한계사터 아래 30리 지점으로 옮겨서 5년 만에 절을 중건하고 운흥사(雲興寺)라 하였다. 그러나 987년 심원사(深原寺)로 개명하였다.

이때부터 조선시대 초기에 이르기까지 약 450년 동안은 별다른 변화 없이 전승되다가 1432년 네 번째 화재로 다시 폐허가 되었다. 그 뒤 2년 만에 아래로 30리쯤 되는 곳에 법당과 요사를 세우고 선구사(旋龜寺)라 하였으나 1443년에 불타버렸고, 1447년 옛터의 서쪽 1리쯤 되는 곳에 다시 절을 세워 영축사(靈鷲寺)라 하였다. 그러나 1455년의 여섯 번째의 화재로 영축사가 불타자, 이듬해 재익(載益)·재화(載和)·신열(愼悅) 스님이 위쪽 20리 지점으로 옮겨 중건하고 백담사라고 고쳤다. 지금의 백담사라는 절 이름이 이때 비로소 사용된 것이다.

1772년 겨울에 다시 불타버리자, 1775년 최붕(最鵬)·태현(太賢)·태수(太守) 스님이 초암을 짓고 6년 동안 머물면서 법당과 향각(香閣) 등의 건물을 중건하고 심원사(尋源寺)라 하였다가, 1783년 절 이름을 백담사로 다시 바꾸었다.

이처럼 백담사는 유난히 화재가 잦았고 그때마다 전각이 소실되곤 했다. 이때까지 역사에 기록된 것만 보더라도 무려 7차례에 걸친 화재를 당했다. 심원사라든가 백담사라는 이름은 바로 화기(火氣)를 누르고자 하는 뜻에서 지어진 것이기도 했다. 골이 깊고 흐르는 물의 연원으로부터 가까운 곳에 자리한 절이라는 뜻이기 때문이다. 이를 통해 백담사가 얼마나 화재 예방에 대해 고심했는지 알 수 있다. 이에 대한 설화도 전한다.

거듭되는 화재로 고심을 하고 있던 사승(寺僧)의 꿈에 어느 날 노승이 나타났다. 현몽한 노승은 대청봉에서 100번째에 있는 웅덩이[潭] 옆에 절을 세우라고 하였다. 이튿날 스님은 노승이 점지한 대로 절터를 잡아 중건하고 절 이름 또한 웅덩이 '潭'자를 넣어 백담사라 하였다는 것이다. 그 뒤 백담사에는 오랫동안 화재가 없었다.

그러나 1915년 겨울 어느 날 밤 또다시 큰 화재가 일어나 불상과 탱화 20여 위를 제외한 건물 70여 칸과 경전·범종까지도 모두 없어져버렸다. 당시의 주지 인공(印空) 스님은 오세암에 머물면서 백담사의 중건에 착수하였고, 기호(基鎬)와 인순(仁淳) 스님 등이 강원도 일대를 다니면서 받은 시주금으로 1919년 4월에 법당 20칸과 화엄실(華嚴室) 25칸을 건립하였다. 1921년 봄에는 법화실(法華室) 16칸을 비롯하여 응향각(凝香閣)·사무실 등 30칸을 이룩하고, 종과 북을 새로이 주조하여 낙성법회를 열었다. 한용운 스님이 《백담사사적》을 펴낸 1928년 당시의 백담사는 복구가 끝나 정리가 다 되어 있을 때였다.

근대에 이르러 백담사는 한용운 스님이 머물면서 《불교유신론》과 《십현담주해(十玄談註解)》·《님의 침묵》을 집필하는 장소가 되었고 만해 사상의 고향이 되었다. 그러나 절은 1950년 6·25전쟁 때 다시 소실되어 버렸다.

그 뒤 1957년 대웅전과 법화실·화엄실을 중건하면서 중창 불사를 시작하여 지금은 여느 대찰 못잖은 규모를 갖추게 되었다. 특히 이 절은 1988년 12월 전두환 전 대통령이 2년 동안 머물면서 일반인에게도 많이 알려지게 되었다.

중창 설화

자장율사가 창건한 한계사가 불타버린 뒤 719년에 중창하였다. 《백담사사적기》에는 이때의 중창과 관련되어 다음과 같은 전설이 전한다.

화천군으로 바뀐 낭천현(狼川縣)에는 비금사(琵琴寺)가 있었으며, 주위의 산은 짐승들이 많아 사냥꾼들이 많이 찾아들었다. 이로 말미암아 그곳의 산수가 매우 부정해졌지만, 비금사 승려들은 그것을 모른 채 샘물을 길어 부처님에게 공양하였다. 그와 같은 더러움을 싫어한 산신령은 하룻밤 사이에 절을 설악산의 대승폭포 아래의 옛 한계사터로 옮겼다.

그 사실을 모르는 승려와 과객들이 아침에 깨어나 보니 절은 비금사가 틀림없었지만, 기암괴석이 좌우에 늘어서고 전후에 쏟아지는 폭포가 있는 산은 이전과 달랐다. 사람들이 그 까닭을 몰라 할 때 갑자기 관음청조(觀音靑鳥)가 날아가면서 일러주었다.

"낭천의 비금사를 옛 한계사로 옮겼노라."

지금까지도 이 전설은 그대로 전해지고 있으며, 현재에도 이 지방 사람들은 춘천 부근의 '절구골', 한계리의 '청동골' 등의 지명이 절을 옮길 때 청동화로와 절구를 떨어뜨린 때문에 생겨난 것이라고들 한다. 이와 같은 여러 가지 구전을 통하여 한계사를 중창할 때 비금사를 옮겨간 것임을 추정할 수 있다.

백담사의 문화재

백담사에서 볼 수 있는 건물로는 금당인 극락보전을 비롯하여 나한전, 산령각, 범종각, 인왕문, 금강문 등의 전각과 화엄실, 법화실, 만복전, 만해교육관·만해당 등의 요사, 그리고 만해기념관, 백담다원과 만해적선당 등의 찻집 및 기념품점 등이 있다.

주차장에서 내려 경내로 들어가려면

백담사 수심교와 솟을삼문

우선 백담계곡을 가로 질러 있는 수심교를 건너야 한다. 그 앞에는 천왕문이 있어서 이곳으로 경내로 들어가는데, 바로 앞에는 예전 정문이었던 솟을삼문이 또 있으나 지금은 사용하고 있지 않다. 사찰의 문 중에는 보기 드물게 중앙 칸의 지붕을 양측 칸의 것보다 높게 하여 꾸민 솟을삼문이다. 지붕도 맞배지붕으로 처리하고 문짝의 크기도 중앙 칸의 것을 양측 칸의 것보다 크게 하여 솟을삼문의 특징을 잘 갖추고 있다. 다만 중앙 칸만 통로로 사용하고 양측 칸을 막아서 사람들이 다닐 수 없도록 한 것이 일반적인 솟을삼문과의 차이점이다. 그런데 우리나라에서 이 솟을삼문은 종묘나 재실·사당·서원 등의 대문으로 많이 사용되며, 그 중앙 칸은 신들이 다니는 신도(神道)로, 양 옆칸의 문은 제주(祭主)나 일반인의 출입구로 이용되고 있다. 아마도 1957년의 중건 때 주변의 어느 서원이나 사당의 건물을 옮겨 온 것으로 보인다.

경내로 들어서면 먼저 삼층석탑이 보이고, 그 너머 한가운데에 금당인 극락보전이 자리한다. 극락보전은 1957년의 중건 때 지었는데. 본래 대웅전이라 했다가 1991년 증축 때 지금처럼 극락보전으로 편액을 바꾸어 달았다.

극락보전 좌우에는 요사인 법화실과 화엄실이 있으며, 극락보전 뒤쪽 좌우에 각각 근래에 지은 나한전과 산령각이 두 날개마냥 자리하고 있다. 법화실 뒤 경내 맨 오른쪽에는 요사인 만해당이 있고, 그 앞에는 만해기념관이 있다. '만해'는 여기에 머물렀던 한용운 스님의 법호다. 산령각 왼쪽에 나지막한 담장이 둘러져 있는데, 스님들의 수행공간이자 생활공간인 만복전과 만해교육관 등이 자리한다.

솟을문 왼쪽에는 전통찻집인 일명 농암실로 불리는 백담다원이, 그리고 그 왼쪽 담장 너머에 만해적선당이 있다.

극락보전 목조 아미타불좌상과 복장물

극락보전에 봉안된 삼존상 중 중앙의 아미타불좌상은 조선시대 후기에 만든 것으로, 근래에 복장이 조사되어 1748년에 조성된 것임을 알 수 있었다. 고개를 조금 숙여 아래를 굽어보는 자세를 취하고 있는데, 머리에는 정상계주(頂上髻珠)가 큼직하게 솟아있고 육계(肉髻)의 구분이 불분명하며, 나발(螺髮)이 촘촘하게 표현되고 있다. 얼굴은 둥글고 단아하여 당시의 사각형적이고 평판적인 얼굴보다 우수한 편이다. 또한 눈이 가늘고 입이 작으며 코가 돌출하여 독특한 인상을 나타내고 있다.

상체는 가슴이 넓고 어깨가 둥글어 당당한 인상을 주지만 다소 평판적인 당시의 특징을 따른 것이며, 하체의 앉아있는 형태는 넓고 큼직하며 상체와 조화되고 있는데 이러한 특징은 당시의 목불상 가운데 대표작임을 알려주고 있다. 두 손은 시무외·여원인에 엄지와 중지(中指)를 맞댄 하품중생인(下品中生印)을 짓고 있고 두 발은 결가부좌(結跏趺坐)를 하고 있다. 통견(通肩)의 불의(佛衣)는 두꺼운 편인데, 옷 주름이 돌출하고 어깨의 Ω형 주름과 무릎 사이의 주름들이 곡선으로 처리된 점, 그리고 가슴은 U자형 중복주름이나 가슴의 내의(內衣) 상단주름의 곡선적인 주름들은 조선 초기의 특징이 내려온 것으로 이 불상을 좀 더 돋보이게 한다. 이처럼 18세기 전반기의 불상 가운데 수작으로 평가되는 이 목불상은 복장품(腹藏品)을 갖추고 있어서 특히 주목된다.

복장품 중 만자소화(卍字小花) 무늬의 삼회장저고리는 1748년 저고리로서 상태가 매우 아름답고 색상이 선명하며 바느질 상태가 고르다. 저고리의 주인공은 깃과 곁마기의 만자운용문(卍字雲龍紋) 자단색으로 보아 궁중의 왕족이거나 왕실과 관계된 신분으로 추측된다. 따라서 이 저고리는 당대 복식연구에 귀중한 자료다. 그 외에 유리와 수정 등의 파편 수백 점을 보자기에 싼 것도 있다. 목조 아미타불좌상과 복장유물은 현재 보물 1182호로 지정되어 있다.

극락보전과 삼층석탑

나한전

만해기념관

극락보전의 삼존상

한용운 스님 시비

　백담사의 정문 안 왼쪽 꽃밭 속에는 커다란 화강석으로 만든 만해 한용운 스님의 시비(詩碑)가 서 있다.

　백담사는 만해사상의 고향이라 할 수 있다. 인생의 본질에 대한 강한 회의로 평범한 삶을 포기한 스님은 백담사를 출가처로 삼아 머리를 깎았다. 그리고 이곳에서 선(禪)과 염불수행에 몰두하였고 불경을 깊이 연구하며 섭렵하였다. 그 결과 스님은 어떠한 상황에서도 변치 않는 금강괴불의 마음을 평상심으로 사용할 수 있는 경지에 이르렀다. 그리고

한용운 시비와 동상

독립운동을 전개하였다.

  스님은 이 땅 전체를 커다란 감옥으로 여기고 죽을 때까지 거처하던 방에 불을 지피지 않았다. 숱한 조선의 지성인들이 변절의 모습을 보일 때, 이를 애석히 여긴 스님은 "청년아, 만지풍설 속에서도 꽃을 피우는 매화의 정절을 본받으라."고 독려하였다.

  승려이자 독립운동가요 시인이었던 한용운 스님은 백담사와 깊은 인연을 맺었지만 그와 관련된 유물은 볼 수 없다. 따라서 스님을 기리고자 하는 사람들이 시비를 세웠다.

    나는 나룻배
    당신은 행인
    당신은 흙발로 나를 짓밟습니다.
    나는 당신을 안고 물을 건너갑니다.
    ……

  이렇게 시작되는 스님의 대표시 〈나룻배와 행인〉이 앞면에 한글로 새겨져 있고, 뒷면에는 스님의 오도송(悟道頌)을 한문으로 새겨 놓았다.

  나이 39세가 되던 1917년 겨울, 백담사의 오세암에서 좌선삼매에 들었던 스님은 불어오는 바람의 힘에 의해 그 어떤 물건이 떨어지는 소리를 듣는 순간, 오랫동안 품었던 마음 속의 의심이 씻은 듯이 풀렸다고 한다. 음력 섣달 초사흗날 밤 10시경의 일이었다. 스님은 그때의 깨달은 경지를 시 한 수에 드러냈다.

    남아에겐 어디메나 고향인 것을
    몇 사람이나 나그네의 설움 속에 길이 갇혔나.
    일성을 버럭 질러 삼천세계 뒤흔드니

눈 속의 복사꽃이 붉게 흩날리누나.

그리고 "만해 한용운을 좋아하는 사람들이 단기 4324년 5월 백담사에 시비를 세우다."라는 글을 시비 밑쪽에 기단석에다 조그맣게 새겨 놓았다.

백담사를 노래한 시들

백담사는 만해 한용운 스님이 머물며 수행하고, 〈님의 침묵〉이라는 시도 지은 곳이고, 경내엔 스님의 흉상도 세워져 있다. 그래서 그런지 백담사 참배의 길을 갔던 시인은 한둘이 아니었다.

조선시대 문인들의 백담사 시에서 백담사의 정경이 그득 담겨 있는 것을 느낄 수 있다. 예를 들어 해좌(海左) 정범조(丁範祖, 1723~1801)의 〈백담사〉가 그런 시다. 정범조는 《산중일기》를 지은 정시한(丁時翰)의 3대손으로 1763년 과거에 합격한 뒤 여러 요직을 지냈다. 평소 그의 문학성이 출중한 것으로 정평이 났다. 아직 즉위하기 전의 정조가 이를 알고 1764년 정범조에게 〈건공가(建功歌)〉·〈백운고시(百韻古詩)〉를 지어 바치도록 명하기도 했다. 이후 그의 문명(文名)이 널리 알려지게 되었다. 그의 글은 문장의 모범으로 여겨졌고, 이로 인해 영조와 정조의 총애를 받았다. 특히 정조에 의해 당대 문학의 제1인자로 평가되어 70이 넘은 고령에도 오랫동안 예문관과 홍문관의 제학(提學)을 맡으며 문사(文詞)에 관련된 일을 맡았으니, 그의 뛰어난 필력을 알 수 있다. 그런 그가 지은 〈백담사〉 시는 간결하면서도 시정이 넘친다. 이 시는 그가 1760년대 중반에 양양 부사로 나갔을 때 지었던 것 같다. 백담사를 신선이 노는 곳으로 비유하면서 주변의 맑은 계곡소리와 스님이 외는 불경소리를 한데 어우러지게 표현해 백담사의 은은한 멋을 사뭇 강조한 게 보인다.

산에서 세 밤을 지내며	山事經三宿
신선이 노닐듯 백담사에 머물렀네	仙游到百源
사슴이 신선 곁에 머무는 곳인 양	深依鹿住仙
사위는 조용한데 한밤중 꽃 한 송이 떨어지네	境寂易花香
멀리 폭포소리 들리고 숲에선 쇠경소리 들려와	遠瀑連林磬
어느 봄 날 밤 절 문 앞에서 메아리치네	春星繞洞門
경전 암송하는 소리 뚜렷하게 들려오니	分明諳所歷
훗날 스님과 함께 불경의 뜻 함께 논하리	後約與僧論

백담사에서 느끼는 가을의 애잔함, 겨울의 쓸쓸함

백담사에서 느끼는 감정은 애잔함과 쓸쓸함이다. 나만 느끼는 것인지는 몰라도, 백담사에 들를 때마다 이런 기분이 들었다. 아마도 대부분 가을이나 겨울에만 갔기에 더욱 이런 마음이 드는 것인지도 모르겠다. 언제인가 백담사에 관련된 글을 쓸 때였다. 문득 머리에서 뭔가가 떨어진다. 흠칫 놀라 보니 책상 위에 떨어진 흰 머리카락 한 올. 갑자기 울컥해졌다. 이리 기웃, 저리 기웃 하며 흘러가는 세상 구경하면서 지내다 어언 흰 머리 한 올 떨어지는 스스로를 보니 늙어간다는 게 바로 이런 것이로구나 하는 생각이 든다. 몸살로 굉장히 아플 때 이불을 머리 끝까지 잡아 당겨 이불 속에 누워 흐느끼면서, 이건 외로워서도 아니고 어느새 흘려버린 내 인생이 서러워서도 아닌 아프기 때문에 우는 거라고 생각했었다.

  내가 보내고 싶어 보낸 세월도 아니요 먹고 싶어 먹은 나이도 아니건만 어느새 반백의 나이를 훌쩍 넘겼다. 이제 곧 여기에 인생의 부스러기 같은 한 살이 더 붙겠지…. 뭔가 가슴이 헛헛해지는 느낌이다. 늘 가는 조용한 찻집에 들어가 넓은 창가 곁에 자리를 잡고 한 해를 보내는 감상에 젖는다.

백담사 내경

인제 오세암

강원도 가는 길

얼마 동안이나 잠들었을까. 여전히 무겁게만 느껴지는 눈꺼풀을 힘들게 올리고 뻐근한 허리를 펴며 자리에 고쳐 앉아 창가를 내다보니 인제가 얼마 안 남은 것 같다. 서울을 떠나 춘천에 접어들 무렵 햇살을 받아 반짝반짝 거리던 소양강 줄기를 보다가 설핏 든 잠이 단잠이 되었다. 그러다가 강원도에 접어들며 특유의 꼬불꼬불한 길이 잇달으며 이리저리 흔들리자 잠에서 깬 모양이다. 풍경을 보려고 차창에 얼굴을 바짝 갖다대니 얼굴이 제법 시리다. 대관령에 첫얼음이 언 게 꽤 됐으니, 이젠 낮에 부는 바람도 서늘하게 느껴진다. 남부지방은 아직 온 산하를 노랗고 불그레 물들인 단풍의 끝물을 즐기는데, 강원도에선 어언 겨울이 성큼 다가온 게 느껴진다. 한겨울이 되면 아무래도 여러 모로 여행길이 쉽지 않겠기에 한 번 떠나면 여러 곳을 들르게 된다. 강원도는 가기도 힘들지만, 한 번 가면 또 그때마다 마음이 새로워지니 그것도 참 희한한 일이다.

창 너머로 여기저기 쌓인 볏짚더미가 잠시 보이더니 그도 잠깐, 들판은 사라지고 깎아지른 절벽이 우뚝우뚝 솟은 산들의 횡렬들이 획획 지나가는 게 보인다. 보기에도 험한 이 길을 버스는 동네 마실이라도 나가듯 아주 익숙하게 내달리고 있다. 이 생각 저 생각 하다가 갑자기 내가 '강원도'에서 떠올리는 단어들은 무얼까 세어봤다. 순박? 순수? 높고 험한 산? 젊은 시절 청춘의 몇 년을 보냈던 힘들었던 군 생활? 혹은 가족, 연인과 이별의 첫 경험?

하지만 무언가 중요한 단어를 빠트린 것 같아 개운치가 않다. 이런 게 아니라 좀 더 핵심적인 단어가 있는 것 같은데 좀처럼 생각나지 않는다. 그러는 동안 버스는 어느새 버스터미널에 들어서고 있었다.

오세암의 전설과 역사

오세암(五歲庵)은 설악산 깊은 자락에 자리한다. 소청봉 정상에 있는 적멸보궁 봉정암에서 내려가다 보면 얼마 안 있어 만나게 되는 작은 암자다. 우리나라 절에는 여러 이미지가 투영되는데 오세암은 그 중에서 아마 가장 시적이면서 애달픈 이미지를 지닌 곳이 아닐까 한다.

오세암은 백담사에서 소청봉 정상인 봉정암 가는 길에 있으니 봉정암을 들렀다 내려올 수도 있고, 백담사에서 곧바로 갈 수도 있다. 어떤 길이든 여행자가 맞게 고르면 되는데, 많은 여행자들이 봉정암을 보고 내려오는 길에 오세암에 들르는 것 같다.

오세암은 절 이름에도 보이듯 다섯 살배기 아이가 여기서 부처님으로 승화한 전설로 유명하다. 이 전설을 토대로 동화작가 정채봉(丁埰琫, 1946~2001)이 1986년 〈오세암〉을 써서 오세암이 세상에 널리 알려지게 된 것 같다. 이 글은 그의 명작 중 하나로 꼽히는데 1990년 이를 바탕으로 영화가 만들어졌고 또 2006년에는 뮤지컬로도 각색되었다. 동화 〈오세암〉에는 다음과 같은 구절이 있다.

바람과 숨을 나누었다. 과연 이 어린이보다 진실한 사람이 어디 있겠느냐,

오세암 동자전 위로
보이는 관음조 바위

이 아이는 이제 부처님이 되었다.

위의 짧은 구절은 곧 오세암 역사의 핵심이기도 하다. 여기처럼 전설과 역사가 하나가 되는 곳도 드물 듯하다. 정채봉 작가의 이 세 문장을 바탕삼아 다음에 나오는 것처럼 암자의 창건과 관련된 이야기를 다시 꾸며봤다. 어차피 문헌기록으로 전하는 역사가 없기에, 전해오는 전설을 바탕으로 해서 오세암의 의미를 좀 더 잘 이해해보기 위해서다.

봉정암 아래 절 관음사가 있었다. 어느 날 이 절의 설정 스님이 마을에 나갔다 오는 길에 부모도 없이 길에서 거지처럼 떠도는 길손이·감이 남매를 데려와 함께 지냈다. 동생인 길손이는 다섯 살인데 성격은 아주 천진무구하였으나 다만 차분하지 못한 게 흠이었다. 아직 어린아이라 당연했지만, 설정 스님은 어려서부터 본성을 잘 키우게 하기 위해 길손이더러 이곳에서 겨울 한 철 혼자 지내며 공부도 하고 예불도 드리라고 말하곤 누이 감이와 함께 산 아래로 내려갔다. 이제 겨우 다섯 살

오세암 전경

인 아이 혼자 두고 가는 게 너무 힘들었지만, 그래도 아이를 위해 무거운 발길을 돌렸다. 힘들거나 누나가 보고 싶은 때마다 늘 관음보살상 앞에서 예불 드리라고 이르고서. 그리곤 며칠에 한 번씩 올라가 공부하는 모습을 지켜볼 요량이었다. 착한 길손이는 "네, 스님. 그렇게 할게요. 자주 올라오셔야 해요? 누나도 잘 지내~" 하며 해맑은 미소를 머금었다. 길손이는 스님과 누이가 절에서 내려가는 모습을 보며 시야에서 사라질 때까지 두 손을 흔들며 배웅했다.

그런데 마침 그 해 겨울은 몹시 추웠고 또 수십 년 만에 올까 말까 한 엄청난 폭설이 내렸다. 인제에서 백담사까지 오는 길도 막힐 지경이니 스님이 길손이를 보러 절로 올라갈 엄두도 못 냈다. 그러자 한 철 날 식량도 없고 엄혹한 추위를 녹여줄 땔감도 거의 없는 곳에 있는 혼자 놔 둔 길손이 걱정에 잠을 이루지 못했다. 겨우 다섯 살배기 아이를 혼자만 두고 온 자신의 행동을 끝없이 자책하며 눈이 녹기만 기다렸다. 드디어 겨울은 가고 한겨울도 지나가고 눈도 어느 정도 녹자마자 스님은 지체 없이 한달음으로 올라갔다. 그 간 밑에서 만약 굶거나 추위서 죽었으면 어쩌나, 아이를 혼자 두는 게 아닌데 하면서 얼마나 자책했던가. 스님은 경내에 들어선 순간, 이게 웬일인가? 법당 문이 열려 있고, 그 문 사이로 길손이는 열심히 관음보살 앞에서 기도를 드리고 있지 않나? 더구나 그 모습도 그렇게 깨끗하고 단정할 수 없었다. 길손이가 살아 있다는 사실에 안도의 한숨을 크게 내쉬긴 했으나 전혀 뜻밖의 상황에 스님은 갈피를 못 잡고선 그저 길손이를 불렀다. '길손아…' 목이 메어 말도 제대로 나오지 않는데, 문득 스님 앞에 관음보살이 한 여인으로 나타나 고운 목소리로, '이미 길손이는 부처님이 되었소.'라고 속삭였다.

여인은 말을 마치자 파랑새가 되어 날아갔고 다시 길손이를 보니, 아! 조금 전까지 관음보살상 앞에서 열심히 기도드리던 길손이는 죽어 있고, 하늘에선 꽃비가 온 세상을 덮을 듯 내리며 길손이를 덮는 게 아닌가. 그제야 설정 스님은 길손이, 아니 길손 부처님이 있는 법당으로 발길을 옮겼다. 녹은 눈이 녹아내리듯 스님의 두 눈에선 눈물이 흘러내렸다. 아! 세상이여, 부처님이여, 나무아미타불!

사람들은 갈 데 없는 거지아이 길손이가 부처님이 되었으니 잘 됐다고 하겠지만, 그래도 나는 세상에 태어나 다섯 살 밖에 못산 그의 인생이 너무 아쉽게 느껴진다. 지금 관음전 앞에서 바라보면 마치 어머니가 아이를 안고 있는 모습의 바위가 있어 '엄마 바위'라고 부른다. 이 아이가 길손이었으면 차라리 더 좋을 것 같다는 생각도 든다. 다섯 살 아이가 엄마를 얼마나 보고 싶어 했을까 생각하며….

김시습 초상

오세암 내경

 오세암이라는 절 이름에 얽힌 또 다른 이야기도 있다. 조선시대 중기의 김시습(金時習, 1435~1493)은 세 살 때 시를 지었던 천재성으로 장안의 화제였다. 그가 다섯 살 때 세종은 그를 직접 불러 자신이 앉은 앞에서 시를 짓게 했는데 이 작은 아이는 한 치의 막힘없이 술술 한 수 지어 바쳤다. 세종은 그 재주에 감탄하며, 어린 김시습에게 훗날 나라의 사직(社稷)을 지키는 도량이 되도록 더욱 정진하라고 격려의 말을 아끼지 않았다. 역사상 가장 드라마틱한 일생을 살았던 소년 천재와, 혜안으로 그를 알아봤던 군주와의 조우였다. 김시습은 임금님의 당부를 잊지 않고 죽을 때까지 나라를 지키리라 생각하고 절에 들어가 공부에 매진했다. 그러던 어느 해, 이제 막 약관의 나이가 되어 과거를 보러 떠날 참이었는데 청천벽력 같은 소리가 떠돌았다. 수양대군이 어린 단종을 유배 보내고 자신이 왕위에 올랐다는 소문이다. 수양대군이 세종의 또 다른 아들이기는 해도 이건 분명한 반역이었다. 그는 세종의 당부대로 사직을 보존 못하게 된 자신의 운명을 한탄하며 세상에 염증을 느끼고 승려가 되었다. 대중적으로는 '매월당'이라는 호가 더 잘 알려졌지만, 처

오세암 동자전(상)
오세동자상(하)

음에는 스스로 열경(悅卿)이라 법명을 지었다. 여하튼 그는 세상을 떠돌며 숱한 일화와 시를 남겼다. 그 중 한 곳이 오세암이다. 그가 여기 머물면서부터 절 이름이 관음암에서 '오세 신동이 사는 절', 곧 '오세암'이 되었다는 것이다. 실제로 연암 박지원(朴趾源, 1735~1805)도 김시습이 다섯 살 때 세종 앞에서 시를 지었으므로 사람들이 이를 존경해 평소 이름을 부르지 않고 그저 '오세(五歲)'라고만 했고, 나중에 여기서 오래 머물렀기에 '오세암'을 호로 썼다는 일화를 소개한 바 있었다.

이 세상에선 갈 곳 없는 다섯 살배

관음전(상)
오세암 경내 사자상(하)

기 떠돌이였으나 성정은 누구보다 천진하고 난만했던 길손이 부처님으로 승화한 이 절에, 오세 신동으로 불렸던 김시습이 정진했으니, 무언가 두 인물이 한데 겹치는 느낌이 든다.

어쨌든 그런 걸 보면 김시습과 오세암과의 인연은 알려진 것보다는 훨씬 깊은 것 같다. 또 근대에 와서는 만해 한용운이 1917년에 오세암에 와서 면벽좌선한 뒤 깨달음을 얻었다고도 한다.

오세암을 노래한 시

시간을 좀 앞으로 돌려서 조선시대로 가봐도 이 오세암은 꽤 알려졌던 것 같다. 조선 후기의 4대 문장가로 널리 알려진 김창흡(金昌翕, 1653~1722)은 자신의 글

속에 '오세암에 들러 매월당의 초상화에 참배했다'라고 했는데, 이를 봐도 오세암은 오랫동안 김시습의 거처였음을 알 수 있다. 또 김창흡의 제자 안석경(安錫儆, 1718~1774) 역시 《삽교집(霅橋集)》에 '영시암을 거쳐 오세암으로 올라가 하룻밤을 보냈다'고 적었다. 이 두 사람은 특출한 문재에도 불구하고 벼슬길에 일부러 나아가지 않고 산천을 유람하며 인성을 길렀던 공통점이 있다. 사제가 모두 세속에 욕심이 별로 없던 맑은 사람들이었나 보다.

이들의 글이야 물론 좋지만, 조선 후기에 활동한 서응순(徐應淳, 1824~1880)이 지은 〈오세암〉이란 시도 있다. 일반에게는 잘 알려져 있지 않은 것 같아 소개한다.

오세암 사적비

텅 빈 산 속 옛 절에
古寺空山裏
목련화 홀로 피었구나
木蓮花自開
산봉우리에 밝은 달 떠오르니
東峰明月上
김시습이 왔던 때가 생각나누나
猶似悅卿來

서응순은 영춘(지금의 충북 단양) 현감을 지낸 다음 이곳에서 가까운 간성 군수로 전임되어 일하다 여기서 죽었는데, 군수이면서도 늘 베옷을 입고 일했고, 4월에는 보리밥으로 백성과 생활을 같이하는 등의 선정을 베풀었다고 전한다.

현대시 중에서도 오세암을 읊은 시가 여러 편 있는데, 많은 사람들이 기형도(1960~1989) 시인의 대표작 〈엄마생각〉을 이 오세암의 서정성과 연결 짓곤 한다. '시장에 간 우리 엄마/안 오시네, 해는 시든 지 오래/나는 찬밥처럼 방에 담겨/아무리 천천히 숙제를 해도/엄마 안 오시네' 하는 시구에서 다섯 살짜리 아이 길손이가 느꼈을 외로움, 엄마에 대한 그리움의 감수성이 그 시와 너무나 닮았다고 느끼기 때문이다.

오세암을 내려오며 강원도의 마음을 느끼다

오세암에서 머지 않은 곳에 영시암(永矢庵)이 자리한다. 영시암은 거리로 보나 서로의 인연으로 보나 마치 한 절 같다. 설악산 소청봉을 오를 때 영시암을 거쳐 오세암으로 가거나, 혹은 그 반대 코스로 가더라도 오세암과 영시암은 도중에 지나가게 마련이다. 봉정암을 거쳐 오세

영시암 내경

암까지 다녀오는 길일 때 내려가
는 도중에 만나는 영시암은, 영시
암한테는 어쩌면 실례될 표현일지
몰라도, 오랜 여행 끝에 받는 기
분 좋은 '덤' 같다는 느낌이다. 봉
정암과 오세암 다녀온 감흥의 잔
잔한 여운이 아직 남았다가 영시
암에서 더욱 물결쳐 와서 그런 생
각이 드는 모양이다. 여기다가 소
청봉에 한 번 오기가 쉽지 않은 터
에, 백담사까지 포함해 설악산 자
락에 자리한 명찰 네 곳을 두루
다 보고 나면 괜스레 뭔가를 해낸
것 같은 기분도 드니, 왜 안 그렇
겠는가.

설악산 수렴동 계곡

　겨울 햇빛은 4시가 되니 어느새
어둑어둑 땅거미가 지기 시작한다. 본디 산사에 저녁이 빨리 찾아오는
법이거늘 하물며 여기가 우리나라에서 깊은 산이 가장 많다는 강원도
설악산임에랴. 인제 읍으로 나가면서 오세암을 다시 한 번 떠올려 봤
다. 그때 문득 느낌이 왔다. '강원도'라는 단어에서 떠올려지는 또 다른
이미지가 무엇인지를. '암면고불(巖面古佛)', 바위에 새겨진 옛 불상마냥
덧없는 세월의 흐름을 묵묵히 지켜보는 고색창연함, 아무리 쓸쓸하고
그리워도 무심한 듯 그냥 무덤덤한 얼굴로 견디어내는 깊다란 관조를
불현듯 느낀 것이다.

인제 봉정암

간절한 기도처

기도(祈禱)는 꼭 종교인이 하는 의식은 아니다. 종교를 믿지 않아도 누구나 간절한 바람과 기원(祈願)이 있기 마련이고, 자신의 힘으로는 어려워 누군가 도와주기 바라는 마음은 자연스러운 인지상정이다. 그리고 그 바라는 마음이 간절해지면 기도를 하게 된다. 기도가 종교로 오면 좀 더 구체적이고 의식(儀式)을 필요로 하는 면을 갖추게 되는 것 같다. 그래서 어느 종교나 마찬가지겠지만, 불교에도 기도가 아주 중요

설악산 전경

하게 생각되고, 기도의 공간적 중심이 되는 절에 기도를 위해 가는 사람도 아주 많다. 어느 절이나 기도를 하는데 모자라거나 부족한 데는 없지만, 그래도 기도가 잘 되는 곳이 있는 것도, 혹은 그런 데가 있다고 믿는 게 사실이다. 세상 만물 모두가 그 나름만의 가치가 있는 것인데 여럿 중에서 몇 개만을 뽑아 '그 중 나은 것'이라고 비교하고 치켜세우는 건 너무 세속적이기는 하지만, 한편으론 쉽게 못 고치는 게 그런 고약한 습성이고 관습이기도 하다. 우리나라 절 중에서 사람들이 가장 잘 가는 기도처 몇 군데를 꼽으라면 아마도 언제나 빠지지 않을 곳이 곧 인제 설악산(雪嶽山) 봉정암(鳳頂庵)일 것이다.

소청봉의 가장 높은 자리, 봉정암

봉정암은 인제군 북면 용대리, 등산 좋아하는 사람치고 안 가본 적 없을 법한 설악산의 소청봉에 자리해 있다.

설악산 매표소 앞을 기준으로 해서 봉정암에 오르는 길은 몇 가지 코스가 있다. 그 중에서 설악산국립공원 관리소를 지나 백담사 앞에서 백담계곡을 따라 영시암까지 간 뒤, 고개를 하나 올라서면 문득 나타나는 오세암과 봉정암으로 갈림길에서 오른쪽 산길로 접어드는 방법이 가장 애용되는 길 같다. 여기서 봉정암까지 걸리는 시간이야 사람마다 다르겠지만, 나는 40대 중반 때 6시간 쯤 걸렸다. 절 있는 산은 빠짐없이 다녀봤지만 본래 등산가 체질이 아니라 걸음이 가볍고 재지 않아 그저 느릿느릿 오르는 편이니, 6시간이라면 보통 사람에게는 아주 넉넉한 시간일 것이다.

봉정암 하면 퍼뜩 떠오르는 단어 중 하나가 '소청봉'이라는 이름 아닐까. 굳이 세상의 모든 산을 다 다녀보지 않으면 직성 풀리지 않을 타

고난 등산가가 아니더라도 우리나라 사람들에게는 설악산이라는 말에서 막연한, 혹은 손에 닿을 듯 따스함을 느끼는 공통된 정서가 있는 것 같다. 겨울이면 산꼭대기에 만년설처럼 두르고 있을 흰 눈이 떠오르고, 여름이면 깊은 골짜기들마다 자리한 맑은 계곡과 울창한 숲이 머리에 그려지면 마치 설악산이 우리의 실낙원이라도 된 양 하염없는 동경에 골몰하게 된다. 그러니 이 같은 민족의 명산 설악산에서도 대청봉에 이어 두 번째로 높은 소청봉에 자리한 봉정암은 사찰을 순례하는 사람에게는 꿈속의 도원경이라는 착각과 종종 치환되곤 한다.

해발 1,244미터에 자리한 봉정암은 설악산 소청봉 아래에 자리한 적어도 남한 지역에서는 가장 높은 곳에 있는 절 중 하나이며, 우리나라의 이른바 '5대 적멸보궁' 중 하나로도 유명하다. 봉정암의 가람 형세는 풍수 면에서 보면 봉황이 알을 품은 듯한 형국으로, 뒤쪽으로 봉황이 살짝 날개를 편 듯한 거대한 바위를 중심으로 가섭·아난·기린·할미·독성·나한·산신봉 등이 암자를 감싸 수호하고 있다고 한다.

봉정암이 그다지 크지 않다 보니 백담사에 '딸린 절' 정도로 이해하는 사람도 적지 않은 것 같다. 행정적으로는 본사인 속초 신흥사의 '말사'이고, 또 산 아래에 있는 백담사의 '산내암자'이지만, 이 절 하나만의 역사가 본사에 못잖게 오래 되었고 또 앞서 말한 것처럼 기도처로서의 봉정암의 위상이 아주 크다. 봉정암이 비록 가람 규모는 작아도 풍겨 오는 이미지는 아주 '큰 절'로 다가오는 게 실제 체감이다.

역사를 보면, 중국의 문물과 문화를 직접 수입해오며 신라의 선진화에 큰 역할을 한 자장(慈藏)율사가 644년에 창건했다고 전한다. 그가 당나라 청량산에서 3·7일(21일) 기도를 마치고 문수보살로부터 부처님의 진신사리와 금란가사를 받고 귀국한 일은 불교사를 넘어서 우리나라 역사에서 아주 중요한 사건이었다. 그 직후 자장율사는 금강산에 들어가 중국에서 가져온 불사리를 봉안할 알맞은 장소를 찾고 있었다.

봉정암 전경

 그런데 어디서인지 찬란한 오색 빛과 함께 날아온 봉황새가 그를 인도하는 것이었다. 한참을 따라가다 바위가 병풍처럼 둘러쳐진 곳에 이르렀고, 봉황은 한 바위 꼭대기에서 사라져 버렸다. 그 모습이 마치 부처님처럼 생긴 바위였다. 부처님의 사리를 모실 인연처임을 깨달은 자장율사는 탑을 세워 부처님의 사리를 봉안하고 조그마한 암자를 짓게 되었다고 한다. 이렇게 창건된 봉정암은 지금 우리나라에서 다섯 손가락 안에 꼽히는 유서 깊은 적멸보궁으로 유명하다. 그래서 불교에 어느 정도 관심 있는 사람이라면 한번쯤 가보고 싶어 하는 곳이기도 하다. 어떤 이는 '불교도라면 살아생전에 꼭 참배해야 하는 성지'로 말하기도 할 정도다.
 봉정암은 창건 이후 지금까지 아홉 차례에 걸쳐 중건되었다. 667년 원효(元曉) 대사가 처음 중건했고, 고려에 들어와서는 1188년 보조(普照) 국사가 뒤를 이었다. 만해 한용운 스님이 1923년에 쓴 〈백담사사적기〉에는 조선시대에도 1518년 환적(幻寂)이, 1548년 등운(騰雲)이 그리고 1632년 설정(雪淨)이 각각 중건했다고 나와 있다. 특히 설정 스님은 탱화를 봉안하고 배탑대(拜塔臺)를 만들었을 뿐만 아니라 누각까지 세워 절다운 규모를 갖추었다고 한다. 그런데 이런 연대기 중에서 한 가지

봉정암 오층석탑 앞에서
기도하는 신도들

따져볼 것은, 만해 스님이 〈백담사사적기〉 말미에 별도로 첨부한 〈봉정암중수기〉와 〈봉정암칠창사적기(鳳頂庵七創事蹟記)〉에는 1648년 환적 의천(幻寂義天), 1678년 등운, 1748년 설정 등이 각각 중건한 것으로 기록되어 있는 점이다. 만해 스님도 환적의 중건 연대가 서로 다르게 기록된 것을 알았지만, 일단 전해오는 내용들이라 그대로 수록한 것 같다. 지금 와서 본다면, 환적 의천의 활동기가 1603~1690년이므로 그가 봉정암을 중건했다면 1518년이 아니라 1648년이 맞을 것 같다.

이어서 1780년 계심(戒心)이, 1870년 인공(印空)과 수산(睡山) 스님이 중건을 이어갔다. 그러나 1950년에 일어난 6·25전쟁 때 설악산 일대는 최고 격전지가 되었고, 봉정암 역시 그 와중에 완전히 불타버렸다.

휴전이 되고도 10여 년 이상 오층석탑만 남아 있던 이곳을 다시 찾은 이는 법련(法蓮) 스님이었다. 그는 폐허 속에서 천일 기도 끝에 자그마한 법당과 요사를 완공했다. 이렇게 다시 법등을 이은 봉정암은 이어서 1991년 적멸보궁을 비롯하여 대웅전·산신각·요사·석등 등을 세워 오늘에 이르게 되었다.

봉정암의 상징 적멸보궁

팔작지붕에 앞면 5칸, 옆면 3칸의 규모로 최근에 지었다. 바위 위에 자리하고 있으며, 그 아래에 요사와 옛날 법당이 있다.

안에는 목각 지장탱·신중탱이 있는데, 모두 최근에 조성한 것이다. 수미단과 닫집은 있으나 불상이나 불화 같은 상설(像設)이 없는 게 적멸보궁의 특징이다. 대신 불단 뒤쪽으로 커다란 유리창을 내서 사리탑을 참배하도록 되어 있다. 자장 스님이 중국에서 모셔온 진신사리를 봉안했음이 역사에 뚜렷해, 우리나라의 여러 적멸보궁 중에서도 특히 '5대 적멸보궁'의 하나로 꼽힐 정도로 숱한 사람들이 찾는 성역이자 명소이기도 하다.

봉정암 적멸보궁

우리나라에서 가장 높이 자리한 탑, 오층석탑

봉정암에서 오세암으로 내려가는 길 야트막한 언덕 왼쪽에 오층석탑이 자리한다. 설악산의 진수를 봉정암이라고 한다면 봉정암의 진수는 오층석탑이라고 말하기도 한다. 부처님의 뇌사리를 봉안하여 '불뇌보탑(佛腦寶塔)'이라고도 하며, 현재 보물 1832호로 지정되어 있다.

이 석탑의 특징은 바위 위에 마련되어 탑신을 받는 자리인 기단부가 따로 없다는 점이다. 다시 말해서 기단부를 인공으로 쌓지 않고 자연 암석을 기단부로 삼아 그 위에 바로 탑의 몸체 부분에 해당하는 오층의 탑신을 쌓아 올린 점이 아주 특이하다. 탑신 꼭대기에는 우뚝한 원뿔형 보주(寶珠)가 올려져 있다. 이렇게 기단을 따로 만들지 않고 바위 위에 올려놓은 이유에 대해서는 설악의 온 산이 불멸의 몸이 깃든 이 탑을 받들고 있다는 의미라고 설명하기도 한다. 설악과 이 탑은 둘이 아니라는 것을 나타내기 위함이라는 것이다. 때문에 탑의 몸체가 시작되는 자연암석 위에는 아름답게 피어 있는 연꽃을 새겼다. 이 연꽃조각은 밑의 바위가 연화대임을 상징하고 있으며, 이 탑이 단순한 석조물이 아니라 부처님이 여기에 정좌하고 있음을 나타내준다고 한다.

봉정암에서 씻은 가장 시원했던 목욕

어느 해인가 한겨울에 눈과 얼음으로 가득 덮인 봉정암을 아무런 등산 장비 없이 오른 적이 있다. 왜 그런 만용을 부렸는지 모르겠다. 하지만 "이 정도로도 충분히 오를 수 있어." 하는 생각으로 겨울 설악산을 올랐다면 분명 만용이겠지만, 그날은 어떻게 하다 보니 무장비로 오르게 된 것이니 미련스러웠다거나 아니면 '무지의 소치'였다고 하는 편이 더 맞을 것 같다. 아이젠 대신 두 발, 스틱 대신에 두 손을 써서 거의 기다시피 미끄러운 산자락을 올라야 했기에 영하 20도 가까운 추위 속에서도 봉정암 올라가는 길 내내 온 몸에서는 땀이 줄줄 흘렀다. 거기다 어깨와 등에는 카메라 두 대와 배낭도 매고 있었다.

점심나절에 올라가기 시작해 겨우겨우 봉정암에 닿으니 어느새 사위는 깜깜해져 있었다. 마중 나온 스님의 모습이 어둠 속에 잘 분간이 안

되었다. 말은 안 했지만 '저런 차림으로 여길 올라온 사람은 대체 어떤 생각을 하고 있는 거지?' 하는 생각이 귀에 들려오는 것 같았다. 민망한 웃음을 짓고 나서 서둘러 안내받은 방으로 들어가 몸을 녹였더니 그제야 온 몸의 근육이 좍 풀리고 신경이 녹듯이 풀어져 한동안 정신을 차릴 수 없었다. 맛있는 저녁 공양을 마치고 나니 조금 힘도 나기 시작했다. 그렇지만 워낙 지쳐 있어 분명 그날 밤에는 몸살로 앓을 것 같았다. 아프기 전에 우선 온몸에 흥건한 땀을 씻어내고 싶어 욕실로 향했다. 하지만 요즘 같지 않아 온수가 저녁에는 나오지 않았고, 설령 있었다 하더라도 감히 따끈한 물을 요구할 만한 염치는 없었다. 그렇다고 내가 장작을 지펴 물을 데우기에는 몸이 너무 지쳐 있었다. 그래서 다시 한 번 무식하게 그냥 찬 물로 씻어보기로 했다.

봉정암 오층석탑

요사 뒤편에 딸린 좁은 욕실에 들어가 찬물을 받아 손바닥으로 조금씩 떠서 씻기 시작했다. 온기 가득한 아파트에서도 찬물로 목욕하는 건 어려운 일인데, 이상하게도 이날은 하나도 차갑게 느껴지지 않았다. 오히려 물이 몸에 익숙해질수록 더욱 더 시원한 느낌이 들었다. 그렇게 해서 영하 20도 아래

봉정암 요사

의 혹한 속 한밤중에 냉수목욕을 마쳤다. 하지만 이날의 목욕은 내 생애에서 가장 시원한 목욕이었다. 몸이 얼기는커녕 외려 더 따스해지고 머릿속은 짙은 안개를 시원한 바람이 날려버린 듯이 그야말로 맑은 물마냥 깨끗해지고 투명해진 것을 느꼈다. 그날 밤 드물게 숙면을 취하며 푹 잔 것은 물론, 아침에는 어느 날보다도 개운한 아침을 맞이했고, 법당 새벽 예불 속에 108배도 드렸다. 아침 공양한 다음 며칠 동안의 여행에서 느낀 피로감을 완전히 털어내고 아주 가뿐한 마음으로 오세암을 향해 내려갈 수 있었다. 그렇게 한참을 가서야 어제 내가 희한한 경험을 했구나 하는 생각이 들었다. 절에는 자주 가는 편이지만 특별히 기도를 하거나 그런 정갈한 마음을 갖추고 있지도 못한 채 그저 장돌뱅이마냥 탁한 머릿속으로 여기저기 다니기만 하는 처지였지만, 그래도 이때만큼은 아주 색다른 경험을 했던 것이다. 지금 생각해보면 아마도 설악산의 정기와 봉정암의 상서로움이 우매하고 무지한 한 중생을 어여삐 돌봐주셨던 것이라고, 그렇게 여기고 있다.